U0856161

中国第一历史档案馆　福建省档案馆　福建师范大学　合编

明清宫藏闽台关系档案图录

下

编委会主任　孙森林　丁志隆　汪文顶
总　主　编　李国荣　林　真　谢必震

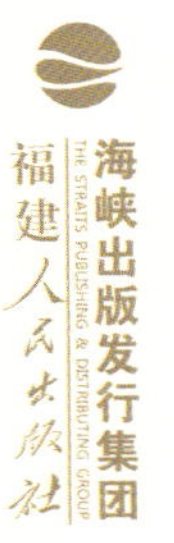

海峡出版发行集团
福建人民出版社

【第五部分】

整饬营伍　固防海疆

清政府统一台湾后，在台湾逐步建立起一整套的海防体系。在驻兵之策上，姚启圣主张效法明季之时，“委游击一员，带兵一千六百名，轮班防守”。施琅提出了详细的在台驻军之策，“台湾设总兵一员，水师副将一员，陆师参将一员，兵八千名；澎湖设水师副将一员，兵二千名。通共计兵一万名，足以固守，又无添兵增饷之费。其防守总兵、副、参、游等官，定以三年或二年转升内地，无致久任，永为成例”。施琅的驻兵之法较之姚启圣更为详细，且充分考虑到了台湾的实际情况与驻军的协调问题。

施琅的建议得到了清廷的认可，清代台湾的驻军政策也基本按这一方略实行。清政府在台驻军初设台湾镇总兵一人，副总兵一人，参将二人，游击六人。后来不断增兵，官兵总数达到

1.4万人左右，计有镇标三营、安平水师副将营、澎湖水师副将营、南路参将营、北路参将营等。台湾依据实际情况设防，不管是兵员的配置、组成还是职官的设置，都体现了清政府保证台湾岛内稳定、海疆安全、领土完整的周密考虑。

清政府在台湾实行以内地绿营分兵丁轮班戍守，三年一换的班兵制度。台湾的驻军兵员从福建各营的散丁中抽调，赴台戍守，再听从台湾镇总兵的指挥。班兵制实际上也成为福建与台湾之间大批量人员定期、定点移居的特殊通道。虽然清代前中期经历了朱一贵、林爽文之乱，但自康熙朝设置的这种特殊的驻兵之制并没有改变。直到光绪元年（1875年）清政府准许台湾绿营就地招募，班兵制才废止。

預保今三年調回之例既已停止而伍拉納摺
内並未聲叙應否預保實係遺漏且臺灣缺出
先儘臺灣人員陞用而臺灣人員又不能陞内
地之缺設或人地未宜將就補用轉非核實之
道合無仰懇
天恩俯准將臺灣廳縣佐雜等官俱照内地海疆之
例三年俸滿如果辦事勤敏請加陞銜再滿三
年無論内地臺灣遇有應陞之缺准其先行陞
用其武職叅遊都守等官如調臺以後差操勤
慎著有勞績仍照舊例預行保送引
見恭候
欽定遇有内地缺出亦准陞用若臺灣將備缺出並
准於内地臺灣人員通行揀補庶海外要缺得
人文武咸知感奮於地方營伍均有裨益為此
恭摺具
奏伏乞
皇上睿鑒訓示謹
奏

該部議奏

嘉慶十五年六月　十七　日

奏

奏為臺灣文職應照海疆論俸武職應復預保舊
閩浙總督臣方維甸
福建巡撫臣張師誠 跪
例恭請
聖訓事竊照臺灣文職廳縣佐雜武職叅遊都守等
官向例於內地揀員調補三年俸滿調回內地
候陞嗣福康安
奏請將廳縣等照道府之例改為五年報滿乾隆
五十六年欽奉
諭旨將臺灣副將等官俸滿更調之例停止嗣經伍拉
納奏請將廳縣佐雜等官俸滿調回之例一併
停止臣等伏思閩省福州泉州漳州等府屬沿
海各缺俱係海疆三年俸滿請加陞銜留任再
滿三年陞用即如福州府屬之閩縣侯官均在
省城因係沿海地方尚照海疆定例加銜陞用
臺灣各缺遠隔海外轉不在海疆之列殊未平
允伍拉納原奏雖聲明五年俸滿後亦准留臺
灣陞用似較內地六年俸滿為速但臺灣員缺
無幾實難陞擢今當整飭之時似應照閩省海
疆定例以示勸勵至臺灣武職原有預保之例
乾隆三十四年前督臣崔應階奏請停止預保

闽浙总督方维甸等奏折：

台湾文职俱照内地海疆之例升用武职仍照旧例预行保送待升

嘉庆十五年六月十七日（1810年7月18日）

◎ 雍正台湾舆图：台北一带

添募水兵而設，今水兵既陸續停募，應請將現存九隻抵補舊額應修之船，其餘毋庸修造。茲添之大同安梭八隻，本未具工部題准，毋庸修理。惟鹿耳門、鹿仔港兩處口岸，皆係暗沙，非淺水船隻能收泊，然守禦應另造守港船十六隻、八槳船十八隻，分設防守，可期得力。此項船隻於[illegible]奏請[illegible]

奏明修造，至各應修木植昂貴，大料皆由內地運赴，此

例價實屬不敷，應請俟內地船隻加價議定後，再

覆，應令該督撫督飭照式樣再行

行籌款辦理。所有查辦臺灣戰船緣由，謹合詞恭

摺具

奏，伏乞

皇上睿鑒訓示。謹

奏。

嘉慶十五年七月二十日奉

硃批：務期工堅料實，經久可用。欽此。

六月[illegible]日

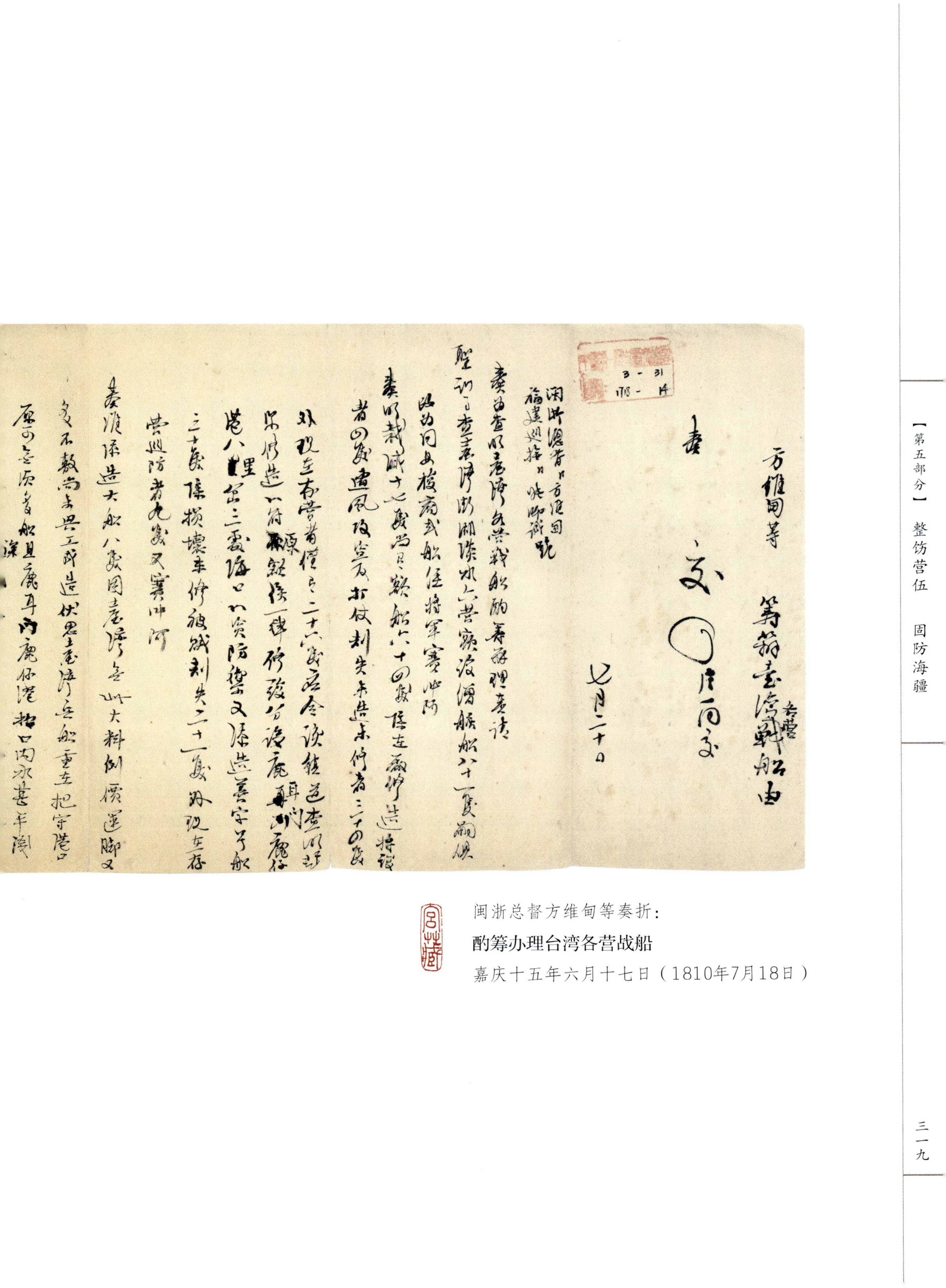

闽浙总督方维甸等奏折：

酌筹办理台湾各营战船

嘉庆十五年六月十七日（1810年7月18日）

C.YAZAKI.

一號同安梭船圖
船身長七丈二尺
樑頭闊一丈九尺
大桅長七丈二尺
頭桅長五丈
尾桅長二丈二尺
配舵工水手共四十名
應配砲位自一千斤重 紅衣砲起
至八十斤重劈山砲止共大小十四位
又應配藤牌腰刀竹篙槍等械全

◎ 台湾战船图

◎ 同安梭船图

◎ 嘉庆皇帝像

設局鑄造轉致稽遲自係實在情形且海運鐵
斤雖令地方官查驗放行究恐稽察不周致有
夾帶透漏情弊亦非慎重鐵禁之道臣等與藩
司景敏再四熟籌臺灣非内地可比鐵斤既艱
於購買運往又易於滋弊不如仍照舊章將臺
澎各營砲位鐵子飭令查明短缺確數趕緊造
冊送省由省遴委文武幹員監視鑄造交兵船
運往配用可無延悞並免疎虞似較妥便臣等
謹合詞恭摺具
奏是否有當伏祈
皇上睿鑒訓示謹
奏
該部議奏
嘉慶十五年九月　二十三　日

奏

福州將軍臣慶成
署閩浙總督福建巡撫臣張師誠 跪

奏為臺灣鐵禁應嚴所有需用砲位仍請由省鑄造運往恭摺具

奏事竊照閩省各營軍器先係省城廈門等處分局代製嘉慶十三年間福州將軍臣賽冲阿會同前督臣阿林保奏准改為各營自造臺灣一鎮亦一體令其自行成造在案嗣據臺灣鎮武隆阿稟稱臺澎各營砲位數年以來分配水陸防守打仗炸裂遺失沉沒甚多現在分飭各協營確查數目亟應鑄造補額惟是鐵斤產於內地臺灣孤懸海外若俟差弁採購運臺募匠設局鑄造經年累月輾轉稽遲請將應鑄砲位鐵子就省鑄造運臺較為妥適等情臣等查臺灣近年水陸防勦額設砲位多有炸損沉失該處

福州将军庆成等奏折：

台湾铁禁应严所需炮位仍请由省铸造运往

嘉庆十五年九月二十三日（1810年10月21日）

奏稱至經一二節次修葺據該鎮道將移撥府廳
會同營員查明鹿耳門口為臺灣府城咽喉港
道嘉慶八年四月前任臺灣府蔡[illegible]船於北汕建
立木寨三座南汕建立木寨七座於嘉慶九年十二
月為風潮漂失無遺惟南汕上有
天后宮一座從前原建礮臺基址久經沖坍平陸
查考今查廟北二十丈以外該處地勢扼門形勢
較為扼要若於該處建臺安砲遇有盜匪竄
至當津要礮最為得力但該地究係飛沙積
成未能堅固擬於該處仍照堆堡做法選用磚石砌築
始能堅結而海道風烈一切安砲基座均須磚
石建造方免傾圮淡水滬尾街來之此港
垠及
天后宮西之街尾新店二處港道寬深可以設
礮臺據該處口內有匪船沖進可以直至滬尾
街口應於北港塘新店二處各設礮臺一座每座內
蓋兵房二十六間內以三間分貯火藥軍裝礮位軍
裝其以三間為守弁住屋其餘二十間作為兵房以
撥兵一二百名前赴防堵足敷稽查又於港口衝
外嘉慶十三年砌築砲臺一座週圍八十四丈高六
尺八寸基址舊係石塊砌築上疊沙土外用杉木為
欄柵中蓋茅屋一座兩旁草房二十四間為建瓦
蓋磚牆篷為一百安兵駐守其礮臺形勢照舊

御覽伏乞
皇上睿鑒訓示施行
謹奏
嘉慶十七年九月初八日奉
硃批工部議奏欽此
九月初[illegible]

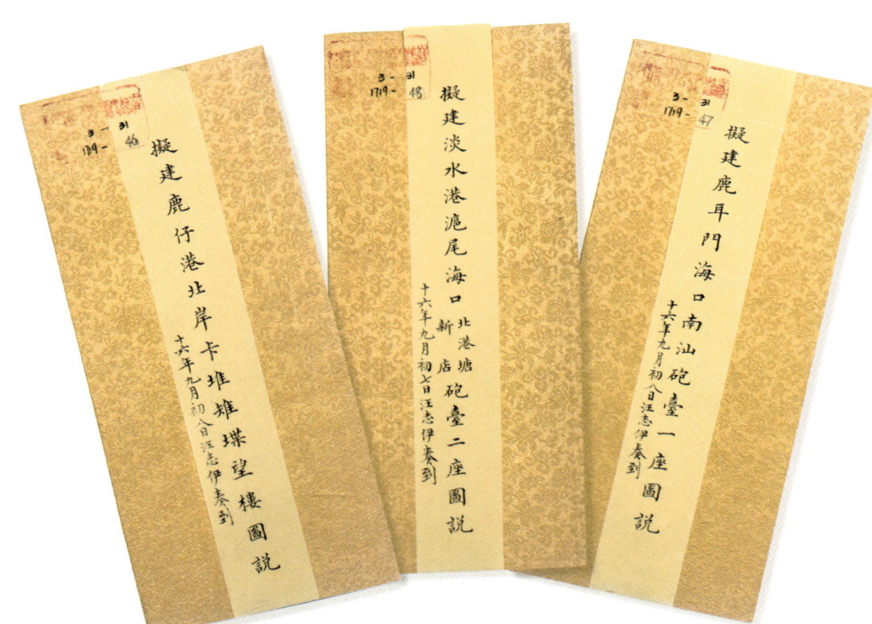

闽浙总督汪志伊等奏折：

台湾鹿耳门等三处请建炮台（附图说）

嘉庆十七年八月初一日（1812年9月6日）

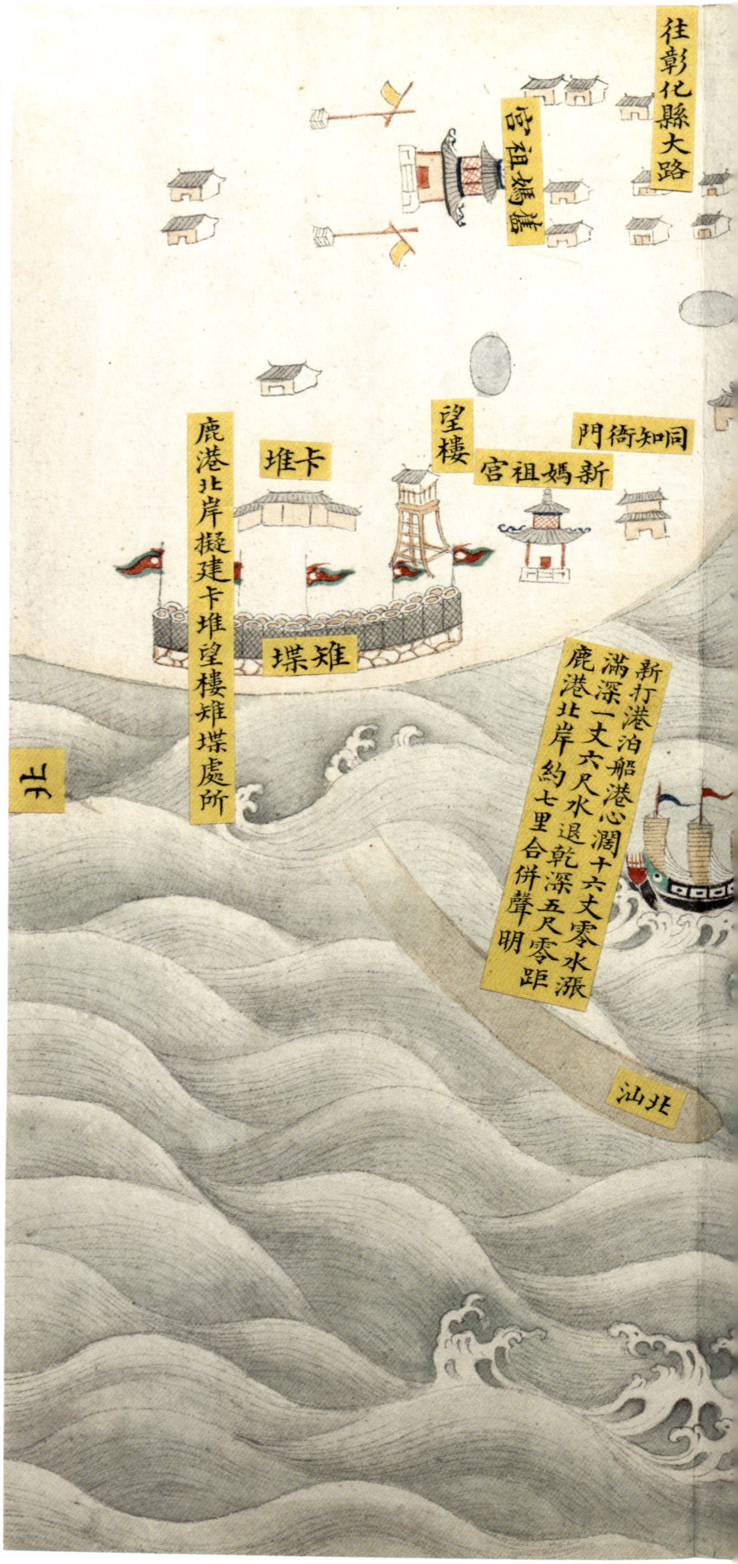

往彰化縣大路
舊媽祖宮
同知衙門
新媽祖宮
望樓
卡堆
鹿港北岸擬建卡堆望樓雉堞處所
雉堞
新打港泊船港心闊十六丈零水漲滿深一丈六尺水退乾深五尺零距鹿港北岸約七里合併聲明
北
北汕

◎ 拟建鹿仔港北岸卡堆雉堞望楼图说

東
砲臺至招門三里
王功
南
木城
王功砲臺前泊船海面至海邊灘塗一百零丈自灘塗至砲臺九十零丈砲臺外俱係浮沙合併聲明
新打港
南沙汕
招門
北汕
王功招内海面闊五十零丈水漲滿深一丈五尺零水退乾深九尺零招門海面闊七丈零深淺與招内相等合併聲明
新打港内招門闊九丈零水漲滿深一丈六尺水退乾深八尺零外招門闊十六丈零水漲滿深一丈三尺水退乾深四尺零南至王功港招門約七里北至鹿港北岸約十里合併聲明
南沙汕
西

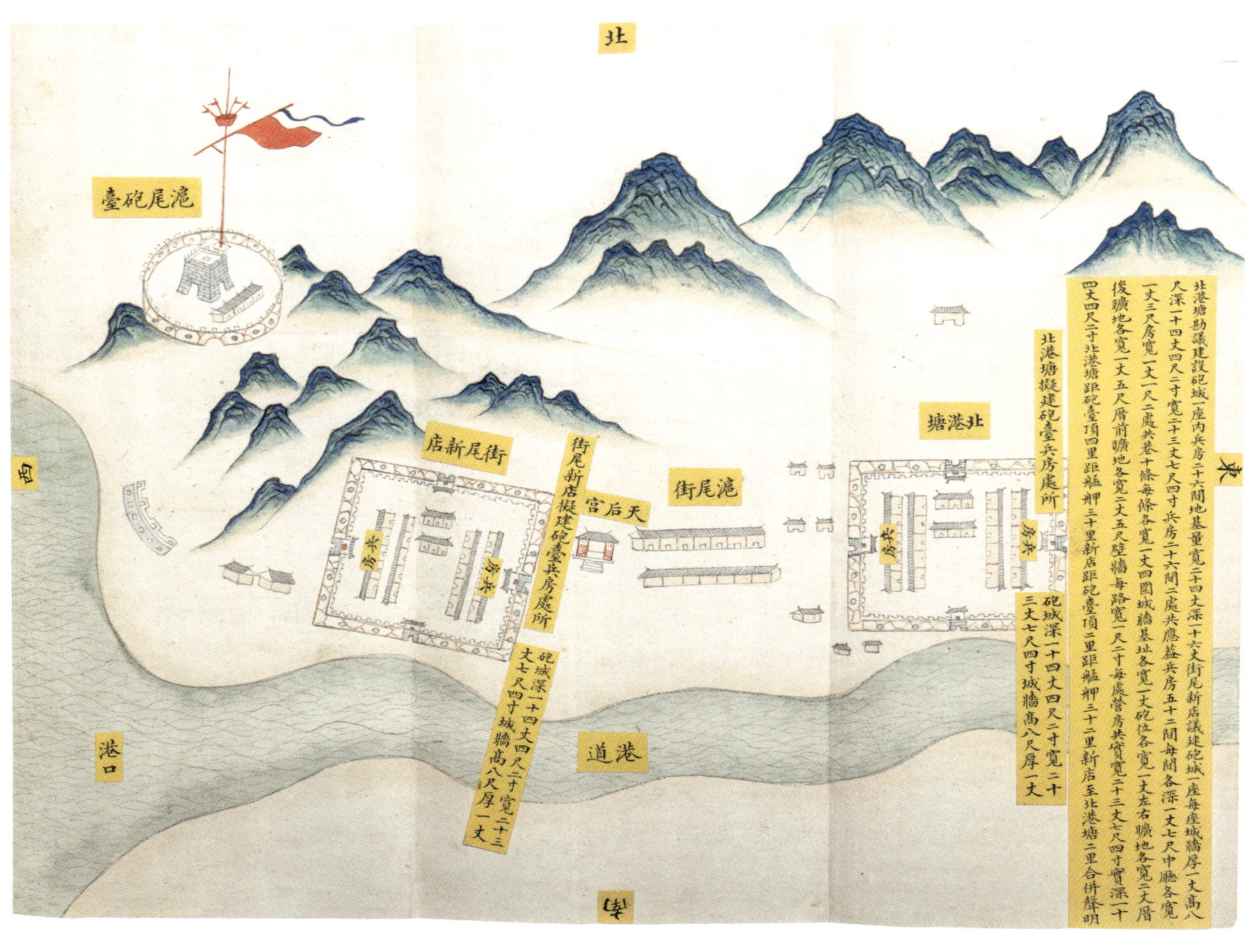

◎ 拟建淡水港沪尾海口北港塘、新店炮台二座图说

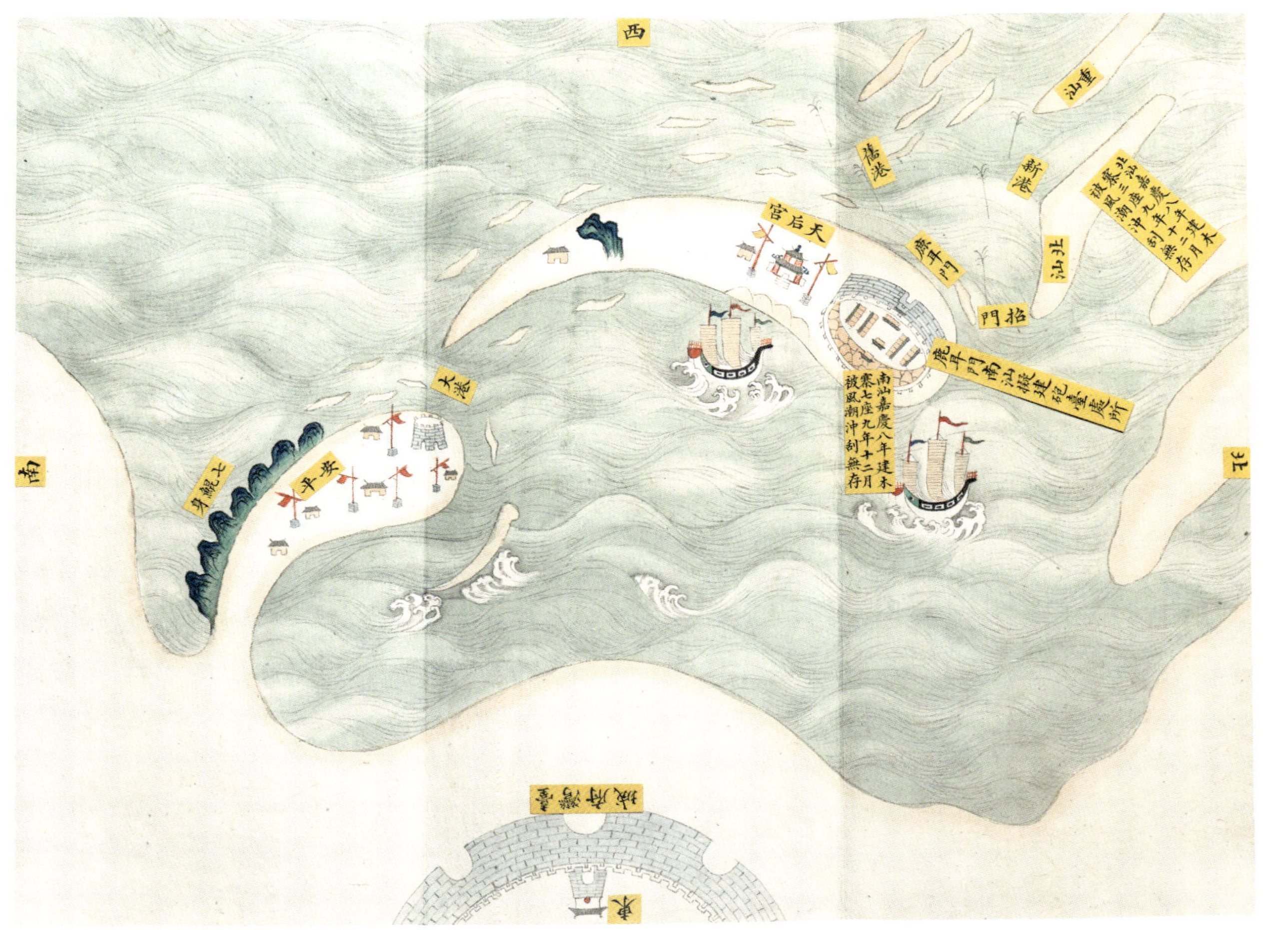

◎ 拟建鹿耳门海口南汕炮台一座图说

千二百二兩零請調撥兵船六號裝載并委候
補道李東鉞協運交收詳請具
奏前來臣等查應扣之款除臺灣府及澎湖通判
照例造冊請扣外其餘有關報撥及應歸補司
庫之項亦照舊先擇其緊要者扣收均應如該
司所請辦理以免懸宕現經臣汪志伊委令金
門鎮總兵林孫於現帶兵船內挑選堅固兵船
六隻將銀兩分船裝運并配足軍火砲械聯帮
同行即令該總兵會同候補道李東鉞及領餉
文武員弁小心管運直至臺澎分別交收以昭
慎重臣等謹循例恭摺具
奏伏乞
皇上睿鑒謹
奏

知道了

嘉慶二十一年三月　二十八　日

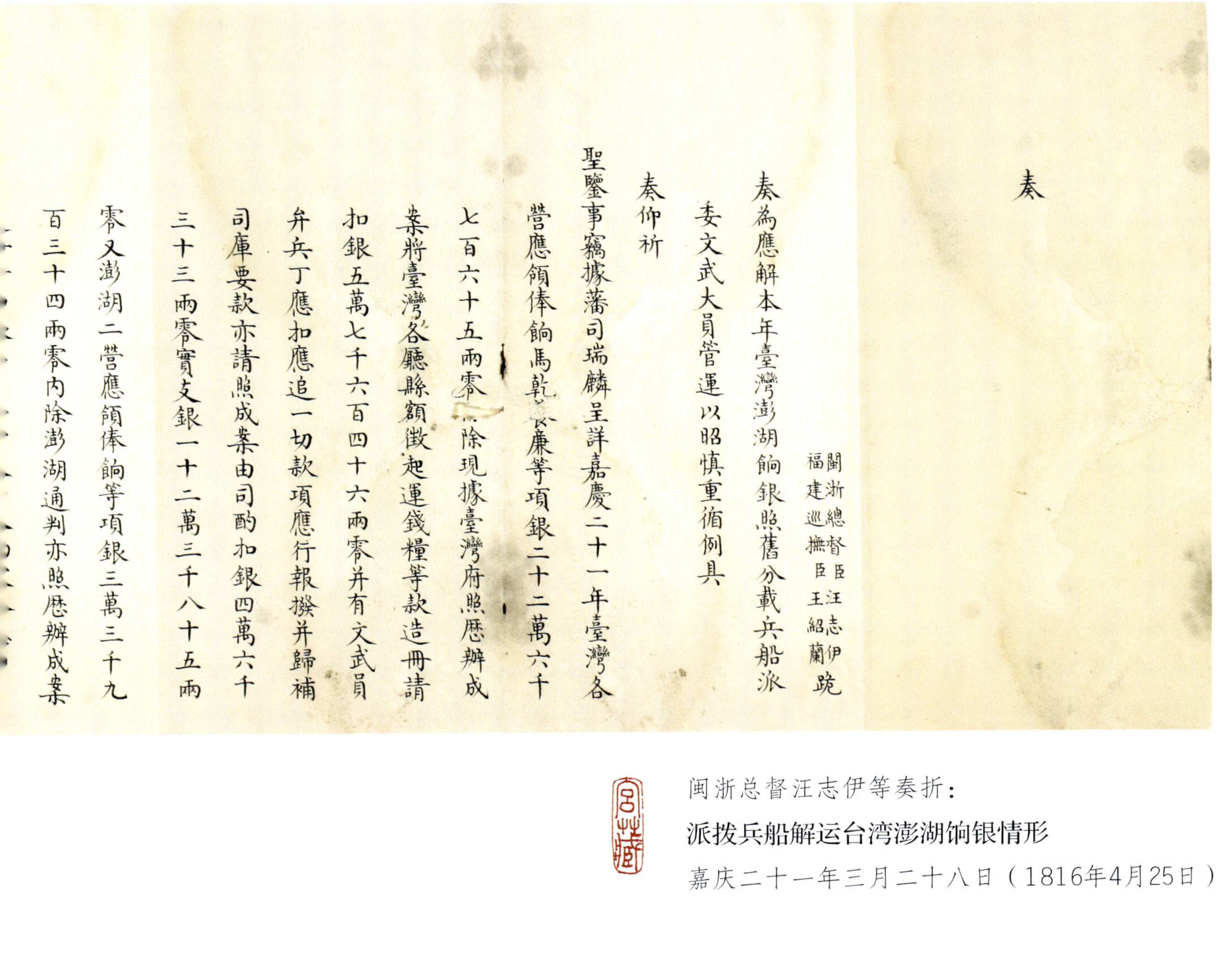

奏

奏爲應解本年臺灣澎湖餉銀照舊分載兵船派

閩浙總督臣汪志伊
福建巡撫臣王紹蘭跪

委文武大員管運以昭慎重循例具

奏仰祈

聖鑒事竊據藩司瑞麟呈詳嘉慶二十一年臺灣各

營應領俸餉馬乾養廉等項銀二十二萬六千

七百六十五兩零，除現據臺灣府照歷辦成

案將臺灣各廳縣額徵起運錢糧等款造冊請

扣銀五萬七千六百四十六兩零，并有文武員

弁兵丁應扣應追一切款項應行報撥并歸補

司庫要款亦請照成案由司酌扣銀四萬六千

三十三兩零實支銀一十二萬三千八十五兩

零，又澎湖二營應領俸餉等項銀三萬三千九

百三十四兩零，内除澎湖通判亦照歷辦成案

闽浙总督汪志伊等奏折：

派拨兵船解运台湾澎湖饷银情形

嘉庆二十一年三月二十八日（1816年4月25日）

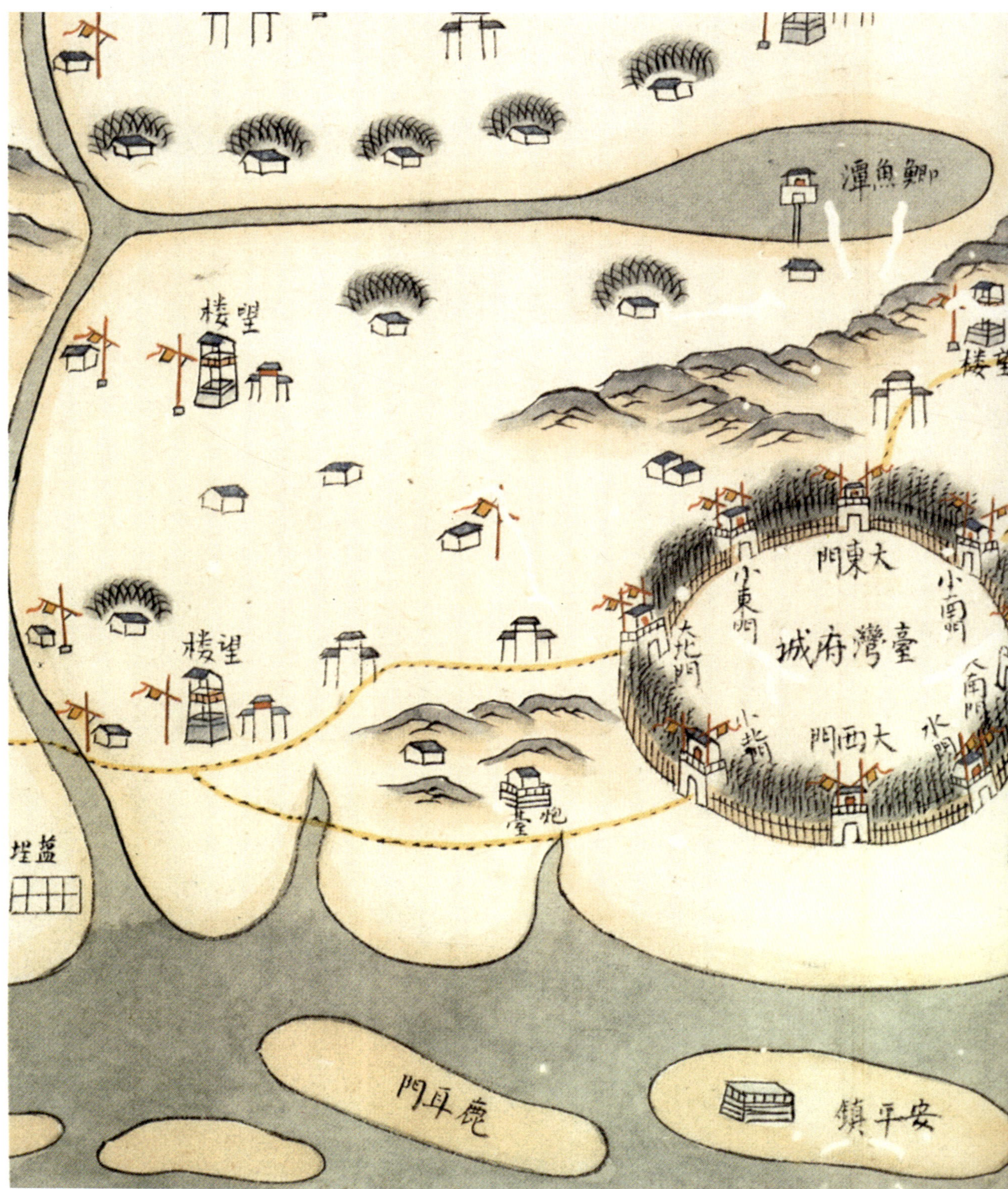
鯽魚潭
望樓
望樓
臺灣府城
大東門
小東門
小南門
大北門
大南門
小北門
大西門
水門
砲臺
鹽埕
鹿耳門
安平鎮

◎ 建设台邑望楼图

◎ 澎湖妈宫拱辰门

兵許繼李等二名查係黑夜落海淹斃連日雇
募人夫在於失船上下洋面認真打撈因外洋
潮汐湍急深不可測水兵許繼李吳際勲屍身
同砲械槓椇均漂流無蹤無從撈獲研訊得生
弁兵據供委係黑夜陡遇風暴桅舵下金斷折
以致哨船衝礁擊碎並非管駕不慎將訊過供
由繪圖具結詳覆前來𠉀等覆查無異除將擊
碎哨船沈失砲械等項造具冊結同淹斃及得
生弁兵名冊詳請督撫臣核明
題銷咨部查辦其被溺兵丁許繼李吳際勲二名
係奉差出洋淹斃事屬因公遵例移查原營該
兵丁等有無打仗受傷分別詳咨請
卹外合將哨船奉差在洋失水淹斃兵丁沈失砲械
緣由恭摺具
奏伏乞
皇上睿鑒謹
奏

知道了

嘉慶二十三年二月　　二十五　　日

奏

福建臺灣鎮總兵官革職留任奴才武隆阿
署福建臺灣道奴才汪楠 跪

奏為哨船奉差赴厦渡載班兵在洋遭風擊碎淹
斃水兵沈失砲械查明恭摺具
奏事竊照嘉慶二十二年係三四起戍兵換班之
期凡內營新兵行抵蚶江厦門由臺澎水師營
派船前往渡載歷經遵辦在案嗣於嘉慶二十
二年十月二十八日據代理彰化縣知縣呂志
恒詳據澎湖右營管駕寧字十號哨船把總林
瑞鳳報稱管帶目兵張錦等二十六名駕坐本
船在澎配載二起班兵內渡歸伍因風信不順
船至南灣港寄泊班兵即登岸赴厦點驗歸營
本船由南灣駕往厦門候差在洋遭風砧漏船
泊鹿港修葺於九月初一日修竣出口是夜駛
至彰化縣屬狀元柁外洋陡遇西北颶風浪湧
滔天船身顛簸把總督同目兵極力保護不虞
四更時候風浪益加猛烈桅舵拗折下金損壞
船無把握人力難施船隻隨風漂衝外洋沈礁
擊碎全船弁兵同防船砲械藥鉛概行落海四
散漂流至初二日弁兵人等陸續攀扶篷板倚
岸及漁船撈救得生大半受傷查點人數漂失
水兵許繼李吳際勲二名現在確查漂失兵丁
下落打撈沈失砲械獲日另報合先據由詳報
等情奴才武隆阿當即會同前陞道糜奇瑜分飭
營縣照例勘訊仍於失船處所打撈砲械槓棋
確查漂失水兵許繼李吳際勲二名是否淹斃
分別呈報并行沿海廳縣挨查去後兹據護理

福建台湾镇总兵武隆阿等奏折：

赴厦门渡载换班官兵哨船于台湾彰化外洋被风击碎

嘉庆二十三年二月二十五日（1818年3月31日）

◎ 台湾班兵墓

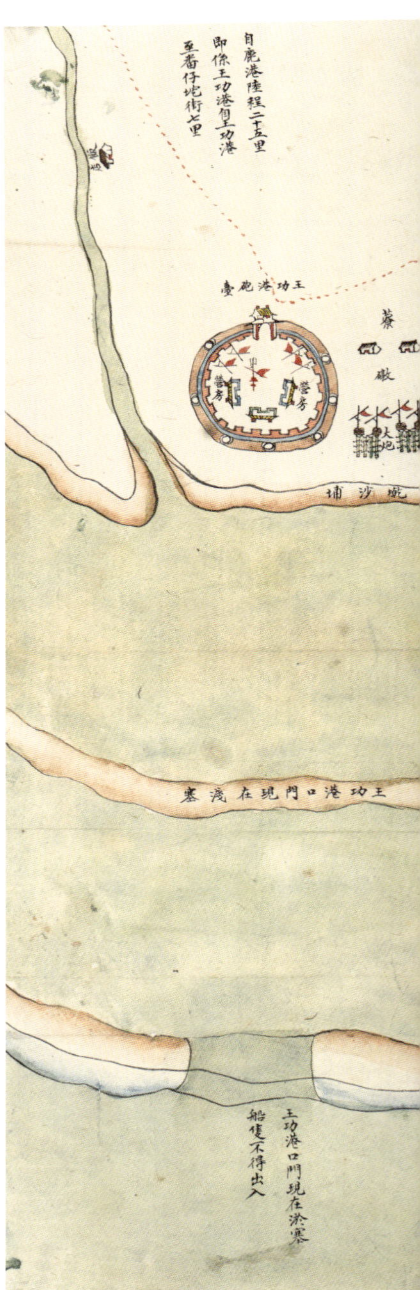

◎ 台湾彰化县王功港番仔挖二口图说

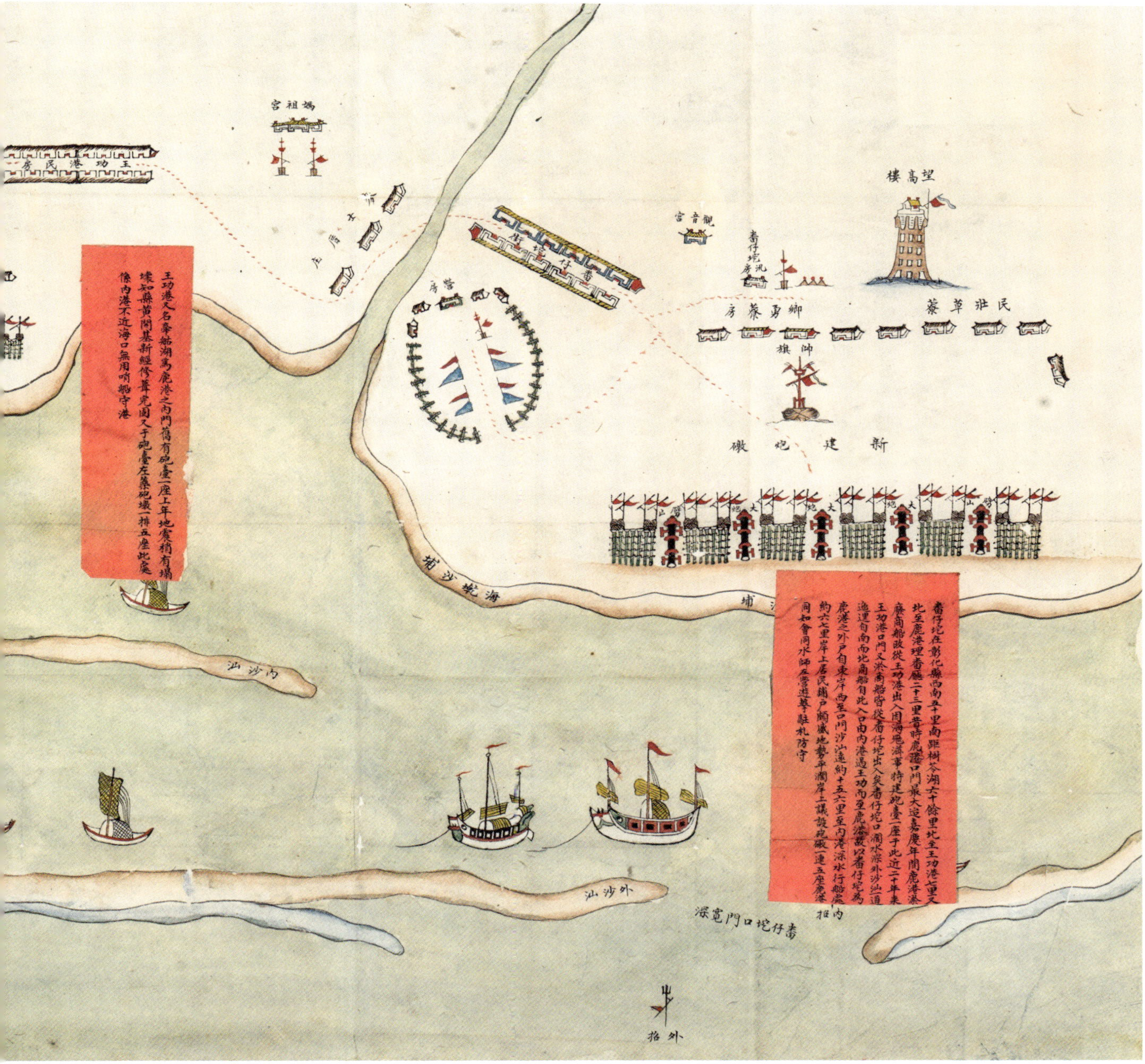

王功港又名牽繒湖爲鹿港之內門舊有砲臺一座上年地震稍有損
壞知縣黃開基新經修葺完固又于砲臺左築砲墩一排五座此處
係內港不近海口無用哨船守港

番仔坨在彰化縣西南五十里南距樹苓湖六十餘里北至王功港七里又
北至鹿港理番廳二十三里昔時鹿港口門最大迨嘉慶年間鹿港淤
塞商船改從王功港出入因海艘滋事特建砲臺一座于此近二十年來
王功港口門又淤商船皆從番仔坨出入矣番仔坨口闊水深外沙汕直
迤邐自南而北商船自此入口由內港過王功而至鹿港故以番仔坨爲
鹿港之外戶自東岸西至口門沙汕遠約十五六里至內港深水行船處
約六七里岸上居民鋪戶稠密地勢平闊岸上議設砲墩一連五座鹿港
同知會同水師左營遊擊駐札防守

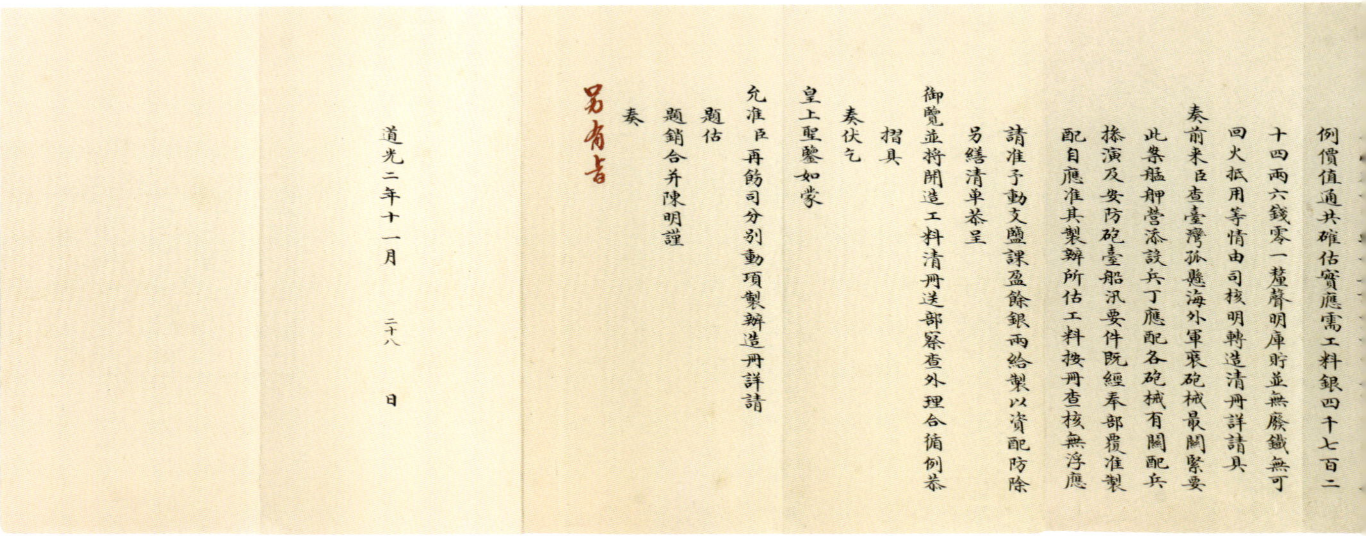

例價值通共確估實應需工料銀四千七百二
十四兩六錢零一釐詹明庫貯並無廢鐵無可
回火抵用等情由司核明轉造清冊詳請具
奏前來臣查臺灣孫懸海外軍裝砲械最關緊要
此案船艄營添設兵丁應配各砲械有關配兵
操演及安防砲臺船汛要件既經奉部覆准製
配自應准其製辦所估工料按冊查核無浮應
請准予動支鹽課盈餘銀兩給製以資配防除
另繕清单恭呈
御覽並將開造工料清冊送部察查外理合循例恭
摺具
奏伏乞
皇上聖鑒如蒙
允准臣再飭司分別動項製辦造冊詳請
題估
題銷合并陳明謹
奏
另有旨
道光二年十一月　二十八　日

奏

兼署閩浙總督福建巡撫臣葉世倬跪
奏為閩省臺灣艋舺營添募兵丁應配軍裝砲械
估需工料銀數在千兩以上循例恭摺具
奏仰祈
聖鑒事竊照閩省臺灣移設艋舺營添撥水師陸路
弁兵請製應配軍裝砲械先經由司造具名目
件數清冊請咨於道光二年二月初十日接准
兵部咨覆艋舺營添設兵丁請配製砲械等項
先據該督咨報經本部以該營兵丁既由內地
各營添撥似應將各原營隨配器械撥補應用
如實有不敷再行造具名目件數及估需工料
需用銀兩清冊送部核辦在案今據該督另造
清冊送部本部按冊查核除各兵隨身配帶之
鎗刀藤牌牌刀四項器械毋庸製配外其餘請
製旗幟砲位等項核與應配數目相符仍令該
督轉飭另造應製軍械名目件數並估需工料
銀兩分晰造冊送部核辦如銀數在千兩以上
專摺具奏在千兩以下仍造冊咨報核辦等因
隨經轉行遵辦去後茲據兼署福建藩司事鹽
法道王楚堂呈詳據福州府理事同知文鎂詳
稱遵將艋舺營添兵應製大纛旗一十七桿隨
配什長旗八十五桿督陣旗一十七桿单圍大
凉篷二座隨配皮包二個夾帳房五十架子母
砲一十位行營砲二十位蕩寇砲二十八位號
帽八百七十一頂號褂七百五十五身青衣一
百一十六身鈎鐮四十五桿長鎗五十枝銅鑼

福建巡抚叶世倬奏折：

台湾艋舺营增添兵丁军械清单

道光二年十一月二十八日（1823年1月9日）

◎ 雍正年间安平城图

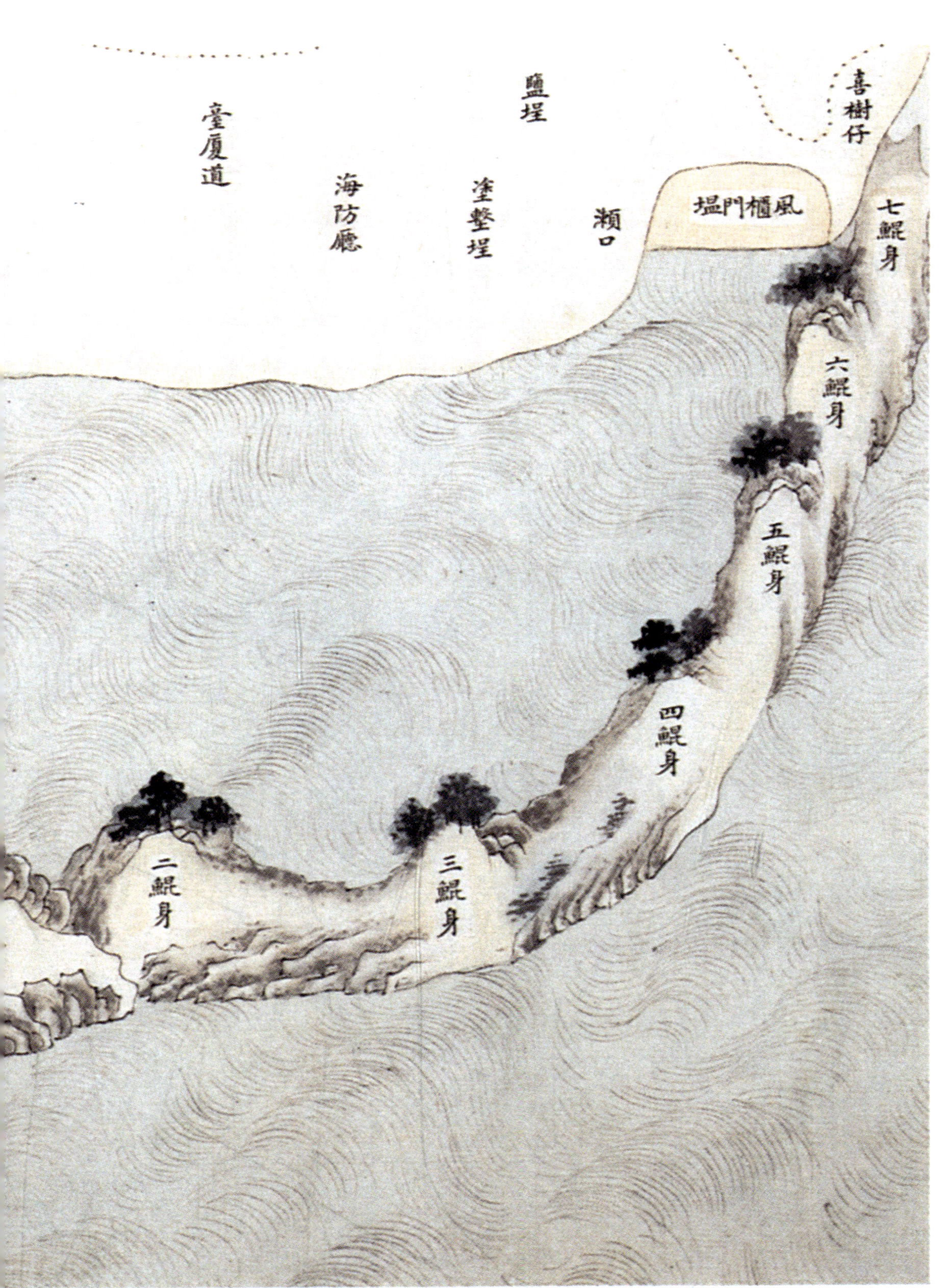
喜樹仔
鹽埕
臺廈道
海防廳
塗墼埕
瀨口
風櫃門塭
七鯤身
六鯤身
五鯤身
四鯤身
三鯤身
二鯤身

上谕：台湾孤悬海外，远隔重洋，民情刁悍，奸徒易於
滋事。嗣后著该省将军与督抚、提督分年轮值一人前
渡台湾，实力稽查整顿。倘有骫法贪黩等情，据实参
办。但重洋涉险，如该将军、督抚、提督内有年逾七
十者，著免其前往，以示体恤。等因。钦此。又於嘉庆十一年
三月内奉
上谕：嗣后该省将军、督抚巡台及水陆两提督均著自
本年为始，轮次亲赴台湾，将该处营伍、操防等事逐
一认真详细察核，可该以专责成。等因。又奉嘉庆十
五年五月二十九日奉
上谕：台湾孤悬海外，俱系漳泉粤民人杂处，素性强
悍，操防均关紧要。前往巡阅，嗣后每隔二年著轮赴
台湾巡查一次，用资弹压。等因。钦此。各在案。自嘉
庆二十五年前任水师提臣王得禄赴台查
阅后，计至道光三年应值陆路提督前往，旋准水
师提臣许松年咨称，该提督请奉
恩命提督福建水师，统辖台湾，首所内地营伍、洋
面业经遍历周查。惟台湾远在海外，该提督
从前从戎曾至其地，历今十有余载，该
处地方情形亦必今昔异宜，不可不亲往查
察，咨请将本年巡查台之差
奏明，令该提督前往，以便将营伍、操防等事详悉
察办。至本年台湾缉捕已委护理台湾副将
沈朝冠督运搬伕饷银到厦，委为装配兵船，定期
四月十六日督同该护副将沈朝冠等登舟候风
东渡。等因。前来。臣查台湾係海外要区，民情刁
悍异常，向例必须大员前往稽查，用资弹压。
本年轮应陆路提督巡台，今水师提臣许松年
以台湾地方紧要，陆路前虽因剿捕前往，已历十
有余年，恐今昔情形不同，必当亲往巡察，并可校
阅营伍，稽查地方。臣亦以台湾重地，远隔重洋，
大小营员是否均属可靠，必须令该提督分(到)台，
逐一察看，并向操兵现在详细咨询，如有亦可因
循操防未能得力及与台地不甚相宜之人，均
须确切查明，以便分别撤参，使海外营务不致
日就废弛。现在台湾剿饷银两已委员沈朝
冠等未放洋，以咨令提臣许松年就近配坐
饷船，督率赴台，并将紧要事宜详加查阅，情
形由该提督自行陈奏外，所有本年水师提督
往台巡查缘由，臣谨恭折具
奏。伏乞
皇上圣鉴。再福建巡抚係臣兼署，毋庸会衔，合并
陈明。谨
奏。
道光三年五月十一日奉
朱批：知道了。钦此。
四月初十日

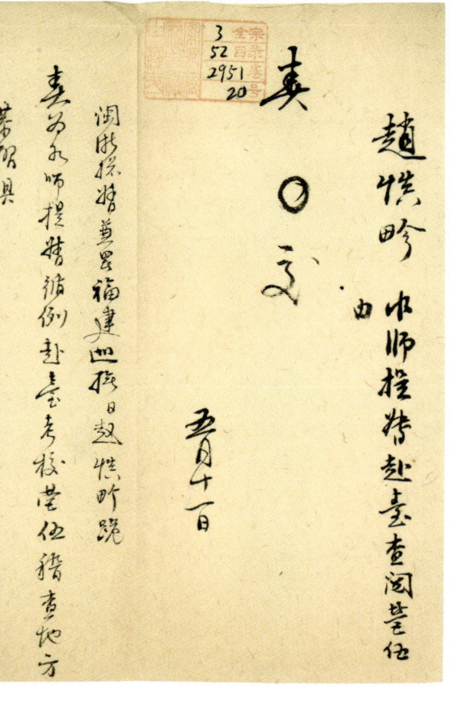

趙慎畛

水師提督赴臺查閱營伍 由

五月十一日

奏

○ 又

閩浙總督兼署福建巡撫臣趙慎畛跪

奏爲水師提督循例赴臺查閱營伍稽查地方

恭摺具

◎ 许松年像

闽浙总督兼署福建巡抚赵慎畛奏折：

福建水师提督许松年赴台湾阅兵并稽查地方情形

道光三年四月初十日（1823年5月20日）

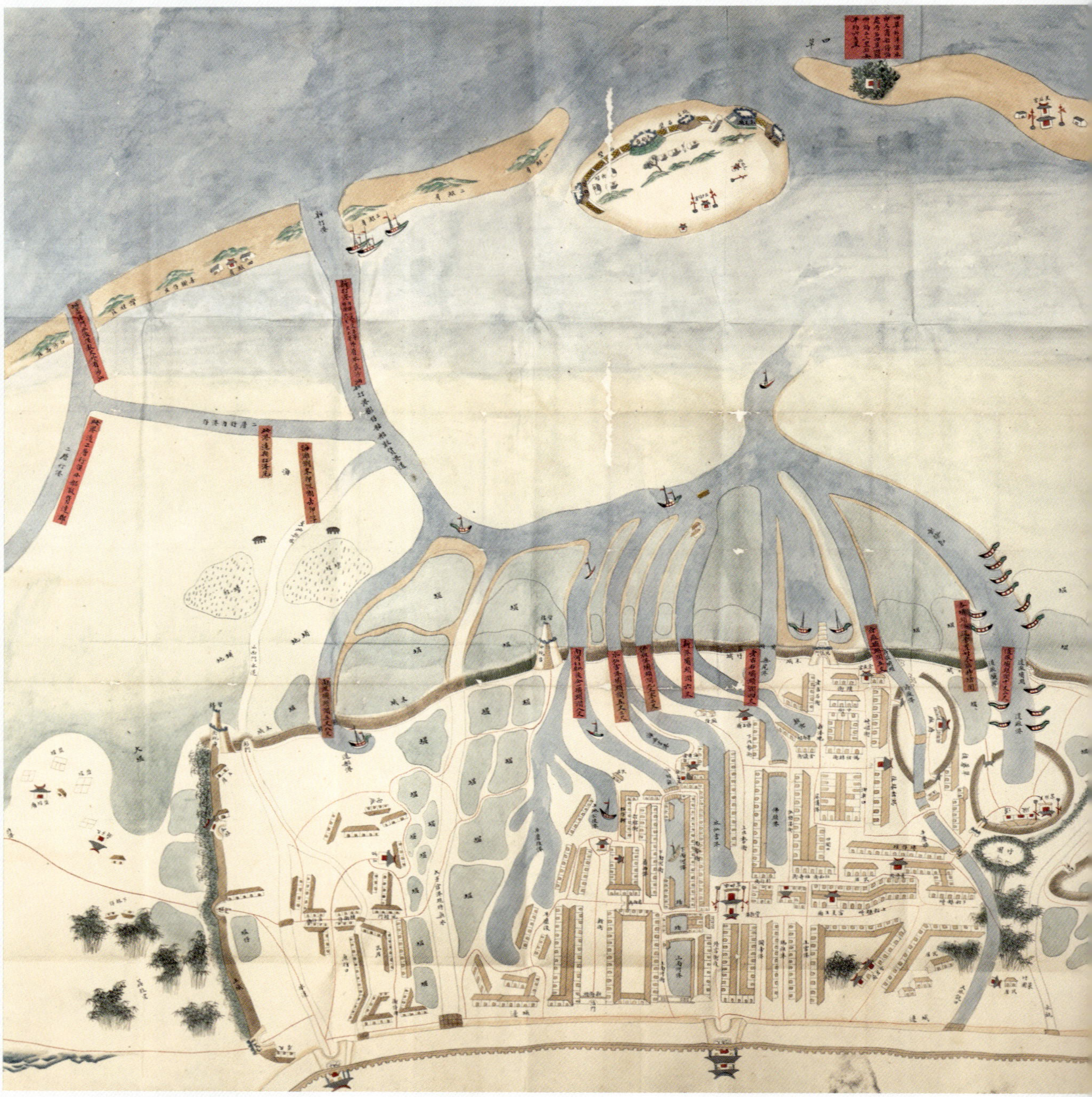

◎ 台湾郡城口隘图

藏是否仍能充裕即臺郡文武各員其政事賢
否亦可沿途訪察來歲又值鄉試之年所有科
場事宜均須預先辦理海洋風帆靡常如或內
渡稍遲即恐趕辦不及現在地方敉靜臣擬俟
本年秋審辦竣並將緊要事件趕緊逐一清釐
後於四月初間帶印東渡由澎湖而至臺灣將
營伍認真校閱察看地方風俗吏治情形順道
抽查保甲並將臺灣應辦要案就近實力督辦
其地方如有今昔情形不同應行變通者察核
妥籌具
奏以期仰副我
聖主整飭武備綏靜海隅之至意除俟東渡時將起
程日期另行
奏報外所有擬請於本年赴臺巡查緣由謹先恭
摺具
奏伏乞
皇上聖鑒訓示謹
奏
知道了
道光四年正月　二十　日

奏

福建巡撫臣孫爾準跪

奏為遵

旨赴臺考校營伍就便查辦地方事件恭摺奏

聞仰祈

聖鑒事竊臣恭照嘉慶十一年三月内欽奉

上諭嗣後該省將軍總督巡撫及水師陸路兩提督均

著自本年為始輪次親赴臺灣將該處營汛操防等

事逐一認真詳細察核事竣後專摺奏報欽此嗣於

嘉慶十五年間奉

上諭臺灣寓處海外且俱係漳泉粵民人雜處素性強

悍總須時有大員前往巡閲嗣後每隔二年著輪赴

臺灣巡查一次用資彈壓等因欽此臣於上年三月

陛見請

訓時荷蒙

聖諭臺灣遠在海外最為要緊今年且不必去或明

年或後年到任一二年後過去欽此伏查臺灣向

無土著俱係漳州泉州廣東三處民人在彼生

理民情浮動各分氣類睚眦之怨動即相爭每

有監旗械鬬之事全在地方官恩威並用綏撫

得宜海外巖疆方可長資安謐臣先後在閩十

年未曾親莅其地雖隨事隨時留心諮訪而傳

聞不免異詞自須目擊情形方為確實措置一

切庶有把握戍臺兵丁俱由内地輪班調换海

疆營務尤關緊要必當嚴明約束簡練精純方

足以資彈壓噶瑪蘭自入版圖十有餘載如創

建城池田畝科則等事尚須確勘核辦亟應迅

福建巡抚孙尔准奏折：

赴台湾考校营伍并就便查办地方事件

道光四年正月二十日（1824年2月19日）

◎ 台湾清兵图

親兵
親兵
親兵
親兵
親兵
親兵
營

奏前來臣等查臺灣鎮總兵例應每年親赴各屬
查閱營伍乾隆五十三年三月欽奉
上諭該省將軍督撫提督分年輪值一人前渡臺灣實
力稽查整頓欽此又嘉慶十五年五月欽奉
上諭嗣後福建總督將軍每隔二年輪赴臺灣巡查一
次等因欽此所以示震疊而定民志
聖謨至深遠也查臺灣道鎮撫海外巖疆考試生童審
辦案件事務殷繁臺地自開闢噶瑪蘭以後南
北程途遥遠往返幾三千里有需時日是以素

灣鎮總兵仍請每年出巡周歷校閱用資訓練
臺灣道如遇內地將軍督撫水陸兩提督過臺
巡閱之年即停其出巡常年仍與總兵先後出
巡稽查清莊有無廢弛并令隨處詢民疾苦督
飭緝捕要犯就近審辦案件計一歲之中皆有
大員巡閱二次則地方既藉以整頓往來亦不
至紛煩信有裨益是否俯如該道所請辦理臣
等謹恭摺具
奏伏乞
皇上聖鑒訓示謹
奏
另有旨
道光十年正月　初二　日

奏

閩浙總督臣孫爾準
福建巡撫臣韓克均跪

奏為請定臺灣道員出巡章程恭摺奏祈
聖鑒事竊照臺灣漳泉粵三籍民人分莊居住積習
相仇動成分類械鬪然非有游手奸徒於其間
播弄是非亦無由啟釁故惟清莊一法可以正
本清原防微杜漸道光六年間臣孫爾準赴臺
查辦匪徒焚搶械鬪事竣内渡時
奏令臺灣道暫駐彰化嘉義一帶實力清莊嚴拏
逸匪嗣經該道孔昭虔於籌議清莊章程摺内
奏請每年責令道臣親歷巡查一次欽奉
硃批依議妥辦欽此欽遵在案茲據臺灣道劉重麟
以臺灣鎮及該道皆每年各自出巡若值内地
將軍督撫水陸提督渡臺巡閱之年該道仍復

不出巡該道孔昭虔因其時械鬪之案甫靖釐
定清莊章程事關緊要恐廳縣辦理未盡妥善
奏明每歲出巡實力查察原屬因時制宜數載以
來一切章程已定祇須嚴督有司實力奉行若
遇内地大員巡閱之年鎮道復各自出巡一年
之間三次往返雖一切夫馬飯食俱係自行捐
備而人夫不能不雇自民間未免煩擾伏查定
例各[illegible]閱五之年[illegible]閱[illegible]閱五之

闽浙总督孙尔准等奏折：
请定台湾道员出巡章程
道光十年正月初二日（1830年1月26日）

◎ 岸里社隘防图

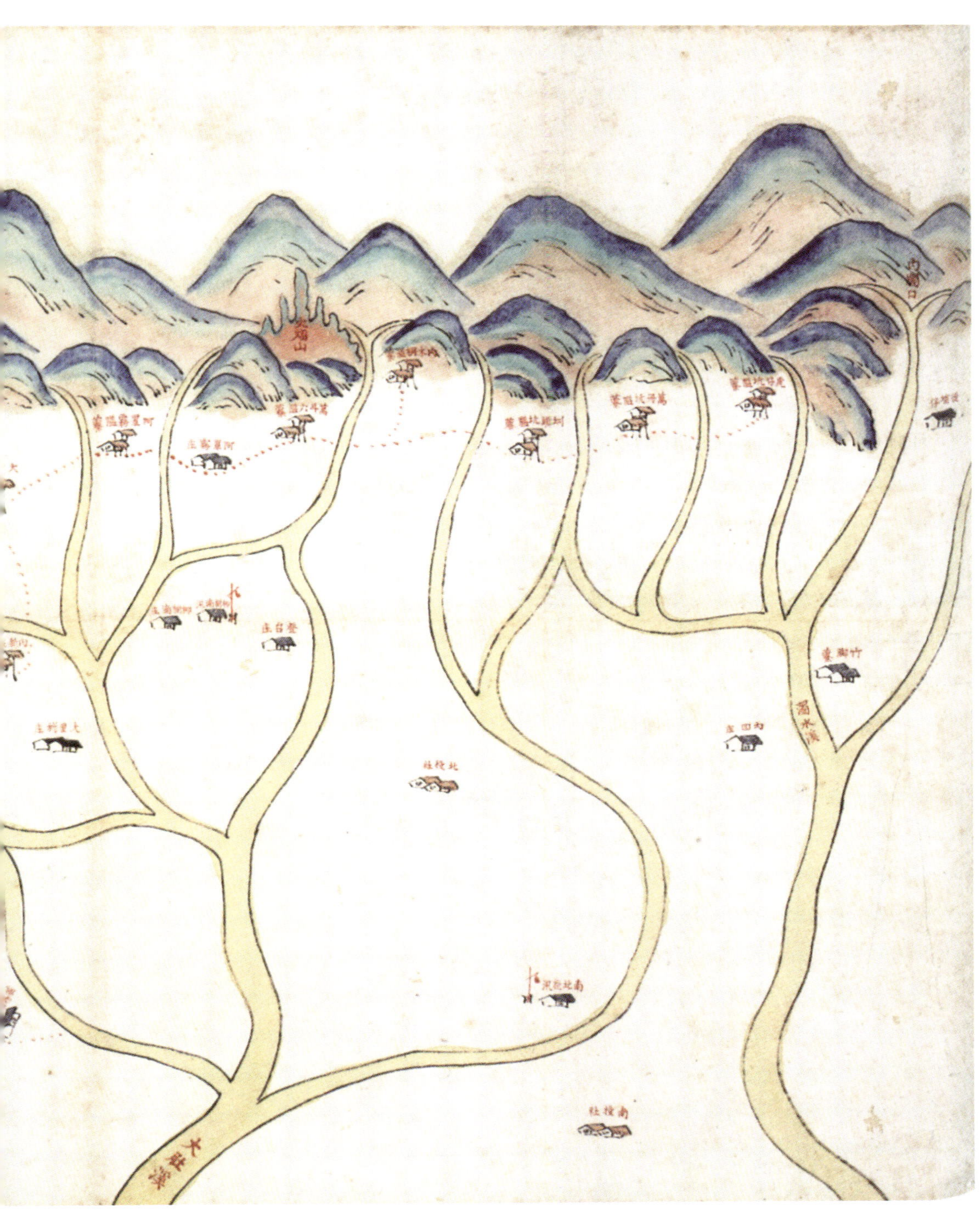
大肚溪

◎ 乾隆年间诸罗县城图

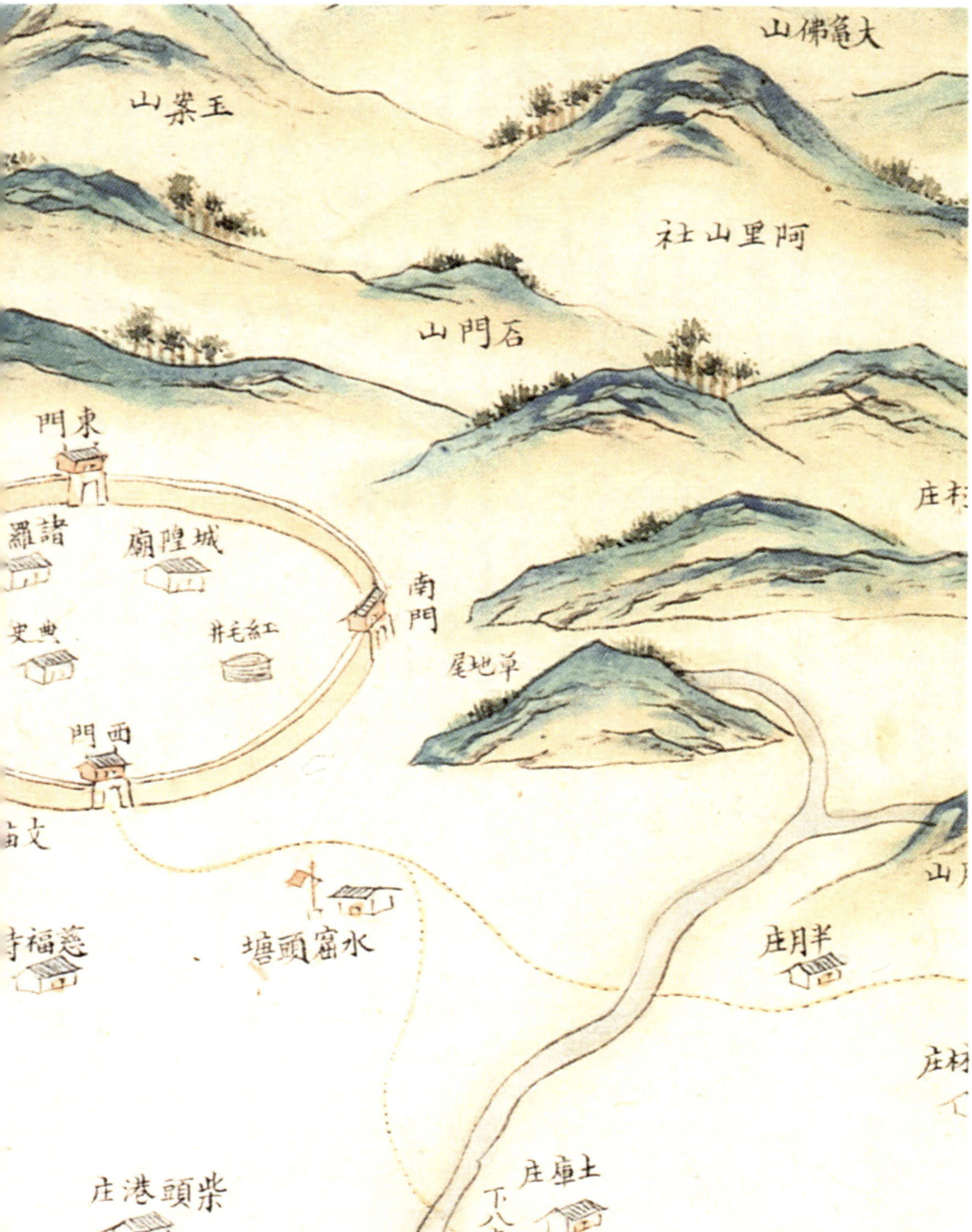

大奄佛山
玉案山
阿里山社
石門山
東門
諸羅
城隍廟
南門
典史
紅毛井
草地尾
西門
慈福寺
水窟頭塘
半月庄
柴頭港庄
土庫庄
下八掌溪

為辭稟請飭令廈門同知預備商船稽為需索
之計迨所欲既遂即不問哨船之大小堅脆槪
行調集強使東渡換防弁兵意存挾制歲不遑
配哨船仍然勒坐商船沿今三十餘年幾若視
為定制該商船一經配載班兵非特不能多裝
貨物即弁兵等之飲食用度悉取資於船户其
所裝貨物亦必先與水師提標中軍叅將及所
載弁兵言明厚加餽送始准貨物上船迨抵臺
灣即將該船扣留順載年滿舊兵内渡又不即
時登舟甚有守候三五月不得開行者其勒索
費用亦與在廈門時相等故廈門商船每届三
年必有二年受換防弁兵之大累惟一年可以
經商營運而臺灣營馬船料兵穀犯人及往來
官員差使則歲歲有之仍須配用商船多配一
官差即少裝一民貨官差雇值總不若民貨之
寬裕更兼近年以來臺灣米糖等貨價值漸昂
利息漸微而商行年額採辦之黑鉛捐觧之緝
捕經費不能短缺現在廈門商行日形凋敝商
船漸次歇業止剩四十餘號仍然有減無增雖
欲驅之渡載班兵亦將無以應差此為累商之
弊各營哨船既不渡載班兵巡洋又屬虛名水
兵舵工非安坐港汊即在家逍遥竟不知如何捺
駕偶爾巡洋出口不識風沙水綫惟有任船所
之動輒損壞船隻詭遇臣衙門指派哨船渡載
兵餉軍械等物必另行雇募舵工始敢放洋安
能望其練習水戰捦賊立功水務廢弛口岸敗

[illegible]
輕則責革枷號插箭遊示重即以軍法從事哨
船到臺後責令臺灣鎮道嚴督各營將領即日
驗收新兵換回舊兵統於十日内配坐原船内
渡果能按限往來勤謹操駕並無滋事損失由
臣將管駕弁兵酌量記名獎拔一年以來仰仗
聖主天威同寮協力幸得弁兵安靜往來迅速雖亦
不免有遭風損船之事較之從前之偶爾巡洋
動輒失事者已相去遠甚臣祗申明舊例並非
創立新法然人情大都逐利不顧大局今一旦
將數十年積弊革除水師營既失其利又須冒
險遠涉勞逸既殊苦樂迥異行之一載有竒文
武官員多有向臣言及不便於水師者此又臣
欽怨速謗之一端臣惟有堅持定見不避怨嫌
以仰副
皇上委任海疆之至意至需索商船規費勒用商船
渡載班兵以致口岸敗壞水務廢弛其罪魁不
在現任之員而在始作俑者歷年久遠實已無
從追溯且事係由漸而成自應寬其既往儆以
將來嗣後如敢有不遵定例圖復舊習藉端勒
索敗壞船政者無論提鎮將弁臣即一併嚴叅
請
旨治罪不敢稍事姑容並請咨部立案臣謹恭摺具
奏伏乞
皇上聖鑒訓示謹
奏
另有旨
道光十五年正月　二十八　日

奏
閩浙總督臣程祖洛跪
奏為撥赴臺灣換防弁兵申明定例概用水師營
哨船渡載不准勒坐商船以杜擾累而資練習
恭摺
奏祈
聖鑒事竊照閩省內地各營撥赴臺灣換防弁兵定
例三年更調而三年之中又分四起勻作二年
春秋二仲調撥水師營哨船赴廈門蚶江五虎
門三口配載東渡順載年滿舊兵歸營此往彼
來既可聯絡聲勢又可練習水務法至善也祇
因乾隆五十二年屆當換班之期適值臺匪不
靖未經更換至五十四年蕩平之後同時互調
以致船少兵多不敷配載從權議令附搭商船
東渡後即援以為例六十年間各船戶以受累
不堪紛紛呈控經前藩司田鳳儀等議請復歸
舊例不得擅用商艘即出洋巡緝亦不得復雇
商船彼時水師營員謬執私見以五十四年權
宜之法為必不可易且有欲盡用商船不調哨
船之論公然形諸稟牘聚訟紛紜延至嘉慶二
年前藩司調停其說始改議先儘哨船配載如
實有不敷再准商船附搭欲以息水師之喙仍
大開累商之門以後年年禁用商船實無年不
用商船其弊遂不可勝言蚶江五虎門二口每
起配渡弁兵少或數十名至多不過八百餘名
需船甚少弊實尚輕惟廈門一口每起配渡弁

壞海洋盜劫頻仍獲犯十無一二莫不由此此
為水師營政之弊換防弁兵習知其故一則視
為畏途既不遵限出營沿途又任意逗遛其到
口弁兵在船久候往往上岸滋事一則視為利
途冀可多方訛索魚肉商船因之驕者益驕悍
者益悍此為陸路營政之弊一事廢而三弊興
水師提臣陳化成目擊情形屢經會同興泉永
道周凱身先作則挽回訓練而勢成積重難以
驟返臣於道光十二年冬間駐劄廈門詢知詳
細當查廈門為通臺通粵通浙正口臺灣貨物
米糧為多商船既少臺米即不能內渡省城及
漳泉一帶米價踴貴刻刻有滋事之虞臺灣地
處窮下米糧不能久貯勢必透越外省接濟匪
類又通粵商船以及往來江浙天津關東船隻
懼其到口拏差即咸多方躲避閩海關稅半亦
因此缺乏於
國計民生均大有關繫至於哨船舵工既須臨時
雇募其兵丁之水性亦可想見設有緩急將何
所恃通籌大局趁此海洋平靖兵哨閒暇之時
必先復班兵配坐哨船舊章概不准勒坐商船
則商困蘇而臺內貨物流通兵識水而臺內聲
勢聯絡時值十三年分並無應行換防兵丁因
先通飭嚴禁並商同水師提臣陳化成嚴督各
鎮將先將水兵舵工勤加教練十四年春秋二
仲頭二兩起撥赴臺灣換防兵丁預期嚴飭水
師各營挑選大號堅固哨船分駕三口渡載班
兵不准一人一械附搭商船又恐難與慮始且
訪悉換防弁兵惟省標八營及陸路提標五營
恃係將軍督撫提督親標最為驕悍法行自近
當即會同將軍臣樂善撫臣魏元烺陸路提督
臣馬濟勝於狂兵未出營以前申明紀律首先

闽浙总督程祖洛奏折：

拨赴台湾换防弁兵概用哨船渡载不准勒坐商船

道光十五年正月二十八日（1835年2月25日）

◎ 福州船图

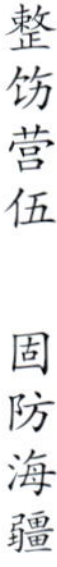

◎ 中国商船图

更近於蚶江又經
奏准將駐劄淡水廳以北之北路右營並艋舺滬
尾噶瑪蘭各營戍兵中之籍隸省城以南者二
千二百餘名由五虎門出口遷渡八里坌登岸
順載班滿舊兵內渡道光十一年前任臺灣鎮
總兵劉廷斌以臺灣鎮標右營游擊改為北路
右營游擊案內有由鎮標左右二營撥赴北路
右營添防兵三百名俱係泉州興化兵丁向由
廈門往來配渡行程紆遠請改由蚶江就近渡
載亦經前督臣孫爾準咨部有案此戍臺班兵
先後酌改各就原籍所近分作三口往來之章
程也惟有北路中營兵一千二百三十八名仍
循嘉慶十五年章程新兵由廈門渡往鹿耳門
舊兵由鹿仔港另行配船內渡未經更改前據
臺灣北路協副將葉長春議請改由蚶江配渡
至鹿仔港登岸順載換回舊兵內渡以資便捷
臣當即咨商水師提督臣陳化成陸路提督臣
馬濟勝體察情形并檄飭藩司鄭祖琛覆核妥
議去後茲據先後核覆前來臣查北路中營駐
劄彰化縣城該營兵丁悉由臣標及陸路提標
并福寧建寧汀州福州延平長福邵武各鎮營
抽撥往戍計從各原籍前赴廈門必由泉州經
過自泉州至蚶江陸路三十里由蚶江登舟對
渡鹿仔港海程九更約計五百餘里由鹿仔港
至彰化縣城陸路三十里若令至廈門配渡則
自泉州至廈門尚有陸路兩站由廈門登舟對

載兵一百八十名一號同安梭船每船載兵一
百二十名二號同安梭船每船載兵八十名其
三號同安梭船止堪在內洋巡緝若令遠涉重
洋殊不放心應不准調用廈門五虎門二口一
體仿照辦理如此一為變通哨船往來既可迅
速水陸程途復較近便即兵丁裹帶口糧亦不
致有短絀之虞臣為體恤兵艱疏通擁擠起見
謹會同水師提督臣陳化成陸路提督臣馬濟
勝合詞恭摺具
奏伏乞
皇上聖鑒訓示謹
奏
兵部議奏

道光十五年二月　十五　日

奏

閩浙總督臣程祖洛跪

奏為福建內地各營撥戍臺灣北路中營班兵議
請酌改配渡口岸以歸便捷恭摺
奏祈
聖鑒事竊照臺灣水陸各營兵丁均由內地各營抽
撥往戍三年一次輪流換班故曰班兵向例皆
調集廈門配船至臺灣鹿耳門登岸仍用原船
載回舊兵嗣於嘉慶十三年前督臣阿林保始
行咨部將撥戍艋舺營陸兵八百名改由蚶江
對渡鹿仔港至嘉慶十五年前督臣方維甸因
臺灣北路各營兵丁離鹿耳門口程途較遠復
奏明將撥去新兵仍照舊章其駐劄彰化淡水二
縣廳之北路協標中右二營艋舺營換回舊兵
就近至鹿仔港另行配船對渡蚶江登岸回營

渡鹿耳門海程十二更約計七百餘里由鹿耳
門至彰化縣城又有陸路四站海外道里荒遠
節節溪河閒隔該兵等徒步奔波雖竆日之力
不能按站攢行程途之遠近既殊兵丁之勞逸
迥異自未便拘泥舊章含近圖遠且查由蚶江
配渡班兵自歷次更改章程以後現止五百六
十名廈門則有一萬一千八百餘名更應挹彼
注茲以免擁擠應請嗣後北路中營換防兵丁
一千二百三十八名與現由蚶江配渡之北路
右等營兵五百六十名一併由蚶江對渡鹿仔
港登岸原船將年滿舊兵載回仍照舊例分作
四起行走責令水師提標中軍參將預期調派
堅大哨船駕赴蚶江候班兵到泉州時由陸路
提督考驗委員押赴蚶江會同蚶江通判催令
刻日登舟候風開駕如敢不遵約束勒坐商船
登岸滋事即由該通判及委員就近稟報陸路
提督嚴行懲治到臺後由北路協副將點驗收
伍設遇風汛不順漂收鹿耳門八里坌二口者
准其就彼登岸赴所在鎮將衙門稟到驗明押
歸本伍其換回舊兵或將原船押歸正口配載
或令兵丁由陸路赴泊船處候渡責令臺灣守
口文武各官相度天時風汛隨時斟酌辦理總
不得附搭商船仍以新兵到營後限十日舊兵
出營為斷再閱看哨船大小不等名目不一若
不約定每船配兵數目必致彼此爭執應請仿

闽浙总督程祖洛奏折：

闽省各营拨戍台湾北路中营班兵议请酌改配渡口岸

道光十五年二月十五日（1835年3月13日）

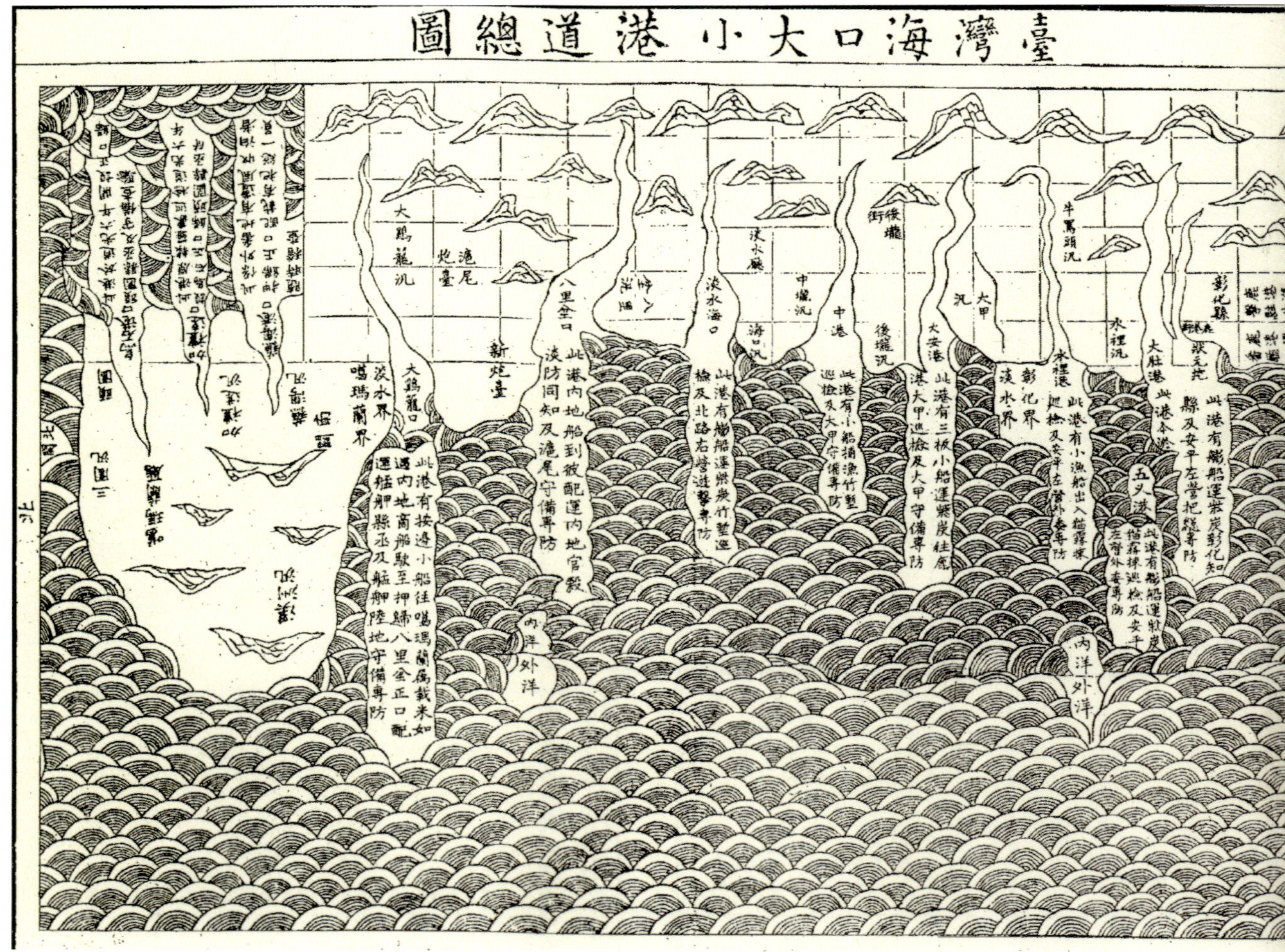
臺灣海口大小港道總圖
大鷄籠汛
滬尾炮臺
八里坌口
新炮臺
此港內地船到彼配運內地官穀
淡防同知及滬尾守備專防
大鷄籠口
此港有按邊小船往噶瑪蘭裁米如遇內地商船駛至押歸八里坌正口配運搖櫓縣丞及艋舺陸地守備專防
淡水界
噶瑪蘭界
淡水海口
淡水廳
中壢汛
海口汛
中港
後壠汛
大甲汛
大安港
牛罵頭汛
水裡港
水裡汛
彰化界
淡水界
大肚港
彰化縣
五叉港
內洋
外洋

◎ 福建万安所

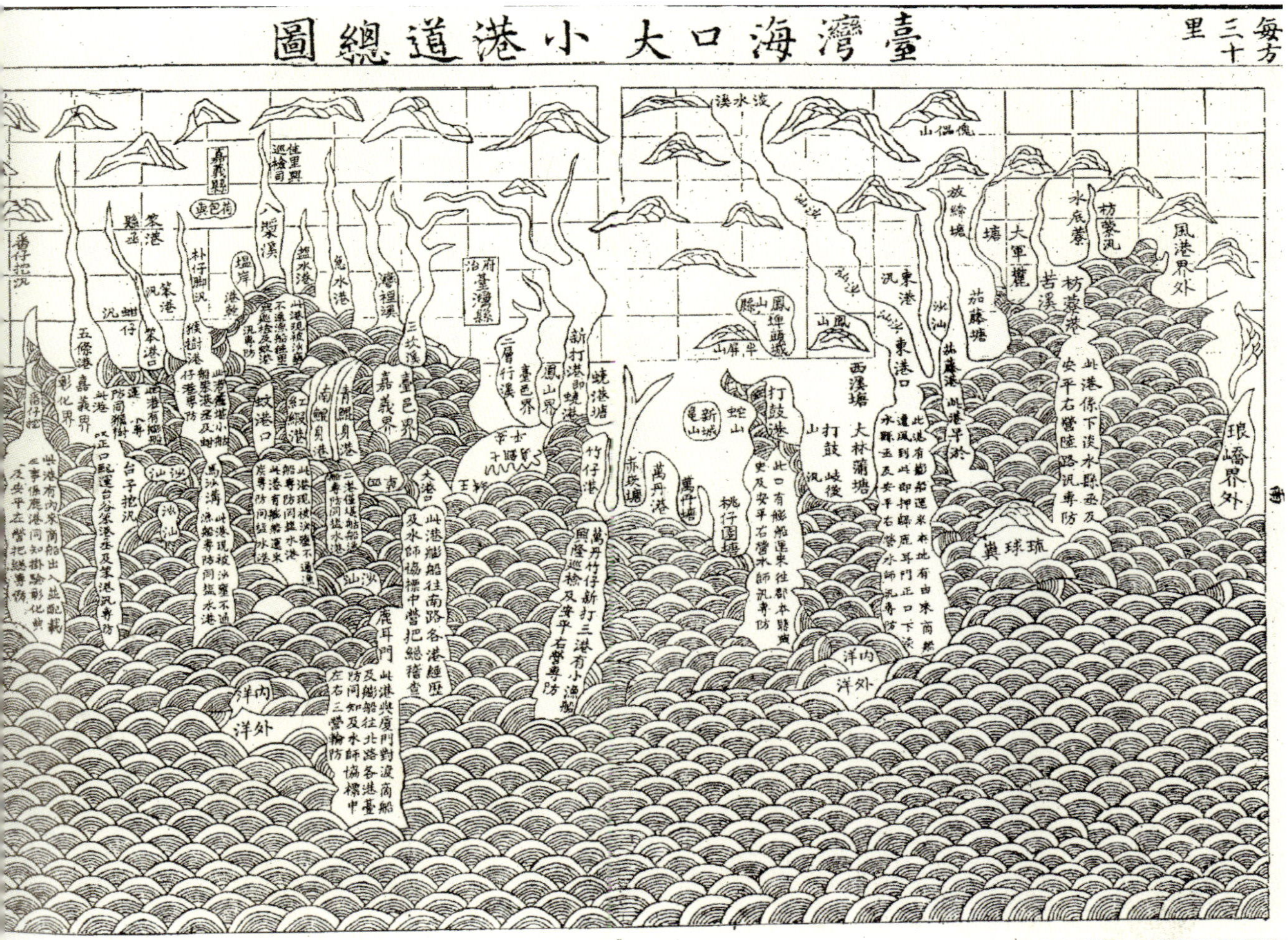

◎ 台湾海口大小港道总图

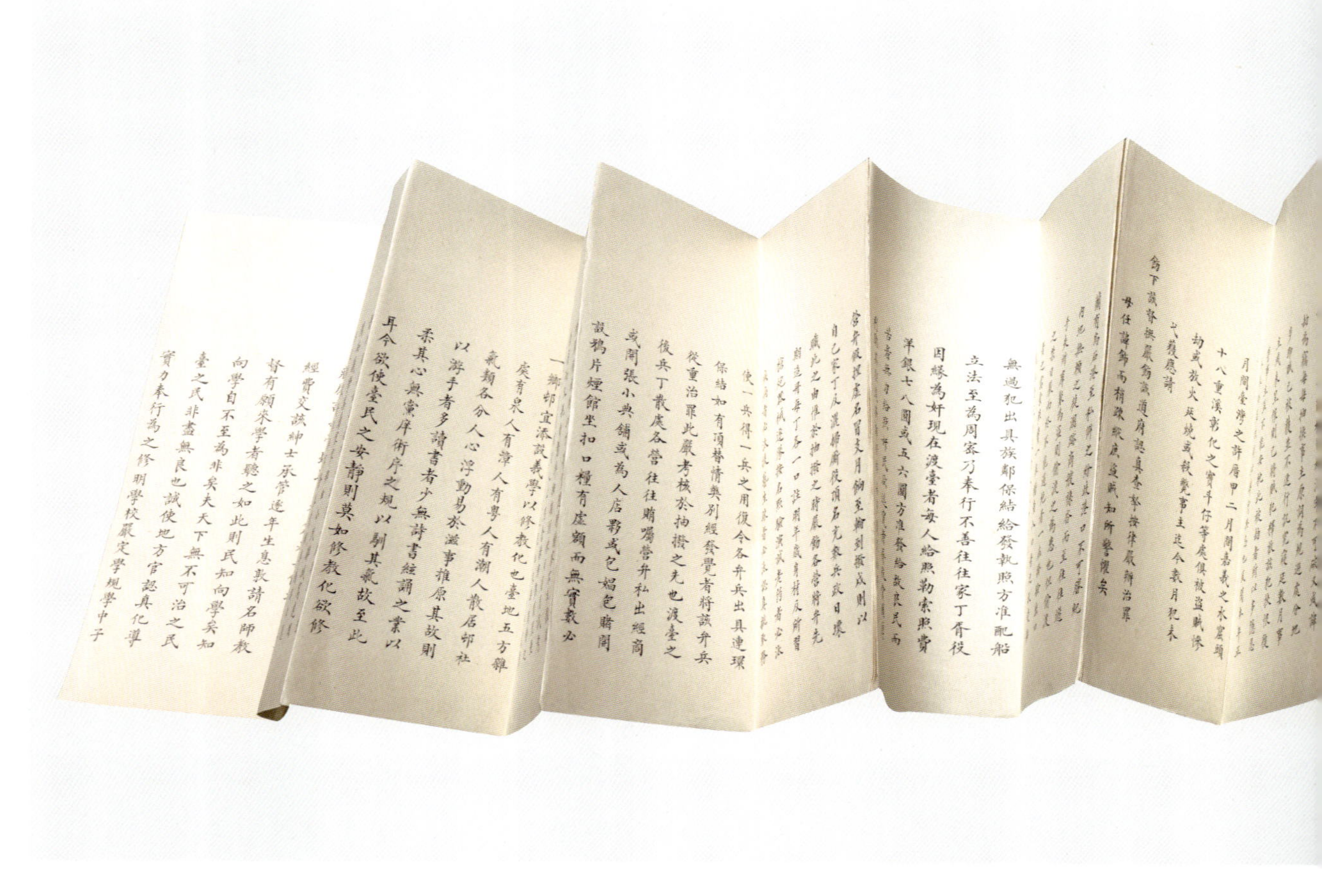

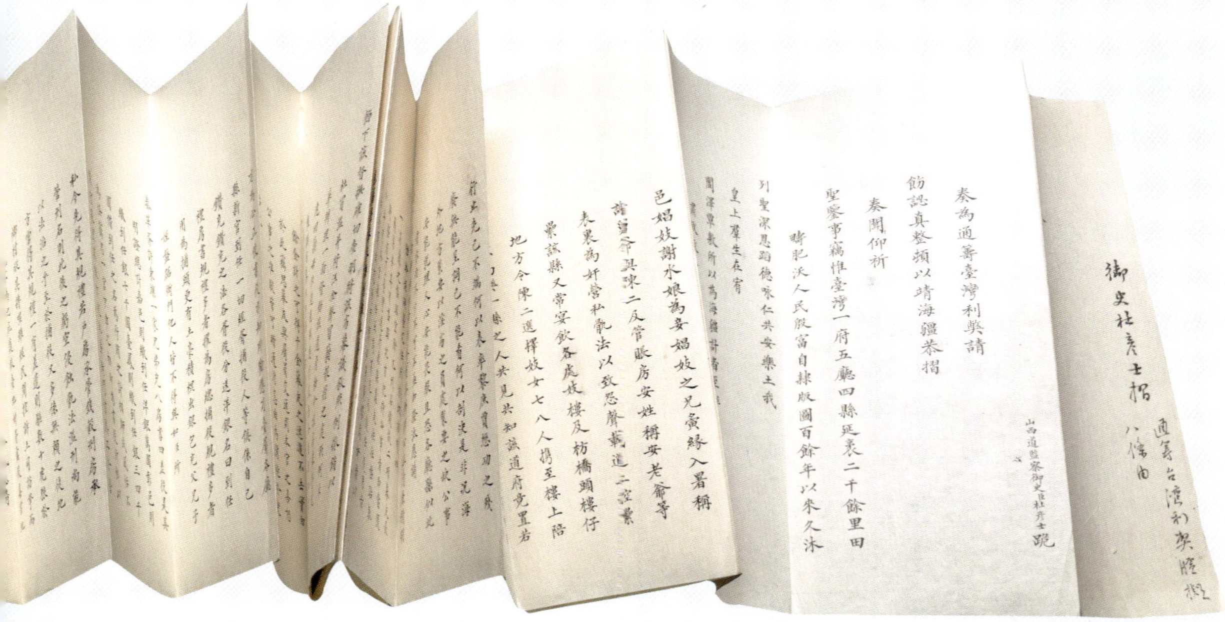

监察御史杜彦士奏折：

通筹台湾利弊请饬认真整顿以靖海疆

道光十八年六月十一日（1838年7月31日）

◎ 台湾府山险水道关隘古寨疆域图

臺灣府山險水道關隘
每方三十里水程每一更六十里
淡水以上移西作南移東作北東西準此
鳳山以下移東作北移南
彰化
嘉義
臺灣
噶瑪蘭
淡水南界
鳳山北界

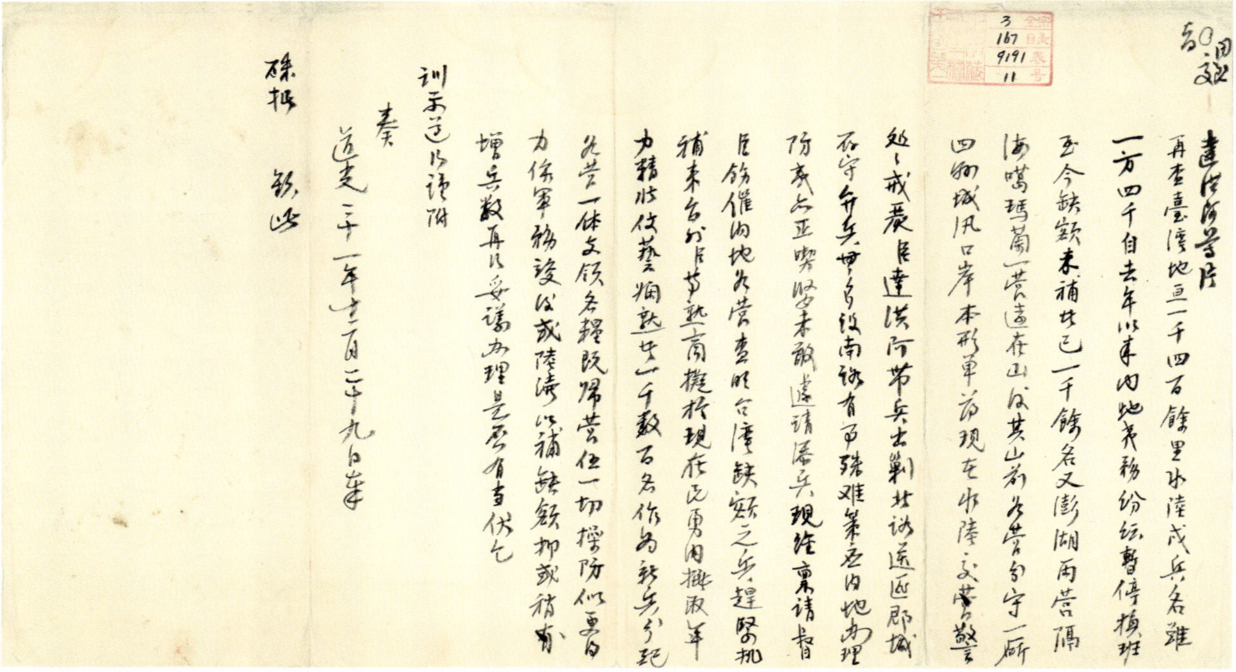
知道了

達洪阿等片

再查臺灣地亘一千四百餘里，水陸戍兵名雖一萬四千，自去年以來，內地兵務紛紜，暫停換班，至今缺額未補者已一千餘名。又澎湖兩營隔海，噶瑪蘭一營遠在山後，其山前各營分守一廳四縣城汛口岸，本形單薄，現在水陸文武營處處戒嚴，臣達洪阿帶兵出剿北路，遠近郡城不守，分兵無多，設南路有事，殊難兼顧。內地辦理防務，亦正吃緊，未敢遽請添兵，現經稟請督臣飭催內地各營查明台灣缺額之兵，趕緊挑補來台外，臣等熟商擬於現在屯勇內挑取年力精壯、技藝嫻熟者一千數百名作為新兵，分配各營一體支領名糧，既歸營伍，一切操防似更得力。俟軍務竣後，以咸陸續以補缺額，抑或稍增兵數，再行妥議辦理。是否有當，伏乞

聖鑒訓示。謹附片具

奏

道光二十一年十二月二十九日奉

硃批：欽此

福建台湾镇总兵达洪阿等奏片：

饬催内地各营挑选兵员来台以补缺额

道光二十一年十二月二十九日（1842年2月8日）

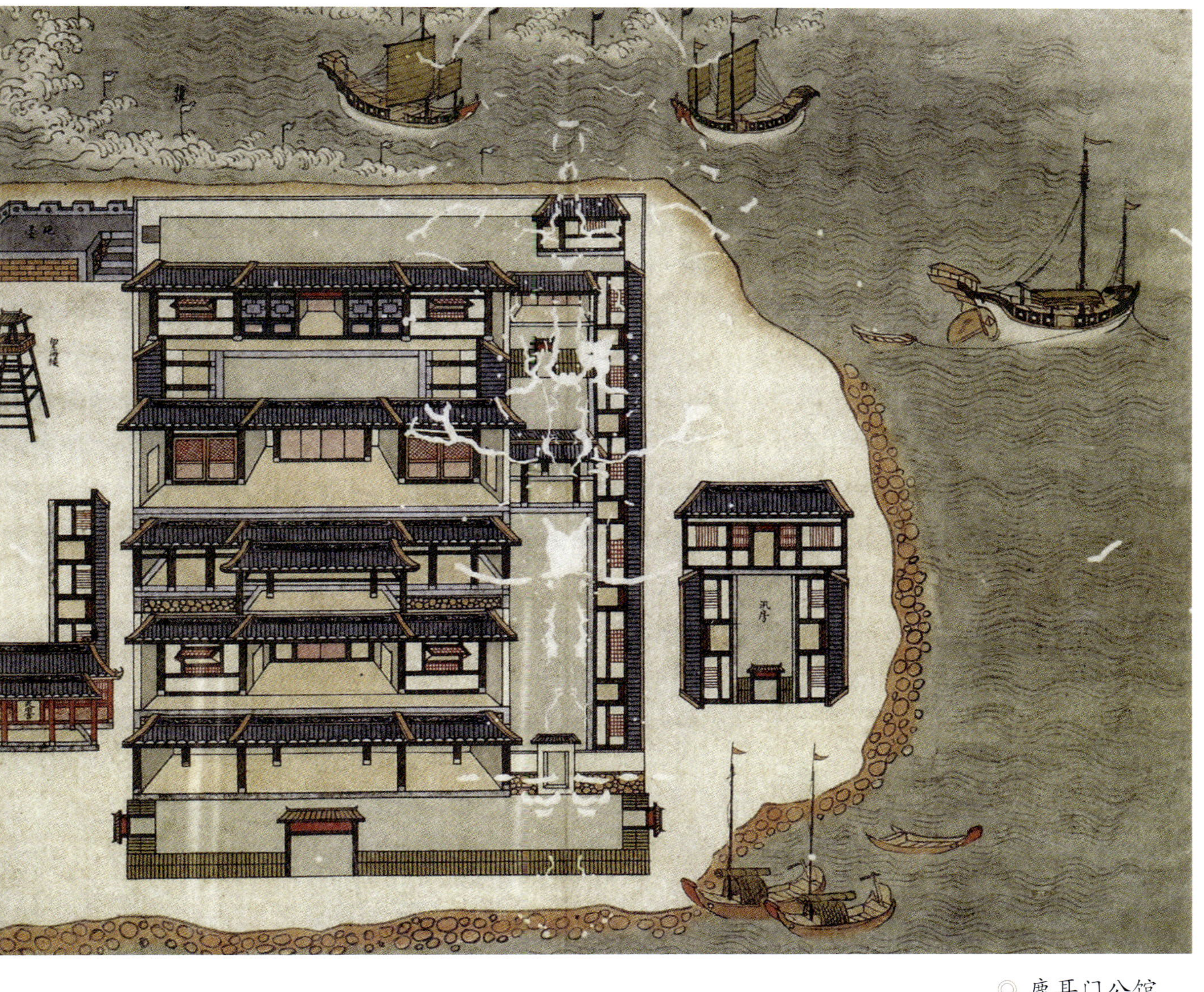

◎ 鹿耳门公馆

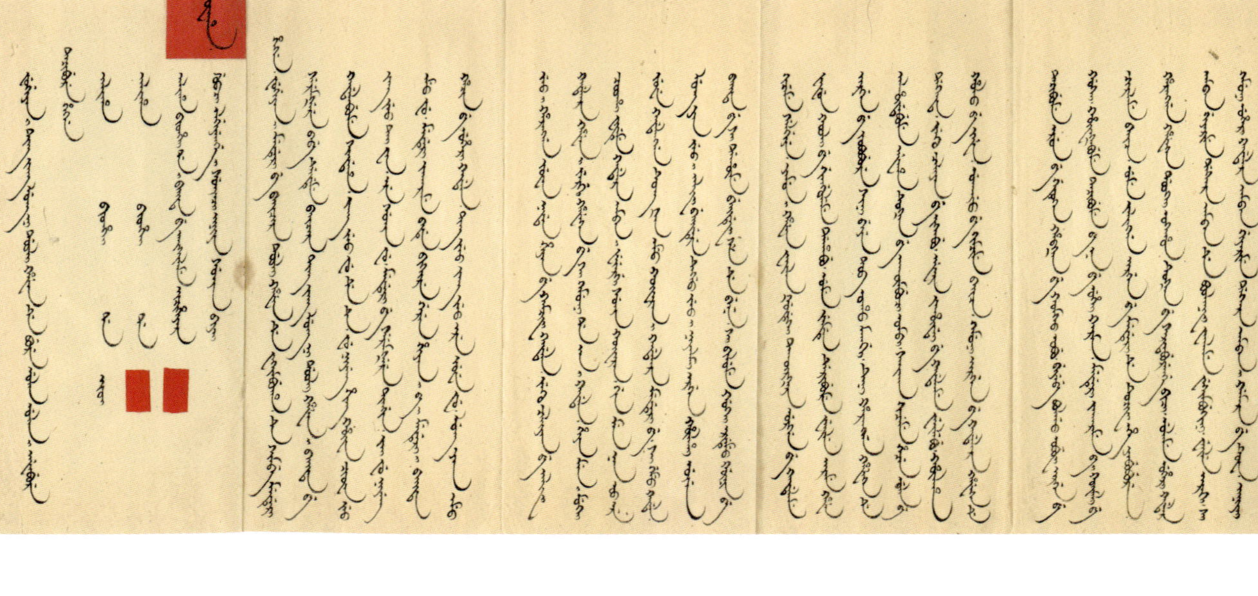

敕福建汀漳龍道傳流
大學士卓　閱
大學士賈
協辦大學士
咸豐五年五月　廿五　日

勅福建巡海道兹命爾管分巡海防汀漳龍道事務
駐劄漳州府管轄福興泉漳臺五府海防廳及福
甯一府沿海各縣地方海政事宜兼轄汀漳二府
龍巖一州一十七縣其經管錢穀各官仍照舊聽
爾統轄廈門水師提標五營金門南澳二鎮銅山
一營所轄洋面盡隸爾管轄龍巖州承審本州命
盜重案由爾覆審解司爾其撫綏黎民勸宣德意
約束衙門官吏胥役使之恪遵法紀毋致作弊生
事擾害官民監司本源既正方可表率屬員用循
職業宜加意修濬城池積聚糧餉督修戰艦捕緝
盜賊稽查逃人仍誠諭有司簡訟清刑潔己愛民
生聚教訓共圖保障沿海地方嚴察奸宄毋使奸
民出海為匪所屬官員有貪殘溺職者轉報該督
撫參處爾仍聽督撫節制年終將行過事蹟開送
該撫咨部察考爾受兹委任須持廉秉公殫心竭
力使小民樂業斯稱厥職如或貪黷乖張因循怠
忽貽誤地方責有所歸爾其慎之故勅

咸丰皇帝敕谕：

着福建巡海道分巡海防事务管辖台湾等五府

咸丰五年五月二十五日（1855年7月8日）

◎ 咸丰皇帝像

00095

同治九年二月十三日内閣奉

上諭昨據吏部奏稱福建臺灣府知府梁元桂撤回另補遺缺未奉特旨揀調英桂等遽請以陳思燏調補與例不符請將該督撫照例議處當經降旨仍准以陳思燏調補並將該督撫處分加恩寬免因思臺灣地方緊要事務紛繁歷經降旨令該督撫於閩浙兩省知府内揀調英桂等因員缺緊要未候諭旨遽請調補自與舊章不符嗣後遇有臺灣府缺出即著該督撫奏明請旨於閩浙兩省知府内揀員調補儻一時不得其人並准於應升人員内擇其人地相宜者奏明題補以重要缺該部知道欽此

同治皇帝上谕：

嗣后遇有台湾府缺着即于闽浙两省知府内拣补

同治九年二月十三日（1870年3月14日）

◎ 台湾府衙

◎ 福建船政衙门

見方准起用該員吳大廷係奏保奉
旨起用人員遵
旨赴閩後又經兩次奏派赴天津辦事與自行呈報
病痊者不同現在委辦輪船操練事宜規畫方
始必須精心果力乃能訓練就緒事關重大未
便遽易生手合無仰懇
天恩俯准免其引
見飭令專心講求操練事宜以資得力如果練成勁
旅能於大洋鏖戰將來尚擬奏懇
聖恩酌量錄用免其坐補臺灣道缺屆時恭候
聖裁臣非敢輕言破格特以海洋用兵創始甚艱為
事擇人不能盡拘成例是否有當伏乞
皇太后
皇上聖鑒訓示謹
奏
軍機大臣奉
旨吳大廷著免其送部引見該部知道欽此

再前任福建臺灣道吳大廷告病開缺回籍旋
經前江西撫臣沈葆楨奏請赴閩襄理船政同
治八年四月二十四日欽奉
上諭沈葆楨等奏前任臺灣道吳大廷因病開缺回
籍調理現在船政需員請飭仍赴閩省等語吳大
廷告假回籍調治業經半載計早痊愈著劉崐迅
即飭令該員趕緊赴閩襄理船政不得遲延等因
欽此該道回閩後八年八月二十六日又經沈
葆楨會同閩省督撫臣奏明病痊於八年七月
十一日遵
旨回閩即奏委督解萬年清輪船航海赴津請驗九
年二月初三日又經閩省督撫等奏派航海駐
津會同天津道驗收採辦閩米十萬石經臣在
天津差次奏請調至江南總理輪船事宜奉
旨著照所請該部知道欽此茲准部咨以該道現在
奏調江南應令驗看出具考語給咨赴部引

两江总督曾国藩奏片：

原任台湾道吴大廷奉调闽省襄理船政

同治十年三月十九日（1871年5月8日）

北
官道
文
船坞
武

◎ 同治六年（1867年）福建马尾船坞图

【第六部分】

休戚与共　协力御敌

19世纪中叶，西方新兴资本主义列强再次表现出对台湾的觊觎之心。英国、美国、法国等国家先后派武装舰队来到中国，开始对我国南部沿海地区进行一系列侵扰活动。

早在鸦片战争爆发之前，闽浙总督邓廷桢就意识到台湾防务的重要性，奏称："闽浙紧要之区，以厦门、台湾为最，而台湾尤为该夷（英国）歆羡之地，不可不大为之防。"台湾兵备道姚莹和台湾总兵达洪阿，同心协力，积极筹防，调集弁兵、屯丁、水勇，分守澎湖、安平、鸡笼、淡水诸要口，增设炮台，做好了充分的战前准备。

鸦片战争爆发后，英国侵略者为了在闽台沿海抢占地方，以便封锁、控制台湾海峡，作为他们进一步侵略的基地，先后三次进攻厦门，五次进犯台湾，但均遭到了闽台军民的坚决抵抗。

道光二十一年（1841年）八月十六日，英军"纽布达"号侵入鸡笼港，炮轰二沙湾炮台。守台的清军参将邱镇功、同知曹瑾等率军奋力还击，击沉英舰，击杀英军33人，擒获133人。清军取得了中英开战后的第一次大捷。九月十三日，守台清军再次击退入侵鸡笼港的英舰。

道光二十二年（1842年）正月三十日，土地公港的台湾守军诱击了来犯的英舰"安因"号，杀死、俘虏英军及汉奸数十名，并夺获大炮、枪支、腰刀等大批武器。台湾在抗英战争中取得数战连捷的成果，是台湾各族军民团结一致、奋勇抗敌、相互支援与配合的结果，也是当时福建台湾地方官员严密防范、指挥得当的结果。

除英国之外，美国、法国也对台湾表现出强烈的觊觎之心。19世纪80年代，法国认为台湾是"最良好、选择最适当、最容易守、守起来又最不费钱的（政治）担保品"，图谋通过夺据台湾等地，要挟清廷索赔。得悉法国意图之后，清政府下令加强台湾海防，并派淮军名将刘铭传以福建巡抚衔督办台湾军务，率兵增援台湾。刘铭传赴台后，立即重新部署台湾的防守兵力，严加防范。此外，他还号召台湾各族人民出钱出力，动员民众设立陆团和渔团，以与军队协力防守。

光绪九年（1883年），中法战争爆发。翌年，法国将战火扩大到了中国东南沿海，台湾和福州成为中法海战的主战场。战争期间，法国中型炮舰“维拉斯”号侵入基隆内港，法军600多人在兵舰火炮的助攻下，分两路进攻曹志忠营和基隆市区。清军在刘铭传亲自统率下奋勇反击，击退了法军。

在马江战役后，法国侵略者掌握了台湾海峡的制海权，遂再次集中兵力，组建了共有2250名士兵的庞大舰队，进犯基隆、淡水。清朝守军奋勇抵抗还击，虽因兵力不足等原因，被迫放弃基隆，但取得了沪尾大捷，有效阻遏了法军进攻淡水。法军司令孤拔对台湾实行海上封锁，以图围困台湾，断绝大陆给予台湾的援助。然而，大陆沿海尤其是来自福建厦门民间的援助从未间断，人们冲破法军重重封锁线，将兵员、粮食等运至台湾，支援台湾的抗法斗争。厦门、福州成为支援台湾抗法斗争的前线。

法国侵略者集中了几千人的军队，在近一年的时间里，多次进攻台湾基隆、淡水等地，企图强占台湾，但除了短暂占领基隆、澎湖外，一无所获。光绪十一年（1885年），中法双方正式签订《中法新约》，中法战争结束。法军撤出基隆、澎湖，强占台湾的阴谋破灭。

以佃以漁有警一呼畢集隨同營汛巡防又查
最要之新城海口寬闊一百餘丈擬用木排縮
以大鐵鍊使夷船不能闌入等語臣以沙袋兩
層尚恐不足以資抵禦必須堆厚六七尺以期
適用所募義勇尤須造冊點驗不可有名無實
批飭會同嚴密堵禦不得稍有疎懈並飭將籌
費三千圓差弁領回應用在案茲復欽奉
諭旨遵卽檄行臺灣鎮道就近派委明幹員弁馳往
澎湖會同該副將通判或於臺地或於澎湖趕
緊設法添募練勇多多益善務期金湯永固以
仰副
聖主垂念海疆之至意所有澎湖地方招募練勇防
堵夷船情形理合由驛恭摺覆
奏伏乞
皇上聖鑒謹
奏
另有旨
道光二十年八月 十八 日

奏

閩浙總督臣鄧廷楨跪

奏為陳明福建澎湖地方招募練勇防堵夷船情
形恭摺覆
奏仰祈
聖鑒事竊臣承准軍機大臣字寄欽奉
上諭御史焦友麟奏東南海疆要地請嚴飭防禦一
摺據稱澎湖為閩省過臺門戶欲固臺灣必守澎
湖並請於該處招募練勇等語現在㖡夷滋擾難
保不覬覦臺灣而澎湖尤為緊要之區不可不嚴
加防範著鄧廷楨委派明幹將弁並責成該鎮道
招募練勇勤加訓習嚴密防堵以重要地而杜奸
萌是為至要原摺著鈔給閱看將此諭令知之欽
此伏查㖡夷犯順豕突鴟張既攻陷定海縣城
作為巢穴復疊次滋擾閩洋雖節經攻擊遁去
而其貪心不死難保不到處覬覦臺灣孤懸海
外距省千里而遙防範更應周密前次欽奉
諭旨設法嚴防即經欽遵知會在籍之前任浙江提
督王得祿並檄行該處鎮道相度要隘安設礮
兵並團練鄉勇實力保衛而澎湖一島屹峙海
中內為廈門屏障外為臺地咽喉四面汪洋防
護尤非易易該處設有副將一員通判一員先
經臣與撫臣諄飭該文武預籌堵禦並由司籌
款兌換洋銀三千圓以資經費去後嗣據該協
副將詹功顯署通判孫化南稟稱查該處礮臺
礮檯歷年久遠必須一律修整再用麻布口袋

闽浙总督邓廷桢奏折：

福建澎湖招募练勇防堵英国船只情形

道光二十年八月十八日（1840年9月13日）

◎ 道光二十年（1840年）所建的基隆炮台

◎ 基隆港船舰图

◎ 英国驻台湾领事馆

禁臣吴俛实深惶愧当又察令随时稽查不

可稍有疏忽伏又分头探听近来并未闻有夷船

在台情形似无动作居寿于本月二十五日于台省

抵省寓附片具

奏苏昌遇之便计到京在拔旬日合将台湾

情形一併上

闻并再声明缘由伏祈

圣鉴谨

奏

道光十二年五月廿五日奉

硃批知道了钦此

怡良等片

再台湾地方自叠次破获夷船之后，屡蒙

谕饬确探，臣等亦日以该夷未肯甘心为虑，先次札饬

镇道时时守报，并令泉州府于商船入口时多

方询问情形。兹据达洪阿、姚莹会禀：于三月十一日

大安海口瞭见东北外洋面有五桅夷船由南游奕

向北驶去。是日辰刻，彰化县辖之五叉港深水

洋面报有夷船一只游奕北去。是日申刻，淡

水厅辖之中港、香山外洋有夷船一只由西

南向东北驶去。一日之间三处瞭望皆见，是否

同是一船，无从查察。当经该镇道严饬防堵

各员格外加意，并严查内外勾结汉奸等因。伏

据各回商船户称：该商船等于四月初旬在

里外洋面望见夷船四五只向东驶去，各等

语。该镇道等屡次办理夷务，均能恰合机宜

闽浙总督怡良等奏片：

台湾所见英国船只动态

道光二十二年四月二十八日（1842年6月6日）

00250　00249

軍機大臣　密寄
閩浙總督劉　福建巡撫徐　道光三十年七
月二十六日奉
上諭昨據劉韻珂徐繼畬奏英夷欲往臺灣採煤一
節已寄諭於拒止之後加意防備矣本日據徐廣縉
葉名琛奏探得夷酋吠唦回香港後連日在港與商人
私議福建港口虧折甚多思換臺灣作為港口等
語此說雖出自新聞紙為其生心設詐之端然與
採煤之詞相合其陰謀覬覦必非無因臺灣為懸
海要區民番雜處平時尚易生事豈容奸夷到彼
借貿易為窺伺現已密飭徐廣縉等靜俟其閒先
折其萌惟恐其侈心不肯中止勢必向臺灣附近
洋面尋衅不可不豫為之防著劉韻珂等密諭
臺灣鎮道督率文武嚴密防備於從前夷船撞遇礁石
之處加意布置勿存畏怯亦毋事張皇如該夷
目有求換港口文書即答以成約內通商五口本
無臺灣地方斷難允准該督等仍一面飛咨粵省
正詞駁斥絕其妄念慎勿稍涉游移致貽後患是
為至要將此密諭知之欽此遵
旨寄信前來

道光皇帝上谕：

英人欲换台湾为港口着严词拒绝

道光三十年七月二十六日（1850年9月2日）

◎ 道光皇帝像

異類襟垂但使台地文武聯絡紳民同以敵愾
協力防範採謀之越(並既)不復萌即換港之說亦
當中止臣等現復密諮該鎮道並由省派委幹員
前往會晤該委文武傳集紳民諭以大義怵(怵)以
利害務令全台百姓僉爲一心互相查禁並非
責與作難雖令貪狼發難亦將顙然自失藉口
無由並密飭該鎮道嚴查所有口岸隘及夷船
前擾雞籠要所相度形勢妥爲布置務(期)內無
畏怯外不能窺伺鎮靜密防不露形迹(迹)以固我
圉(圉)如該酋竟(竟)以求換港口來閩投遞文書
臣等自當堅執成約明白理論函詞拒絕俾之共
曉其無可爲(可尋何)而仍咨粵省一律駁飭俾絕妄念而弭
後患仰副
聖主保衛岩疆諄諄告誡至意除先行恭錄
密諭迅速咨洛粵省督撫各臣遵照外所有臣等遵
旨密爲防備緣由謹會詞附片密陳伏乞
聖鑒訓示謹
奏

硃批 奉
欽此

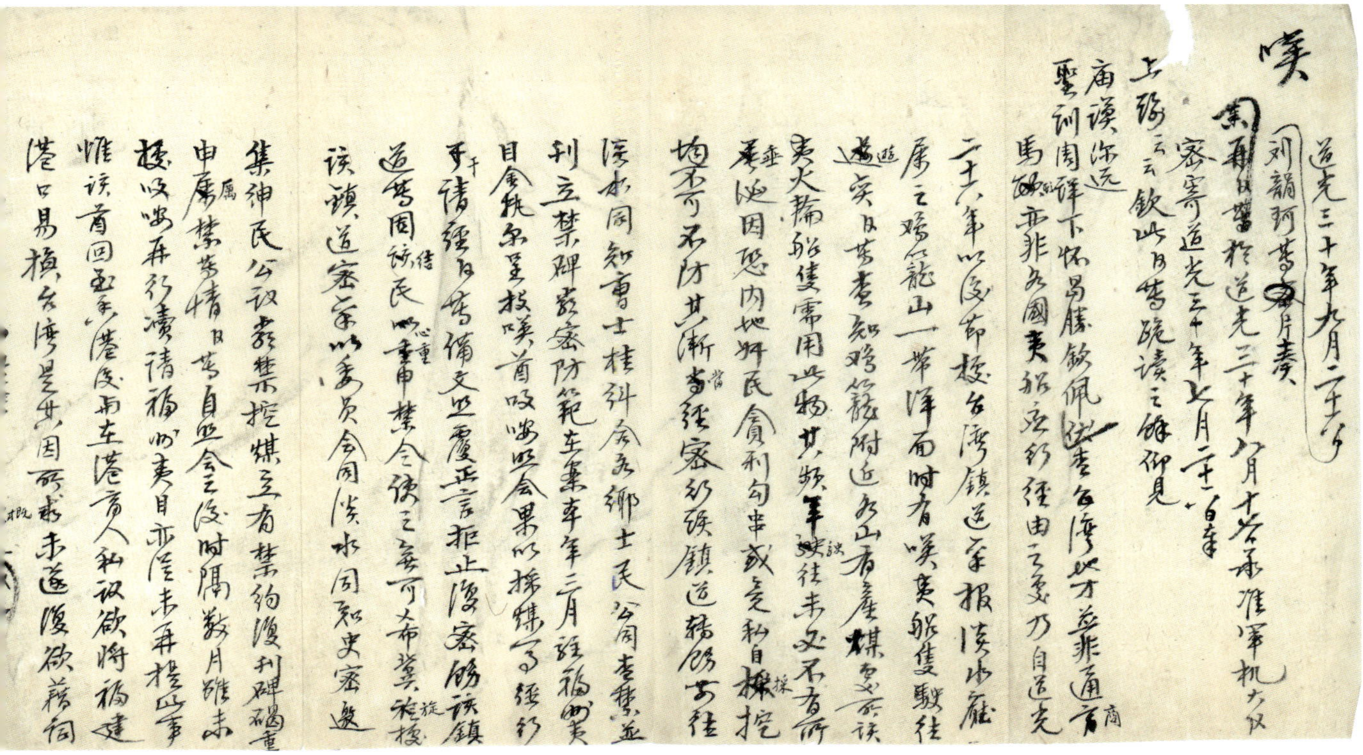

闽浙总督刘韵珂等奏片：

福州英人放言欲将福建港口易换台湾遵旨严加防备

道光三十年九月二十六日（1850年10月30日）

◎ 建于道光二十四年（1844年）的英国驻福州领事馆

此称租屋本是小事，既系士民不愿，该府为难，若
不搬移，恐伤和好，惟城外一时难得住处，应先搬
至伊国翻译官所租赁之道山观暂住，即将
神光寺交还，以免口舌等语。臣查乌石山之积翠
寺房屋，自道光二十四年起，系咪唎夷领事秀
目李太郭、阿利国、若逊、瀚那接连租住，其东
畔相连之道山观房屋，自道光二十五年起，系
咪夷翻译夷目夏巴、巴理诗、马礼逊、金执尔
接连租住，两处房屋俱在山坡，四无居邻，该夷
目租赁已阅多年，与民人相安无事。今该夷
因将两夷搬至伊处，皆伊在积圈，并非别租城
内房屋，自不便过为饬论，致令藉口，惟该夷目
既完工后之两夷，原称只系暂在道山观建
盖楼房，尚在经始，殷不及至今尚未完
局，现仍住夷房，是以华知府兴廉切实开导，
俟该神光寺退还，即附片具
奏。至该夷欲赴台湾府属采购煤炭，并欲易
换港口一节，臣前曾剀切谕饬，于台湾镇
道，又经严密查禁，饬知县丁锡畴赴台会同
查办。该夷惟利台湾港口安静，并非必须烟
民俗为一，气之言拒绝，现尚未据禀复。
接到该首改喻，无论该夷首利福，伊该
此事只专坚执民间自理，论断不敢稍
涉迁就，致贻后患。应将现在办理得由附片密
陈，并福厦两口民夷现俱相安无事，合
并陈明，谨
奏。
道光三十年十二月二十六日奉
硃批：钦此。

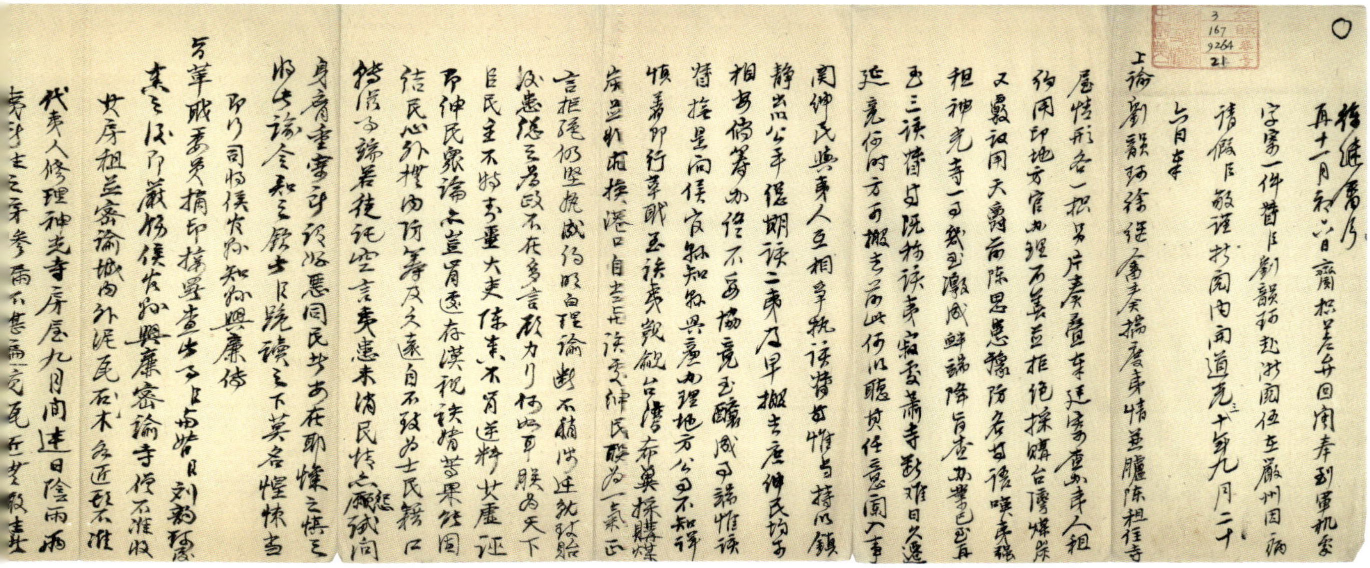

福建巡抚徐继畬奏片：

遵旨办理英人强租神光寺并欲购台煤易换港口情形

道光三十年十二月二十六日（1851年1月27日）

◎ 外国商船在打狗港

◎ 台湾的外国商船

鉅此外奏提京餉最為緊要之款難緩以文清

隨時諮集尚未成數頗因兩次援浙需餉本年

旨催交籌撥並當時撥濟江北水師軍餉暨臺協餉等

需款遞盤核算實係入不敷出乃該道府不思闔

庫出入徒謀不敷之名尚有本年餉需款未解徑以異

乘可籌備用商民五十五萬兩之多每月於閩稅內扣

還銀二三萬兩則府中遞款愈難籌撥並恐形棘手

況本年提京餉業經文清專責一有延誤咎將誰歸該

道府因地方軍需急迫輒見亦應詳明核辦今已

議有成說至票据已出未便失信外國且籌再四合商

祗得飭令署福州府知府陳謹恩與省城洋商勸諭

每月划扣稅銀一萬五千兩兌足一面飭令臺灣道府

將所借銀兩撙節動用以後不得再行挪借致誤內

地籌撥要款除由臣咨行宗棠並委員渡台查勘各處

營實在刻難遲延需核辦並咨在案情合同臣等

諭示仍另案報部所有借用商銀扣抵閩海關稅緣

由謹會同崇撫由驛五百里具陳伏乞

皇太后

皇上聖鑒訓示謹

奏

同治元年七月二十五日議政王軍機大臣奉

旨

欽此

六月十二日

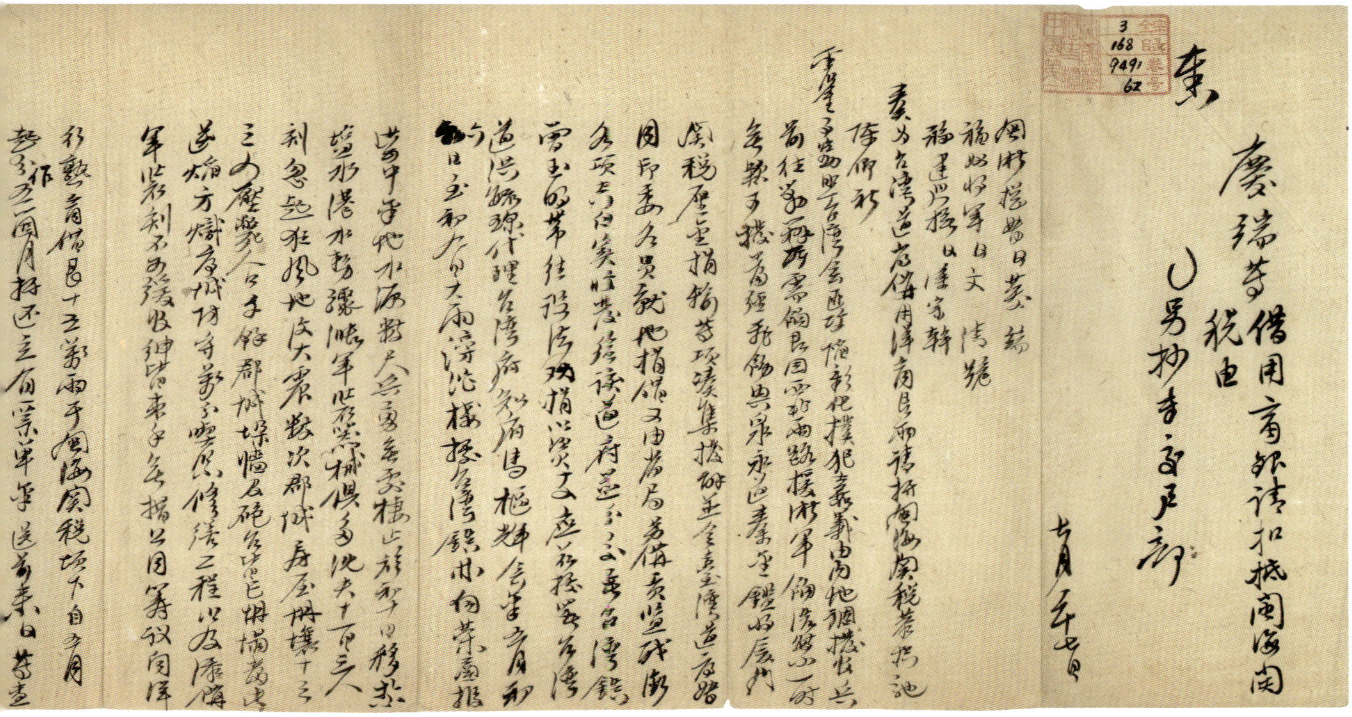

闽浙总督庆端等奏折：

台湾道府借用洋商银两请以闽海关税扣抵

同治元年六月十三日（1862年7月9日）

No 3172.

PLAN
OF THE FOREIGN PROPERTIES
AT
FOO-CHOW

SURVEYED BY

J. LESGASSE

The Right of Copying this Plan is Reserved

1868

River Min

North

Scale

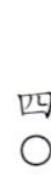

◎ 福州外国产业示意图

【第六部分】休戚与共 协力御敌

【第七部分】

日本觊觎　兴兵扰台

同治十年（1871年），两艘琉球国渔船遭风漂至台湾，船民误入牡丹社，被当地少数民族围杀54人，史称“牡丹社事件”。“牡丹社事件”的发生，使久图不轨的日本人终于“盼来”了出兵台湾的机会，伺机向清政府发难。

同治十三年（1874年），日本政府通过了《台湾番地处分要略》，派员到台湾侦查，拟定对台作战计划，进行一系列的侵台军事准备活动。同年，日本政府公然设立“台湾番地事务局”，并组成三千多人的“台湾生番探险队”，即征台军。三月，陆军中将西乡从道率军进逼台湾，在台湾琅峤登陆，与当地居民进行激战，攻占了牡丹社一带，屯兵垦荒植林，做长期驻扎计划。

在与日本人交涉无果的情况下，清廷即任命福建船政大臣沈葆桢为钦差大臣，赴台处理此事。五月初四日，沈葆桢率福建船政局建造的“安澜”“伏波”“飞云”等船抵达台湾，侵台日军感到“抵台南之船非中国新船之敌”，不敢再有军事行动。

对于日寇入侵，沈葆桢既反对“一味畏葸，只图置身事外，不惧贻患将来”，也反对“一味高谈，昭义愤快心，不妨孤注之一掷”，采取“依托大陆，台闽联防”方式，先后调集各地精锐士兵1万多人入台，并招募台湾渔民、乡勇以及少数民族群众，加以训练，增设炮台，积极准备投入对日作战。

九月，清政府迫于西方列强压力，与日本签订《中日台湾事件专条》，赔偿日本50万两白银，日军撤出台湾，侵台阴谋未能得逞。

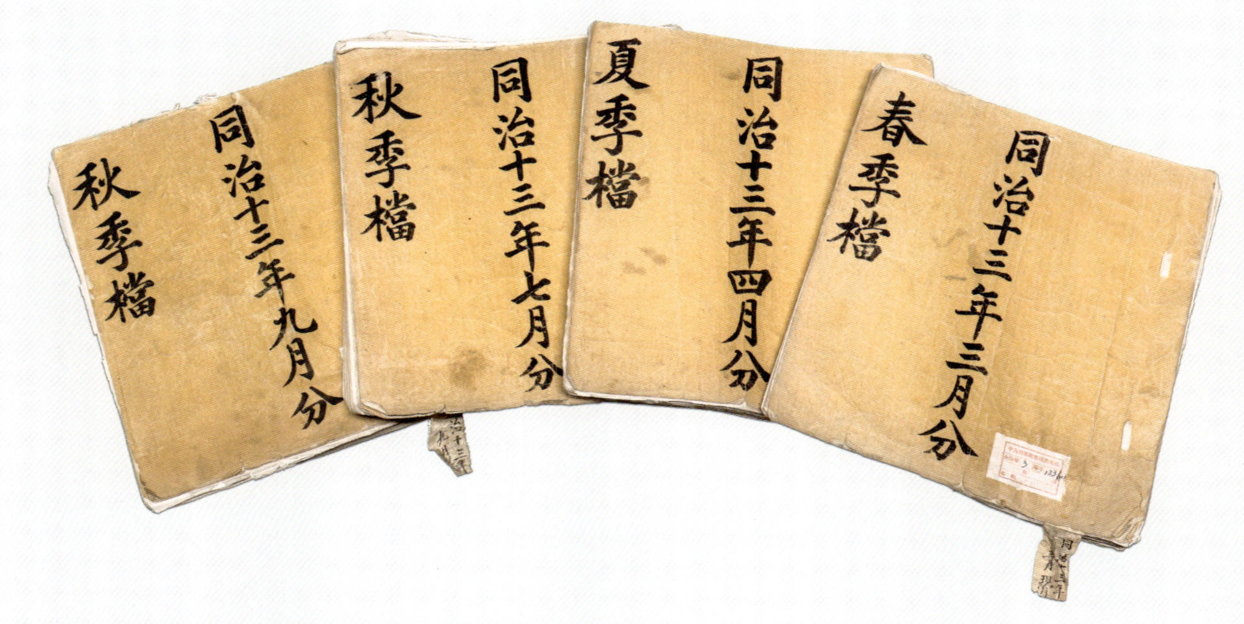

同治皇帝上谕：

着沈葆桢前往台湾察看日本兵船情形

同治十三年三月二十九日（1874年5月14日）

00180

抄交總理衙門

00181

軍機大臣　密寄
前江西巡撫沈　大學士直隸總督一等肅毅
伯李　福州將軍文　兩江總督李　閩浙總
督兼署福建巡撫李　同治十三年三月二十
九日奉
上諭總理各國事務衙門奏日本兵船現泊廈門請
派大員查看一摺日本國使臣上年在京換約時
並未議及派員前赴臺灣生番地方之事今忽興
兵到閩聲稱借地操兵心懷叵測據英國使臣函
報日本係有事生番並據南北洋通商大臣咨覆
情形相同事關中外交涉亟應先事防範以杜釁
端李鶴年於此等重大事件至今未見奏報殊堪

00182

詫異生番地方本係中國轄境豈容日本窺伺該
處情形如何必須詳細查看妥籌布置以期有備
無患李鶴年公事較繁不能遠離省城著派沈葆楨
帶領輪船兵弁以巡閱為名前往臺灣生番一帶
察看不動聲色相機籌辦應如何調撥兵弁之處
著會商文煜李鶴年及提督羅大春等酌量調撥
至生番如可開禁即設法撫綏駕馭俾為我用藉
衛地方以免外國侵越並著沈葆楨酌度情形與
文煜李鶴年等悉心會商請旨辦理日本兵船到
閩後作何動靜著文煜李鶴年沈葆楨據實具奏
南北洋如探有確耗並著李鴻章李宗羲隨時咨
明總理各國事務衙門核辦原摺均著抄給閱看

00183

將此由六百里各密諭知之欽此遵
旨寄信前來

抄交總理衙門

◎ 琉球人在台墓地

◎ 同治十三年（1874年）日本军舰从横滨出发进犯台湾

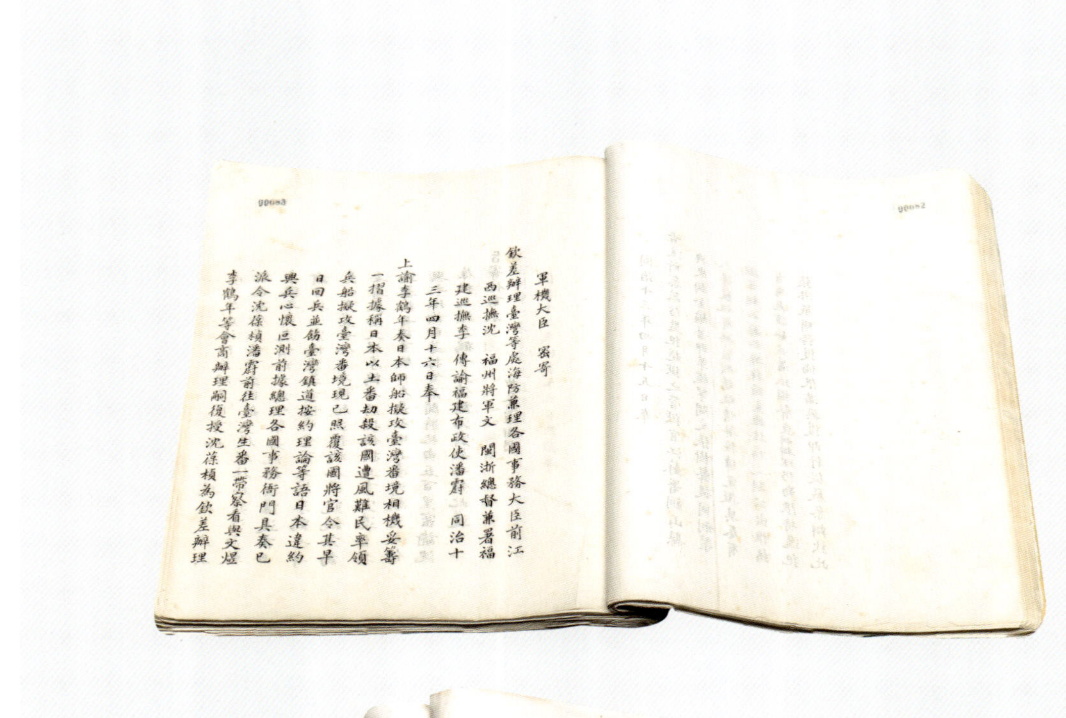

00083

軍機大臣 密寄

欽差辦理臺灣等處海防兼理各國事務大臣前江
西巡撫沈 福州將軍文 閩浙總督兼署福
建巡撫李 傳諭福建布政使潘霨 同治十
三年四月十六日奉
上諭李鶴年奏日本師船擬攻臺灣番境相機妥籌
一摺據稱日本以土番刦殺該國遭風難民率領
兵船擬攻臺灣番境現已照覆該國將官令其早
日回兵並飭臺灣鎮道按約理論等語日本違約
興兵心懷叵測前據總理各國事務衙門具奏已
派令沈葆楨潘霨前往臺灣生番一帶察看與文煜
李鶴年等會商辦理嗣復授沈葆楨為欽差辦理

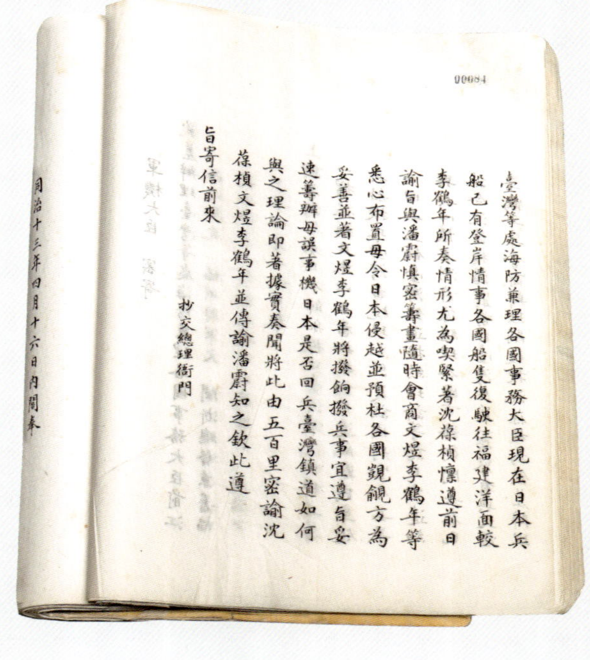

同治十三年四月十六日内閣奉

00084

臺灣等處海防兼理各國事務大臣現在日本兵
船已有登岸情事各國船隻復駛往福建洋面較
李鶴年所奏情形尤為喫緊著沈葆楨懍遵前日
諭旨與潘霨慎密籌畫隨時會商文煜李鶴年等
悉心布置毋令日本侵越並預杜各國覬覦方為
妥善並著文煜李鶴年將撥餉撥兵事宜遵旨妥
速籌辦毋誤事機日本是否回兵臺灣鎮道如何
與之理論即著據實奏聞將此由五百里密諭沈
葆楨文煜李鶴年並傳諭潘霨知之欽此遵
旨寄信前來

抄交總理衙門

同治皇帝上谕：

着授沈葆桢为钦差大臣会同办理台湾海防

同治十三年四月十六日（1874年5月31日）

◎ 沈葆桢画像

詰乃欲以舊線搪塞臣等飭其不許遷就致重款虛糜然電線尚可綴圖
而鐵甲船必不容少臣等曩派船政總監工葉文瀾同日意格赴滬定買近
據函稱所議英國之船非英使周旋其間無從成購日耳曼一船有船無礮
製成且逾十稔水缸只堪包用兩年臣思
國家擲此巨款原為利用起見倘費百餘萬帑金易一朽爛之船將益為外人
所侮臣囑日意格勿憚往復之勞務求堅緻之物倘議購不成不如鳩工自造
雖三年求艾要可計日程功南北撫番開路諸事勇夫齊集番錐日興惟中路水
沙連秀姑巒一帶為全臺適中之區腹背膏腴之壤故洋人之在臺者每僱奸民
帶往煽惑番衆聞該處社蔡竟有教堂數處深林叠嶂罪人積匪往往遁匿
其間如逆匪廖有富等即恃以藏身而彰化之集集街近復有黎唐甕命之
事安保日後不為倭族勾通斷我南北之路臣等與營務處黎兆棠商令募齊
往一面撫番搜匪一面開路設防俟辦有端倪當更詳晰具奏要之倭將非不知難思
退而其主因貪成虐不惜以數千兵民為孤注謠言四布冀我受其恫喝遷就
求和倘入其彀中必得一步又進一步此皆屢試屢驗之覆轍早在
聖明洞鑒之中議者以為臺地得淮軍得鐵甲船則戰事起臣等以為臺地得淮軍
得鐵甲船而後撫局成夫費數百萬帑金餽此貪主所陷溺之數千兵民不特
無以體
皇上偏覆之仁抑且不足示
天朝止戈之武臣等之汲汲於儆備者非為臺灣一戰計寔為海疆全局計顧
國家勿惜目前之巨費以杜後患於未形彼見我無隙可乘自必帖耳而去但寬
其稱兵既往之咎已足見
朝廷逾格之恩倘妄肆要求伏懇我
皇上堅持定見以却之彼暴師於外怨讟繁興不待揮我
天戈而內亂作矣臣等恐局外議者急欲銷兵轉成滋蔓愚昧之見未知當否謹
將近日情形合詞恭摺附輪船到滬交上海道由驛六百里馳
奏伏乞
皇上聖鑒訓示遵行再此摺係臣葆楨主稿合併聲明謹
奏

澗瀾加禮宛社番目八寶附近居民曾生等隔別研訊僉供船破情形大致相同寔
無搶其物件其曾否失去洋銀十圓均不知情亦無將地給租之事惟受僱搬挑
物件看房引路大家陸續得其工銀約計一百八十圓並非租銀均願將日本前
寄旗物等件繳呈分具切結如虛甘坐等語再四研詰矢口不移隨將寄件繳出
內有日本人城主靜兒玉利國上田新助三人合具原單可憑單外摺扇一柄
則有成富清風題名為證啤嚐質其受租銀一百八十圓一節據曾生堅供因
番目來蓋不收日本人亦即未給來蓋辭銀之日啤嚐並未在場旋又質之
猴猴社番目籠爻孝禮云五月間該船回泊南風澳伊親見內有日本人三名籍
簍等物二十餘件則其未曾被搶信而有徵合將取具供結並追出旗件呈送
前來等因臣等查日本和約內第三條即禁商民不准誘惑土人第十四條約
沿海未經指定口岸概不准駛入第二十七條約船隻如到不准通商口岸私
作買賣准該處地方官查拏今臺後岐萊地方固中國所轄並非通商口岸此
次前赴岐萊之成富清風兒玉利國上田新助雖准該國領事品川請給游歷
執照何得潛往勾引土番種種情節均違和約現已確查岐萊各社並無竊盜
銀物應無庸議其繳出旗扇各件臣等當即發交蘇松太道沈秉成轉給駐滬
之日本領事收回將前次所給游歷執照追銷惟前聞到岐萊者為劉穆齋此
次番目所供俱係成富清風據洋行呈出成富清風名片印其背曰字穆齋其
為一人無疑也其違約妄為之處應由該國自行查辦以後該領事請發執
照應查明寔在安分之人方許發給而抄錄城主靜等原單暨各民番供結
咨呈總理衙門照會其外務省轉飭該國領事照章辦理以弭釁端至税
務司好博遜深明大義踴躍從公涉履危途弭我邊患除地方官及各委員
俟案竣保獎外合無仰懇
天恩飭總理衙門先將好博遜酌議獎勵以答其效順之忱是否有當謹合詞具
奏伏乞
皇上聖鑒訓示施行再此摺係臣葆楨主稿合併申明謹
奏

船政大臣沈葆桢奏折：

兵船渐退台湾加强防务

同治十三年（1874年）

◎ 日本侵台后的台湾乡勇图

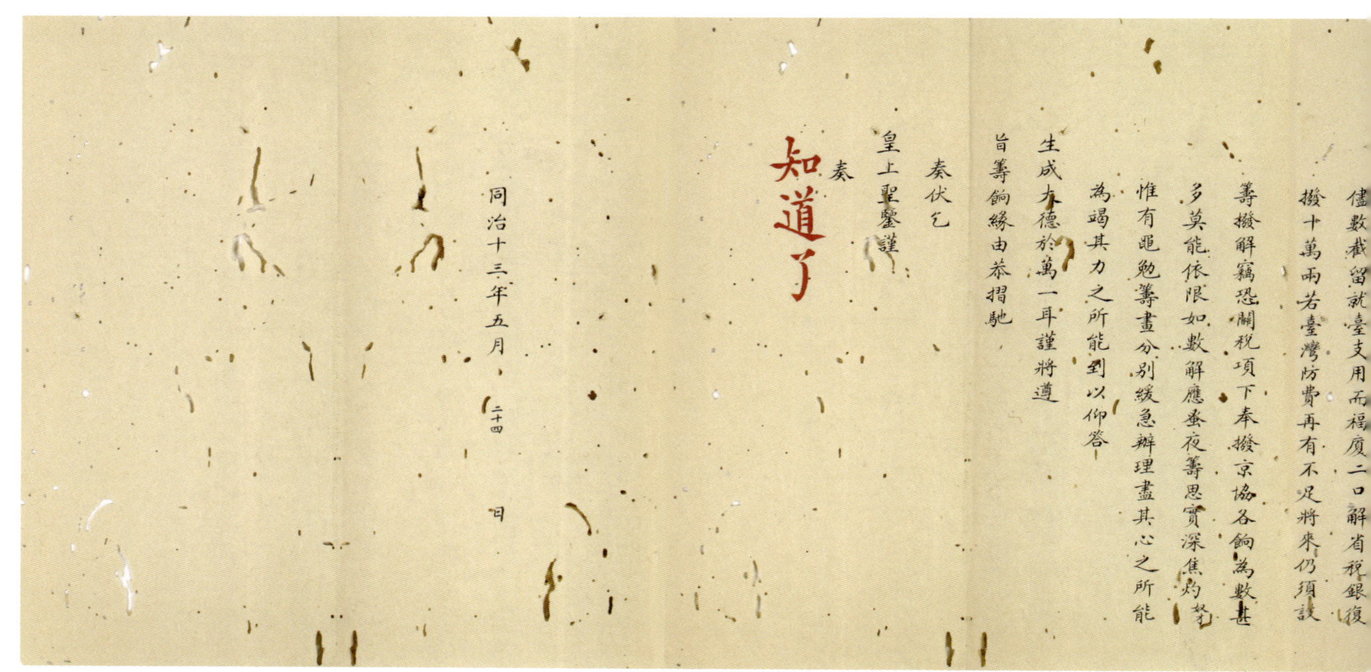
儘數截留就臺支用而福廈二口解省稅銀復
撥十萬兩若臺灣防費再有不足將來仍須設
籌撥解竊恐關稅項下奉撥京協各餉為數甚
多莫能依限如數解應晝夜籌思實深焦灼
惟有黽勉籌畫分別緩急辦理盡其心之所能
為竭其力之所能到以仰答
生成大德於萬一耳謹將遵
旨籌餉緣由恭摺馳
奏伏乞
皇上聖鑒謹
奏
知道了
同治十三年五月二十四日

奏

福州將軍兼管閩海關稅務奴才文煜跪

奏為遵
旨籌餉解應臺灣海防費用並將滬打二口關稅儘
數截留歸於臺灣支銷恭摺奏祈
聖鑒事竊承准軍機大臣密寄同治十三年四月十
六日奉
上諭日本違約興兵心懷叵測著沈葆楨懔遵前日
諭旨與潘霨慎密籌畫並著文煜李鶴年將撥餉
撥兵事宜遵旨妥速籌辦毋誤事機等因欽此奴才
正與李鶴年籌商間接准沈葆楨來咨請由省
城籌撥銀二十萬兩解臺應用並請飭令滬尾
旗后兩口將關稅儘數截留解交臺灣道衙門
支銷等由前來奴才現已商諸督臣李鶴年就於
海關稅課暨地方釐金各撥銀十萬兩合成銀
二十萬兩如數解交臺灣查收其沈葆楨所請
截留滬尾旗后兩口關稅備用一節當此防務
伊始用款自應寬為籌備奴才業已飛飭滬尾旗
后兩口委員遵照立將各該口徵存未解同現
在起所有徵收各項關稅一併儘數截留就近
解交臺灣道衙門應用仍將撥解銀數隨時報

福州将军兼管闽海关税务文煜奏折：

遵旨筹饷解应台湾海防费用并将关税尽数留归台湾支销

同治十三年五月二十四日（1874年7月7日）

00200 00199

軍機大臣 密寄

欽差辦理臺灣等處海防兼理各國事務大臣前江西

巡撫沈 福州將軍文 閩浙總督兼署福建

巡撫李 傳諭福建布政使潘霨 同治十三

年五月二十七日奉

上諭文煜李鶴年奏籌辦沿海各口防務一摺馬祖（摘抄迟）

澳及白犬洋面已有日本鐵甲船木輪舟在彼游

弋並有孟春兵船自廈門測水直至中岐意存恫

喝此時防務萬難稍緩自應嚴密布置以備不虞

覽文煜李鶴年所奏籌防情形半屬空言並無切

實辦法當此事機緊要之際若再掉以輕心必至

臨時張皇貽誤大局究竟福廈各口何處最為扼

要現應如何設防福甯連江沿海一帶作何準備

是否已臻周密著文煜李鶴年悉心籌畫立見施

行不得以含混一奏遂為了事沈葆楨現於淡水

等處派兵駐紮由羅大春督率巡防責任綦重仍

當遵奉前旨檄令即日赴臺以資得力著文煜李

鶴年另派得力之員統兵駐紮廈門並會商李新

燕妥為籌布近省情形當隨時知照沈葆楨潘霨

以期聲息互通（止）該省水師提督彭楚漢本日已

諭李鴻章飭令迅赴本任矣將此由六百里密

諭沈葆楨文煜李鶴年並傳諭潘霨知之欽此遵

旨寄信前來

摘抄交提理衙門

同治皇帝上谕：

日本铁甲船在洋游弋福厦台着悉心设防互通声息

同治十三年五月二十七日（1874年7月10日）

◎ 同治皇帝像

貴國中外物議洶洶備糗聚兵等語原夫兵凶器戰死地誰敢樂為

而以伐一野蠻致失隣好殊為惋惜語云色斯舉矣翔而後集祇遵本

國功令不敢耽悞力請

貴王大臣仍速查照十五日文決定裁覆而已俯冀函到期以三日即給

明決回文如過三日不見裁覆萬不得已發囬差員應在本國斷為

貴國

朝廷並無異議此本大臣今日之公事也回憶五載奉使渥承

貴王大臣優待克尋盟好上當斯任幸蒙猶以同病相憐却酒論藥

為喻如獲再剖一層熱腸即將

貴國別有何等施設方法指明後局使本國此役不屬徒勞可令下得

了場以固睦誼是本大臣肺腑之望耑肅以陳順頌

台祉

同治十三年七月初九日

照錄 日本柳原信 七月初九日

逕啟者茲為本國伐番之役經數月間兩相辯論彼此是非今既疊文
累函在案頃因我朝專派田邊來宣事不可緩當即面訂于本月
十七日踵
貴衙門便聆
裁示于十五日再具公文附申前訂之言屆日承
貴王大臣相示云以我兩國唇齒比隣同文之邦無論誰家勝負總不
是我兩國之利既明此道理即不必辯論今日肺腑的話是講了結
今日之事我中國不肯令貴國下不了場貴國亦不可令中國下
不了場等情又引鬩墻禦侮之義近取養病却酒之譬勸本大臣歸
寓亦由肺腑想出辦法兩邊懷恕可以落臺本大臣具徵
貴國深思隣誼退而細思昨本大臣特奉本朝來諭云夫我伐番義
舉非惡其人非貪其地務為保恤己民起見並以惠及他國為利所以不
憚鉅費漸次綏撫設官施政道德齊禮一歸風化否則野性難移復蹈
禽獸相食之行使吾此役終屬徒勞無效故我在事員弁仰體此旨
不避艱險誓死奉行樂觀其盛茲聞清國以生番為屬地言論不置
然此義務既誓我民爰發我師為天下所共知事在必行刻不可忽

日本驻华公使致总理衙门函：

请清国明确答复台湾生番归属事宜

同治十三年七月初九日（1874年8月20日）

◎ 总理各国事务衙门

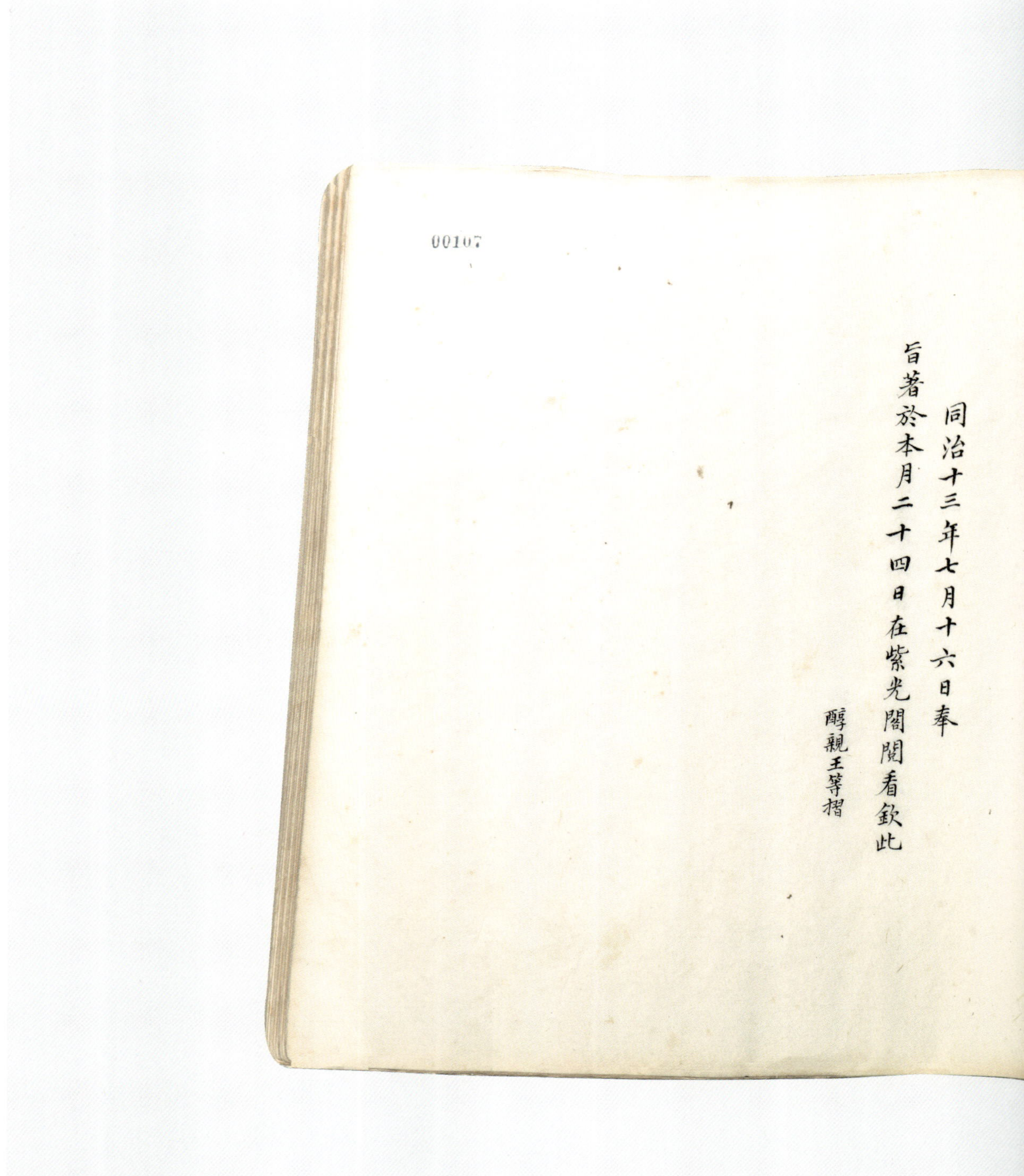
00107

同治十三年七月十六日奉

旨著於本月二十四日在紫光閣閲看欽此

醇親王等摺

00103

倭營又當風衝彼族正在進退維谷之際著沈葆楨
文煜李鶴年王凱泰潘霨酌度情形審慎籌畫能
使倭船迅離臺境則諸務皆易為力柳原前光在都
經總理各國事務衙門王大臣與之剴切辨論該使臣
語意支吾尚未就緒沈葆楨等務宜乘此兵衅未
開速為布置一面撫馭番衆一面厚集兵力俾壯
聲威所有商購船械等事是否已有端緒著即迅
速籌辦毋失機宜倭人劉穆齋失銀一案並著飭
令夏獻綸迅行辦結毋令彼族狡展藉故躭延將
此由六百里密諭沈葆楨文煜李鶴年王凱泰並
傳諭潘霨知之欽此遵
旨寄信前來

同治皇帝上谕：

着沈葆桢等趁兵衅未开速为布置

同治十三年七月十六日（1874年8月27日）

◎ 台南亿载金城炮台旧照

◎ 台南亿载金城炮台遗址

◎ 沈葆桢所添设的大炮

◎ 奕䜣像

必欲索兵費四百萬兩方能退兵否則以兵援
中國各海口或逕攻天津等詞無稽游談不可
枚舉臣等惟期理折力爭從不稍予遷就至大
久保利通到津時曾經美副領事畢德格向李
鴻章密陳該使臣來意甚不平和必須由中國
先給照會准予查辦將該國所謂屬民被害之
處量加撫卹隨後再相機開導經李鴻章錄述
畢德格所議密致臣等備酌至該使臣到京則
以中國政教施於番境者若何為問千回百折
至此乃吐出真款臣等當以兵費一層關係體
制萬萬無此辦法與兩使之說亦毫不相符該
使臣則謂非此不能告其本國退兵旋又問中
國所謂兩便辦法若何遂告以中國軫念和好
只能不責日本此舉不是該國兵退之後由中
國自行查辦其被害之人酌量撫卹該使臣仍
執兵費為詞臣等亦即決絕駁之越日函詢晤
期則復以該使臣所擬辦法有礙難之處並與
定期再議該使臣屆期來署面加曉諭始據稱
中國礙難之處已經會意而於撫卹必欲問明
數目臣等告以必須日本退兵中國方為查辦
又恐其誤會以撫卹代兵費之名當告以中國
實在祇能辦到撫卹並非以此代兵費之名復
將前議中國自行查辦各節撮要示之謂祇能
就此結案該使臣請於此外給予另單敘入撫
卹銀數要求甚堅並訂於一二日內示知確音
而去臣等不知該使臣所欲若何因令該國書
記官鄭永甯來署問話詰問實情及該書記來

害重輕揆其情勢迫切若不稍予轉機不獨日
本挺而走險事在意中在我武備未有把握隨
在堪虞且令威妥瑪無顏而去轉足堅彼之援
益我之敵遂告以中國既允撫卹祇能實辦撫
卹即使加優數不能逾十萬兩該國於此事輕
舉妄動現時無以回國自亦實在苦情中國不
乘人之急再允將該國在番社所有修道造房
等件留為中國之用給銀四十萬兩總共不得
逾五十萬兩之數願否聽之威妥瑪旋至該使
臣寓所議論許久復稱撫卹等費數目日本使
臣業經應允嗣經議立結案辦法三條另立付
銀憑單一紙該使臣欲付銀後退兵臣等則必
須退兵後付銀往返相持又經威妥瑪居間始
得議就憑單言明先付撫卹銀十萬兩其餘修
道建房等件銀四十萬兩定於十一月十二日
即日本國十二月二十日日本兵全數退回中
國銀兩全數付給並聲明該國之兵如不全退
中國銀兩亦不全給
奏明後彼此畫押各執一紙於本月二十一日定
議伏查此案實由日本背盟興師如果各海疆
武備均有足恃事無待於論辯勢無虞乎決裂
今則明知彼之理曲而苦於我之備虛自台事
起屢經購買鐵甲船尚無成局沈葆楨所謂兵
端未開宜防而未宜阻李鴻章謂閩省設防非
必欲與用武亦皆為統籌目前大局不能不姑
示羈縻且就日本一面設想自該國有江藤新
平之亂雖就招撫而亂民衆多無可安插新閩

致有[illegible]
合而所給撫卹銀數尚能就我範圍不得不就
此定議完案而在我自強之計益不可一日緩
矣所有臣等議辦台事情形謹繕摺密陳並將
辦法三條及憑單一件鈔錄恭呈
御覽是否有當伏乞
皇上聖鑒訓示謹
奏
依議

同治十三年九月 二十二 日

臣奕訢
臣文祥 假
臣寶鋆 假
臣毛昶熙
臣董恂
臣沈桂芬
臣崇綸
臣崇厚 差
臣成林
臣夏家鏞

奏

臣奕訢等跪
奏為日本國兵擾台灣番社一案謹將近日辦論
情形並與該國使臣議定結案條款恭摺具陳
仰祈
聖鑒事臣等於本月初十日具奏日本國續派使臣
來京與臣等屢次晤論台灣番社用兵一事未
有端倪將大概情形密陳一摺欽奉
硃批知道了欽此查日本使臣大久保利通自九月
初二日呈遞照會執意狡辨謂數日内如無辨
法即欲回國經臣等照復駁辨並因該使臣照
會中有兩便辦法等語另函告以如真欲求兩
便辦法自可詳細熟商去後旋經該使臣函訂
日期面議至期臣等與之會晤該使臣欲由中
國開議臣等以該使臣照會有兩便辦法應由
該國先説兩便辦法彼此推廹至再至三該使
臣不覺真情流露謂日本初意本以生番為無
主野蠻要一意辦到底因中國指為屬地欲行
自辦日本若照前辦去非和好之道擬將本國
兵撤回由中國自行辦理惟日本國民心兵心
難以壓服必須得有名目方可退兵該國於此
事費盡財力欲台番償給台番無此力量中國
如何令日本兵不致空手而回等語先是日本
中將西鄉從道在台與藩司潘霨面議即有索
償費用之説自該國駐京使臣柳原前光到京
署不待詳詰即謂該使臣之意須索洋銀五百
萬元至少亦須銀二百萬兩不能再減當經駁
復如前該使臣於十五日赴臣衙門相晤仍切
切於允給銀數而所言皆指費用殆已覷破撫
卹二字之不能取盈矣臣等嚴切回覆該使臣
臨行謂議無成緒即欲回國仍歸到台番為無
主野蠻日本一意要辦到底臣等仍謂台番是
中國地方應由中國自主彼此不合而散自大
久保利通到京以來該國駐京使臣柳原前光
於議台事則同在座中旁参其説遇議台事不
合則必於次日呈遞照會或來署面論專以
覬見為辭此次大久保利通議論不合之次日該使
臣復詣臣衙門以不准請
覲為拒絶來使即欲與大久保利通一同回國嗣又
據兩使臣各遞照會皆作决裂之辭其意由前
之説為日本永踞台番境地張本由後之説為
日後稱兵有名擾我海口張本臣等一切聽之
任其去留誠以該國貪狡無厭其欲萬不能償
雖就撫卹辦理而為數過多是無兵費之名而
有兵費之實亦無從通融遷就也是役也沈葆
楨以聯外交為要義李鴻章於法國使臣熱福
理由津來京亦經面加撫諭該使臣有願從中
調停之説上海道沈秉成呈寄滬上官紳所上
芻言亦以邀請各國使臣評論曲直為計而英國
使臣威妥瑪尤於此事始終關説意欲居間臣
等亦曾將與日本來往文信通行鈔録照會各
國使臣與之委蛇虚與在若離若即之間即使
各使臣欲為調停亦係彼國所求而非出自中
國之意十六十七等日日本兩使臣已悻悻然
作登車之計威妥瑪來臣衙門初示關切繼為
紙中屢謂該國欲將此項人衆安置台番境内
是以該使臣每以兵民難服為詞此中實有難
言之隱今如一無所得措置良難若此輩留存

总理各国事务大臣奕䜣等奏折：

陈报日本兵扰台湾番社案情形并两国结案条款

同治十三年九月二十二日（1874年10月31日）

00177

應實力講求同心籌辦堅苦貞定歷久不懈以紓
目前當務之急以裕國家久遠之圖該王大臣所
陳練兵簡器造船籌餉用人持久各條均係緊要機
宜著李鴻章李宗羲沈葆楨都興阿李鶴年李瀚
章英翰張兆棟文彬吳元炳裕祿楊昌濬劉坤一
王凱泰王文韶詳細籌議將逐條切實辦法限於
一月內覆奏此外別有要計亦即一併奏陳總期
廣益集思務臻有濟不得以空言塞責原摺單均
著抄給閱看將此由六百里各密諭知之欽此遵
旨寄信前來

抄交總理衙門

00176

00175

軍機大臣 密寄
大學士直隸總督一等肅毅伯李 兩江總督
兼署江蘇巡撫李
欽差辦理臺灣等處海防兼理各國事務大臣前江
西巡撫沈
盛京將軍都 閩浙總督李 湖廣總督兼署湖
北巡撫李 兩廣總督英 暫署兩廣總督廣
東巡撫張 漕運總督署山東巡撫文 江蘇
巡撫吳 安徽巡撫裕 浙江巡撫楊 江西
巡撫劉 福建巡撫王 湖南巡撫王 同治十
三年九月二十七日奉
上諭總理各國事務衙門奏海防亟宜切籌將緊要
應辦事宜撮敘數條請飭詳議一摺據奏庚申之
衅創鉅痛深當時姑事羈縻原期力圖自强以為
禦侮之計乃至今並無自强之實本年日本兵踞
臺灣番社雖經飭令各疆臣嚴密籌防自問殊
無把握若再不切實籌備後患不堪設想等語沿

同治皇帝上谕：

日本兵扰台湾着李鸿章等详细筹议海防

同治十三年九月二十七日（1874年11月5日）

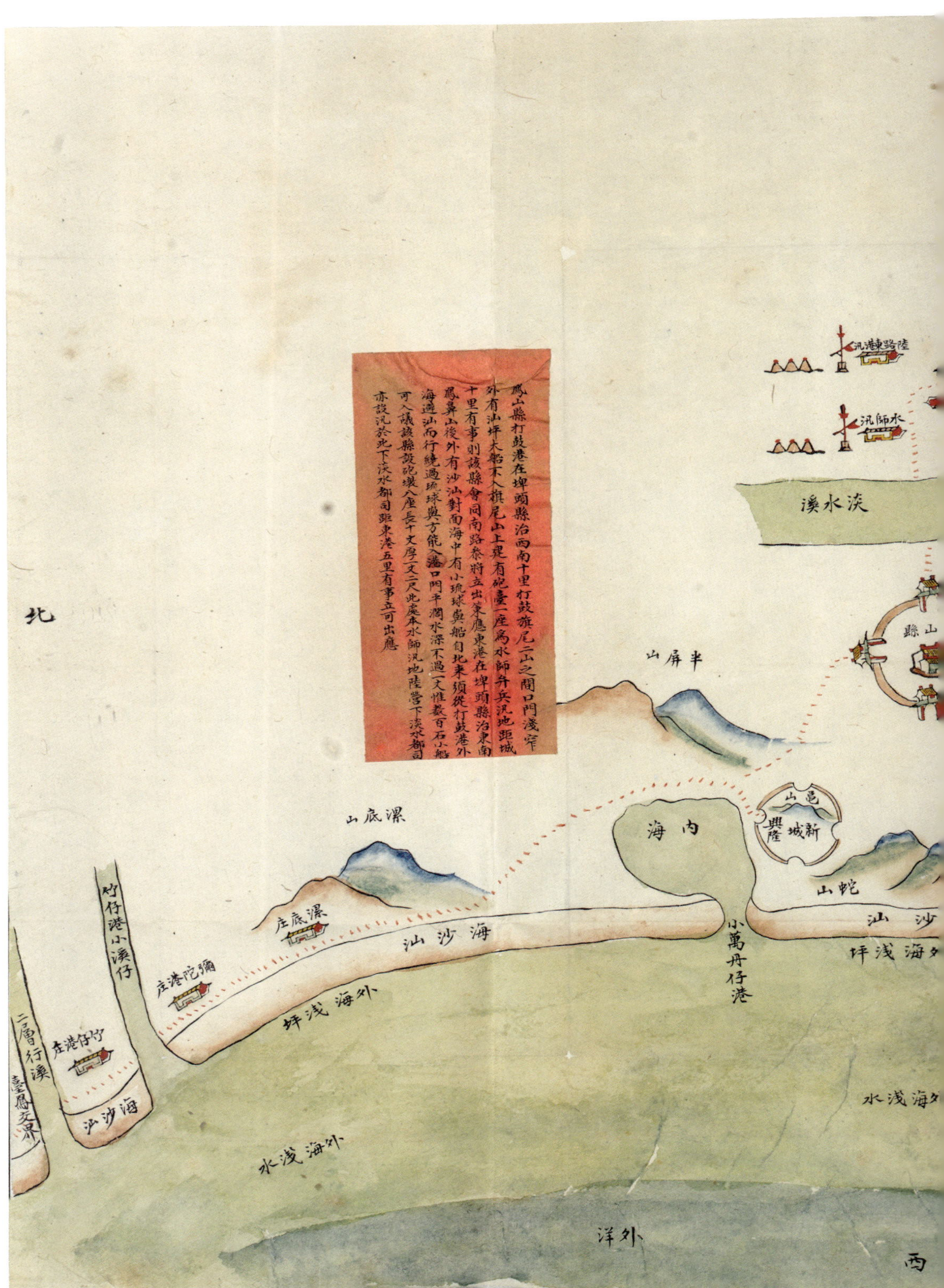
鳳山縣打鼓港在埤頭縣治西南十里打鼓旗尾二山之間口門淺窄
外有汕坪大船不入旗尾山上建有砲臺一座爲水師弁兵汛地距城
十里有事則該縣會同南路參將立出策應東港在埤頭縣治東南
鳳鼻山後外有沙汕對面海中有小琉球嶼船自北来須從打鼓港外
海遶汕而行繞過琉球嶼方能入港口門平濶水深不過一丈惟數百石小船
可入議該縣設砲壕八座長十丈厚一丈二尺此處本水師汛地陸營下淡水都司
亦設汛於此下淡水都司距東港五里有事立可出應
北
西
陸路東港汛
水師汛
淡水溪
半屏山
新城
興隆
內海
蛇山
沙汕
外海淺坪
小萬丹仔港
外海淺水
漯底山
漯底庄
海沙汕
外海淺坪
彌陀港庄
竹仔港小溪仔
竹仔港庄
海沙汕
二層行溪
臺鳳交界
外海淺水
外洋

◎ 台湾凤山县各口图说

◎ 闽海关

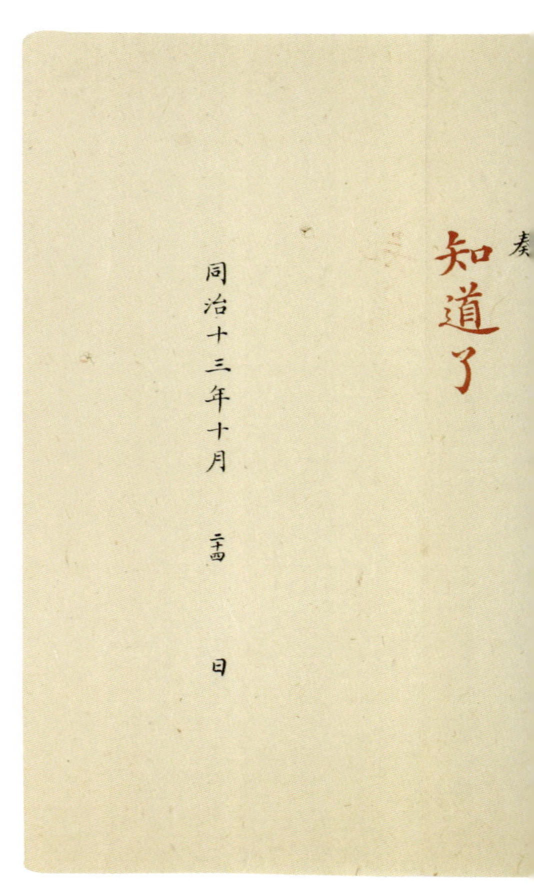

奏

知道了

同治十三年十月　二十四　日

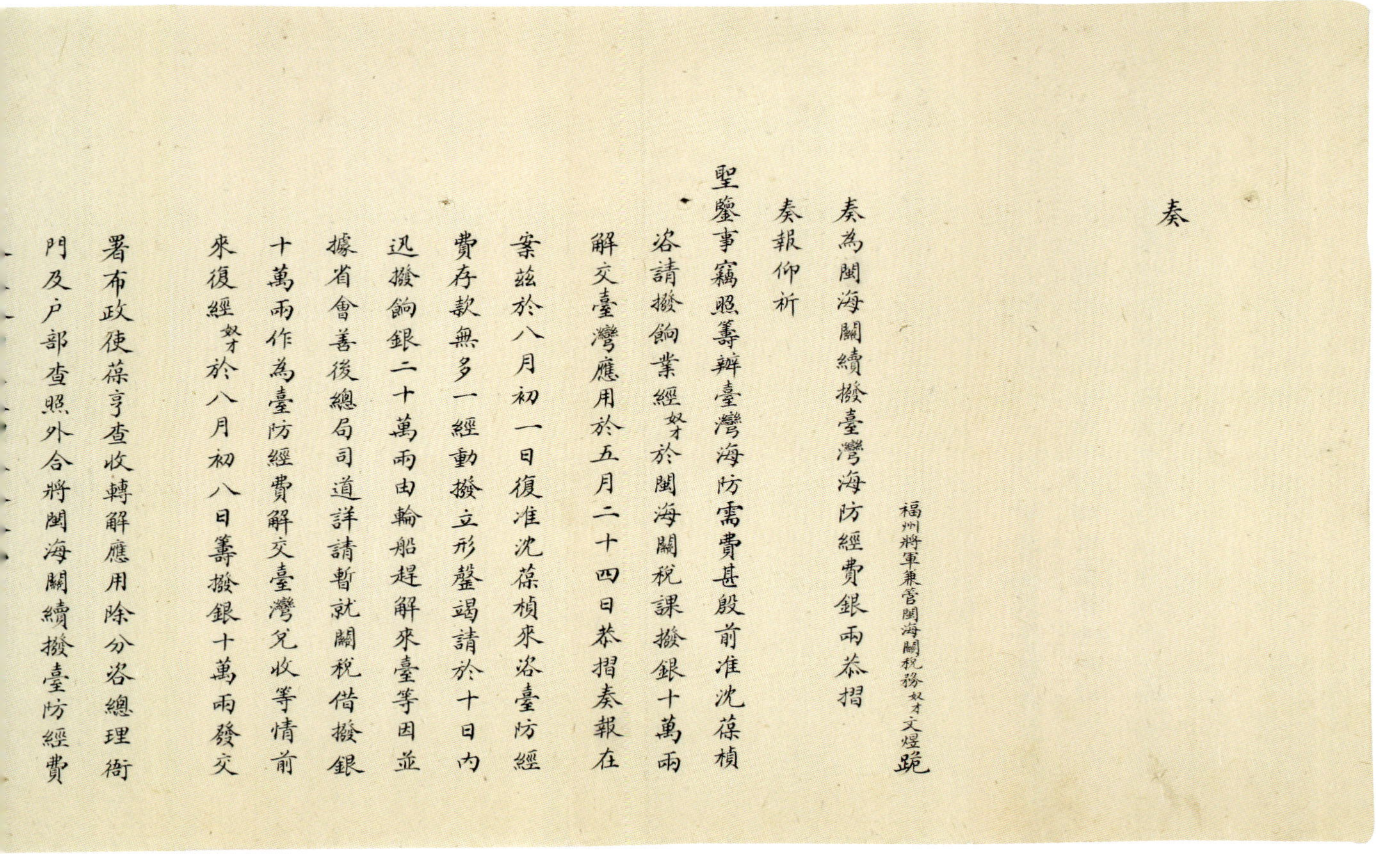

奏

福州將軍兼管閩海關稅務奴才文煜跪

奏為閩海關續撥臺灣海防經費銀兩恭摺

奏報仰祈

聖鑒事竊照籌辦臺灣海防需費甚殷前准沈葆楨咨請撥餉業經奴才於閩海關稅課撥銀十萬兩解交臺灣應用於五月二十四日恭摺奏報在案茲於八月初一日復准沈葆楨來咨臺防經費存款無多一經動撥立形罄竭請於十日內迅撥餉銀二十萬兩由輪船趕解來臺等因並據省會善後總局司道詳請暫就關稅借撥銀十萬兩作為臺防經費解交臺灣兌收等情前來復經奴才於八月初八日籌撥銀十萬兩發交署布政使葆亨查收轉解應用除分咨總理衙門及戶部查照外合將閩海關續撥臺防經費

福州将军兼管闽海关税务文煜奏折：

闽海关续拨台湾海防经费银两

同治十三年十月二十四日（1874年12月2日）

杭倭人習慣食言難保不再生枝節前因議買鐵
船及水礮臺各節倉猝莫辦措手無從不得不為
暫緩目前之計刻下事機已緩亟宜趕緊籌畫以
期未雨綢繆豈可仍蹈因循故習著沈葆楨文煜
李鶴年王凱泰潘霨悉心籌商所有在臺兵勇應
如何酌留淮軍素稱得力現在業已到臺應如何
分紮防堵全臺事宜應如何布置該大臣等務當
妥為經畫以善將來並著李鴻章李宗羲將前議
購買未成之鐵甲船水礮臺及應用軍械等件迅
速籌款購辦無論如何為難務須妥為設法庶幾
兵械精良有備無患原摺均着抄給閱看將此由
六百里密諭李鴻章李宗羲沈葆楨文煜李鶴年
王凱泰並傳諭潘霨知之欽此遵
旨寄信前來

抄交總理衙門

軍機大臣 密寄
大學士直隸總督一等肅毅伯李 兩江總督
兼署江蘇巡撫李
欽差辦理臺灣等處海防兼理各國事務大臣前江
西巡撫沈 福州將軍文 閩浙總督李 福
建巡撫王 傳諭福建布政使潘霨 同治十
三年十月二十八日奉

同治皇帝上谕：

着迅速筹款购办台湾所需铁甲船等军械

同治十三年十月二十八日（1874年12月6日）

◎ 台湾船图（一）

◎ 台湾船图（二）

若是者曰良番臺北阿史等社雕題務面向不外通屯聚無常種落難悉獵人如獸雖社番亦懼之若是者曰王字兇番是但言撫番而番之不同又若此夫務開山而不先撫番則開山無從下手欲撫番而不先開山則撫番仍屬空談今欲開山則曰屯兵衛曰刊林木曰焚草萊曰通水道曰定壤則曰招墾戶曰給牛種曰立村堡曰設隘碉曰致工商曰設官吏曰建城郭曰設郵驛曰置廨署此數者孰非開山之後必須遞辦者今欲撫番則曰選土目曰查番戶曰定番業曰通語言曰禁仇殺曰教耕稼曰修道塗曰給茶鹽曰易冠服曰設番學曰變風俗此數者又孰非撫番之時必須竝行者雖然此第言後山耳其繁重已若此山前之入版圖也百有餘年一切規制何嘗具備就目前之積弊而論班兵之惰窳也蠹役之盤踞也土匪之橫恣也民俗之怕淫也海防陸守之俱虛也械鬬紮厝之迭見也學術之不明庠序以容豪猾禁令之不守烟賭以為饔飧官斯土者非無振作有為正己率屬之員始苦於事權之牽制繼苦於毀譽之混淆款過不遑計功何自使不力加整頓一洗浮澆但以目下山前之規模推而為他日山後之風氣雖多一新闢之區適多一藏奸之藪臣等竊以為未可也臣等嘗綜前後山之幅員計之可建郡者三可建縣者有十數固非一府所能轄欲別建一省又苦器局之未成而閩省向需臺米接濟臺餉由省城轉輸彼此相依不能離而為二環海口岸處處宜防洋族紛堂漸漸分布居民向有漳籍泉籍粵籍之分番族又有生番熟番屯番之異氣類既殊撫馭匪易況以剏始之事為善後之謀徒靜鎮之非宜欲循例而無自使臣持節可暫而不可常欲責效於崇朝兵民有五日京兆之見倘逾時而久駐文武有兩姑為婦之

夫以臺地向稱饒沃久為異族所垂涎今雖外患暫平寧人仍耽耽相視未雨綢繆之計正在斯時而山前山後其當變革者其當剏建者非十數年不能成功而化番為民尤非漸漬優柔不能渾然無間與其苟且倉皇徒滋流弊不如先得一主持大局者事事得以綱舉目張為我

國家億萬年之計況年來洋務日密偏重在於東南臺灣海外孤懸七省以為門戶其關係非輕欲固地險在得民心欲得民心先修吏治營政而整頓吏治營政之權操於督撫總督兼轄浙江移駐不如巡撫之便臣等明知地屬封疆事關更制非部臣屬吏所應越陳而夙夜深思為臺民計為閩省計為沿海籌防計有不得不出於此者敢不據實上

聞以為芻蕘之獻謹將全臺善後情形及請移駐巡撫緣由恭摺由輪船到滬付驛六百里馳

奏伏乞

皇上聖鑒訓示遵行謹

奏

抄摺稿

奏為臺地善後勢當漸圖番境開荒事關刱始請
旨移駐巡撫以專責成以經久遠事竊臣等於十月二十七日業將
倭兵盡退收回草房營地各情形
奏明在案因思洋務稍鬆即善後不容稍緩惟此次之善後與往
時不同臺地之所謂善後即臺地之所謂刱始也善後難以刱
始為善後則尤難臣等櫜為海防孔亟一面撫番一面開路以
絕彼族覬覦之心以消目前肘腋之患固未遑為經久之謀數
月以來南北諸路縋幽鑿險斬棘披荊雖各著成效卑南奇萊
各處雖分列軍屯祇有端倪尚無綱紀若不從此悉心籌畫詳
定規模路非不已開也謂一開之不復塞則不敢知番非不已
撫也謂一撫之不復疑則不敢必何則臺地延袤千有餘里官
吏所治祇濱海平原三分之一餘皆番社耳
國家並育番黎但令薄輸土貢永禁侵陵意至厚也而奸民積匪
久已越界潛蹤驅番佔地而成窟穴則有官未開而民先開者
入山既深人跡罕到野番穴處涵育孳生則有番已開而民未
開者壘巘外包平埔中擴鹿豕遊竄草木蒙茸地廣番稀棄而

難臣等再四思維必仿江蘇巡撫分駐蘇州之例移福建巡撫
駐臺而後一舉而數善備何以言之鎮道雖有專責事必稟承
督撫而行重洋遠隔文報稽延率意逕行又嫌專擅駐巡撫則
有事可以立斷其便一鎮治兵道治民本兩相輔也轉兩相妨
職分不相統攝意見不免參差上各有所疑下各有所恃不賢
者以為推卸地步其賢者亦時時存形迹於其間駐巡撫則統
屬文武權歸一尊鎮道不敢不各修所職其便二鎮道有節制
文武之責而無遴選文武之權文官之貪廉武弁之勇怯督撫
所聞與鎮道所見時或互異駐臺則不待采訪而耳目能周黜
陟可以立定其便三城社之巨姦民間之冤抑親聞親切法令
易行公道速伸人心帖服其便四臺民烟癮本多臺兵為甚海
疆營制久壞臺兵為尤甚以弁兵由督撫提標抽取而來各有
恃其本帥之見鎮將設法羈縻只求其不生意外之事是以比
戶窩賭如賈之於市農之於田有巡撫則考察無所瞻徇訓練
乃有實際其便五福建地瘠民貧州縣率多虧累恆視臺地為
調劑之區不肖者骫法取盈往往不免有巡撫以臨之貪黷之
風得以漸戢其便六向來臺員不得志於鎮道及其內渡每造
蜚語中傷之鎮道或時為所挾有巡撫則此技悉窮其便七臺
民游惰可惡而戇直實可憐所以常聞蠢動者始由官以吏役
為爪牙吏役以民為魚肉繼則民以官為仇讐詞訟不清而械
鬭禁厝之端起奸宄得志而豎旂聚衆之勢成有巡撫則能預拔亂
本而塞禍源其便八況開地伊始地殊勢異成法難拘可以因
心裁酌其便九新建郡邑驟立營堡無地不需人才亟倖將領

船政大臣沈葆桢奏折：

台地善后势当渐图番境开荒事

同治十三年十一月十五日（1874年12月23日）

壯草寮
炮礟
大炮
沙灣
民壯草寮
新建炮礟
二沙灣
平田約将千畝惟三面襄山峻嶺土產無出故無大行商不能設
口昔時紅毛於此建有一城久毀圮於東口門之大沙灣曾設砲
臺因地孤懸難守砲旋撤失遂廢至今未建而口門寬深夷船
不無窺伺相度形勢當於正對口門之二沙灣築設砲墩八座
守以弁兵更於向內二里許之三沙灣築砲墩八座守以屯番
相為應援灣中設哨商船六隻配以弁兵水勇足資防守萬
一夷人登岸則山峻溪深處處皆可扼險以堵禦不足慮矣惟
鷄籠本汛只有額押陸路把總一員弁兵一百五十名究嫌單
薄查有噶瑪蘭頭圍地方安靜所設守備一員弁兵一百名
堪以調撥

◎ 台湾淡水厅大鸡笼口图说

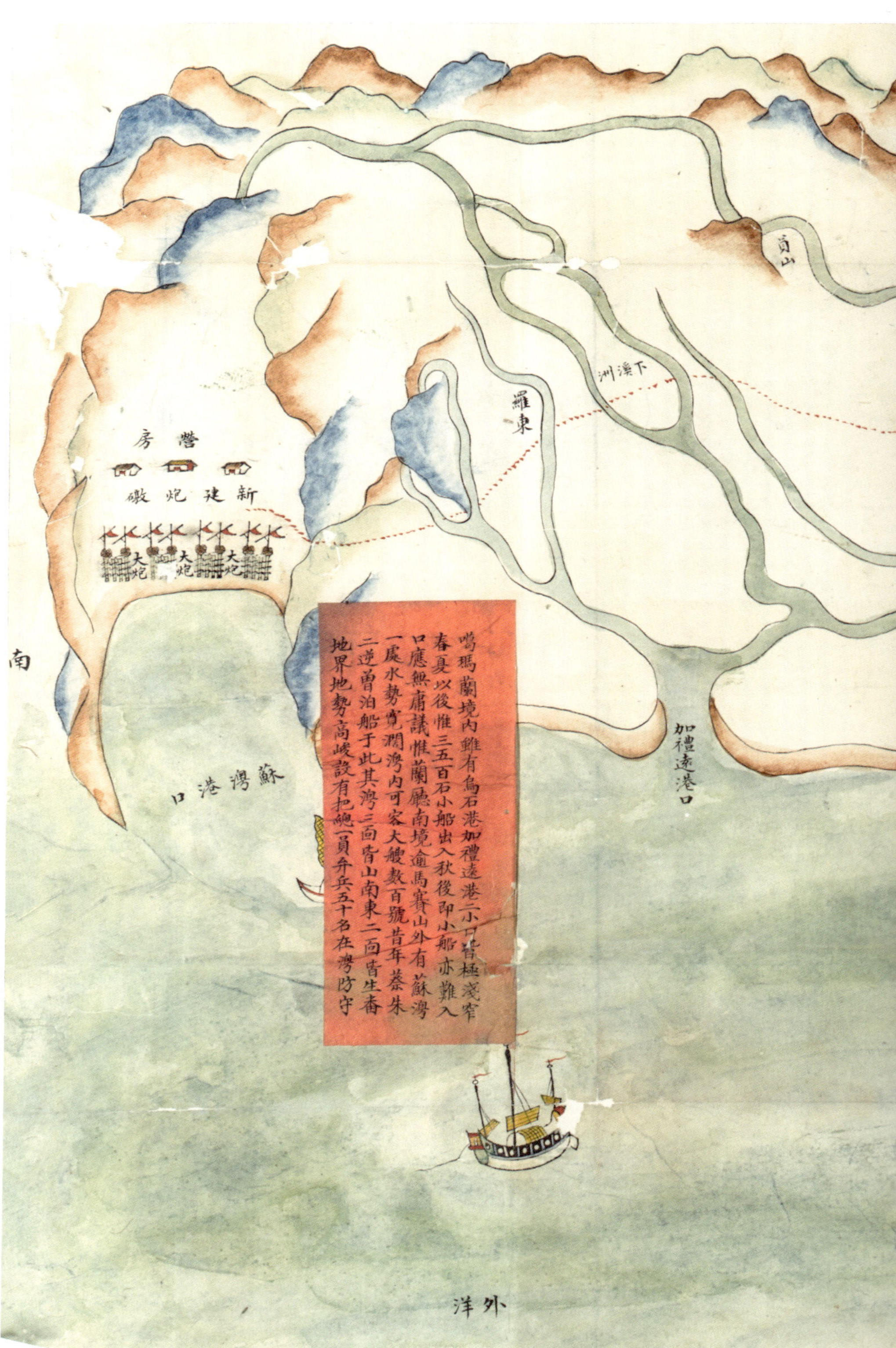
員山
下溪洲
羅東
營房
新建炮墩
大炮
大炮
大炮
南
蘇澳港口
加禮遠港口
噶瑪蘭境內雖有烏石港加禮遠港二小口皆極淺窄
春夏以後惟三五百石小船出入秋後即小船亦難入
口應無庸議惟蘭廳南境逾馬賽山外有蘇澳
一處水勢寬濶灣內可容大艘數百號昔年蔡朱
二逆曾泊船于此其灣三面背山南東二向皆生番
地界地勢高峻設有把總一員弁兵五十名在灣防守
外洋

◎ 台湾噶玛兰厅苏澳图说

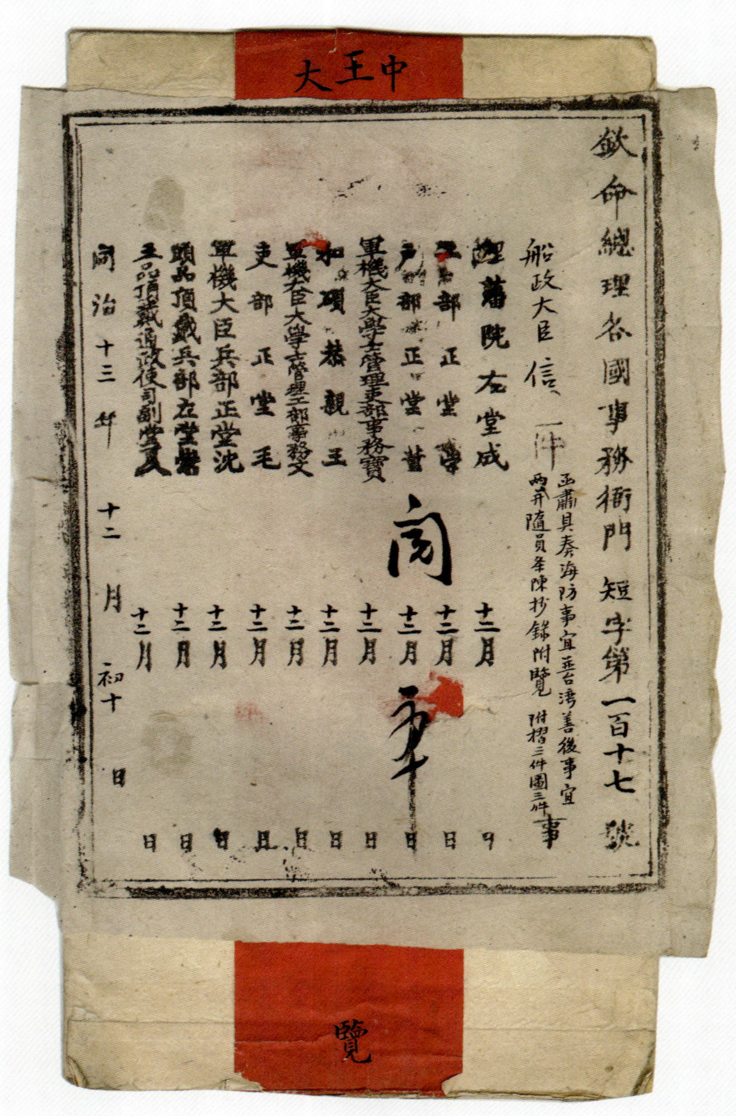

中王大

欽命總理各國事務衙門 短字第一百十七號

船政大臣 信一件 函肅具奏海防事宜並台湾善後事宜 西弁隨員牟陳抄錄附覽 附摺三件圖三件 事

理藩院右堂成

工部正堂[illegible]

户部正堂董

軍機大臣大學士管理吏部事務寶

和碩恭親王

軍機大臣大學士管理工部事務文

吏部正堂毛

軍機大臣兵部正堂沈

頭品頂戴兵部左堂[illegible]

三品頂戴通政使司副堂夏

閱

十二月 日 十二月 日 十二月 日 十二月 日 十二月 日 十二月 日 十二月 日 十二月 日 十二月 日 十二月 日

同治十三年十二月初十日

覽

船政大臣沈葆桢致总理衙门函：

条陈台湾海防事（附《俄国圆炮船》等三图）

同治十三年十二月初十日（1875年1月17日）

谨陳臺灣事宜

臺灣海外巖疆治亂安危關係東南甚鉅其地高山百重平
原萬頃民生庶富物産豐饒外則日本琉球呂宋噶囉吧安
南西洋荷蘭諸國一葦可杭内則福建廣東浙江江南天津
山東遼陽不啻比鄰而處門户相通曾無藩籬之限非若尋
常郡邑島嶼介在可有可無之間以前各國未經通商患不
在外侮而在奸民今則外洋兵船屢來窺伺其處心積慮垂
涎臺地久矣於此而不速籌通變之方自強之計誠恐環海
一隅非復
國家有也提督前蒙知遇調補臺鎮總兵涖任兩年搜捕盜賊
輯和洋番幸獲乂安無事正擬因地因時稍為布置適奉文
交卸遂不果行今承憲臺詢於芻蕘謹就昔所知者逐一陳之
一海口先宜嚴防也查臺灣各口以鹿耳門打狗雞籠為最
要其次莫如鹿港蘇澳瑯璠該處礮臺久已傾圮間有存
者亦宜重新修整無者添之每處安放二千觔或三千觔
後膛大礮數尊以資防守如能改造鐵礮臺更為堅固第
恐工本浩大經費無所出耳
一戰守兩項必以火器為先也臺地各營雖有例配鎗礮然
較之洋人實屬十不及一似宜每營各配小號後膛礮數
尊無殼擡鎗數十桿按期操演臨時庶堪一用
一海面師船最關緊要也以前臺地水師各營共設大小同

安梭船九十六號均已朽爛無存即存亦不合用提督前在臺鎮任內曾造龍槽師船數十號運掉如飛甚覺輕便然以之巡緝內港則有餘以之施放外洋則不足現聞閩省船廠已造輪船十餘號似宜特派四號專駐臺灣無事則環海梭巡有事則衝鋒破敵

一水師操演亦宜認真也查水師非同陸路為將弁者不識風雲沙線則把舵無從為士卒者不知攻擊駕駛則臨陣束手提督前在臺鎮任內不特於陸路各營勤加訓練即於水師將弁亦令雇坐商船時常出海以習勞苦內地若派輪船專駐臺灣似宜分撥澎湖安平艋舺滬尾各營責成該管將弁分帶出洋往來操演庶幾可成勁旅

一臺鎮總兵宜議移駐以便居中調度也查臺地南北兩路橫長一千九百餘里前因噶瑪蘭未入版圖府城偏處西南今北路則有嘉彰兩縣鹿淡蘭三廳而南路祇有鳳山一縣鎮道同駐府城未免偏重一隅且歷溯以前亂民起事多在臺北一帶因該處內山遼濶地極膏腴最易藏奸也若將臺鎮及鎮標中營移駐彰化縣城南北適中之地不特奸民起事易於撲滅即臺北各海口亦可漸臻鞏固其舊駐彰化縣城之北路副將一營似宜改設埔裡社地方其鎮標左營遊擊一員亦宜改駐臺鳳交界之羅漢門內以扼南中二路之吭上可控制大武壠下可兼顧岡山若府城仍留城守參將一營兼有新設道標一營足資彈壓似此棋布星羅於形勢最為稱便

一北路一帶宜添設二縣以便分理也查淡水一廳所轄地方縱橫七百餘里地極平坦港汊分歧遇有詞訟命盜事件恒苦鞭長莫及似宜將廳轄之新庄縣丞彰化所屬之南投縣丞改為知縣均歸淡水管轄淡水亦宜改為直隸同知以符體制其埔裡社生番事件仍歸鹿港撫番同知

管理
一民間續墾田地宜丈量升科也查北路之埔裡社内山及
南路枋寮以下以前皆屬番地嗣經臺地居民逐漸開墾
良田萬頃沃野平疇其中未曾升科者比比皆是溯查道
光年間經
前督憲劉　奏請將埔裡社收入版圖雇民開墾以裕國
賦
廷議因係番地格而未行迨同治五年又經憲臺奏請開闢適
因西北軍務喫緊
聖命移督陝甘未遑辦理不知天地自然之利有日開無日蹙
生番穴居野處射獵為生從不知耕種為何事棄此膏腴
之地殊為可惜現聞閩粵莊民遷其中者不下數千人其
地有田可耕有水可汲而王化所不及難免為逋逃之藪
此宜責成地方官前往丈量逐漸升科即將南投縣丞改
為知縣移駐其地以資治理是國家每年可增數千帑金
不無小補緣臺灣多增一分賦稅即内地少撥一分兵餉
也第清丈之法最易擾民是在良有司潔己奉公認真體
察庶可行之無弊耳
一石炭硫磺似宜弛禁開採也查北路之金包里八芝蘭等
處素產硫磺磺油磺苗極旺澎湖雞籠等處均產石炭現
惟雞籠所產石炭准民開採以供閩省上海船政之用其
澎湖石炭及產琉磺磺油之處照舊封禁恐其偷漏出洋
接濟奸匪也不知天地生物原供生人之用利之所在官
雖示禁而小民趨之若鶩似不若准其開採石炭可供民
間之需而硫磺磺油官為收買亦可作軍火之用使臺地
無業遊民衣食有資不至流而為匪未始非撫字之一道也
以上數條皆管見所及率臆妄談尚祈憲臺進而教之幸甚幸甚

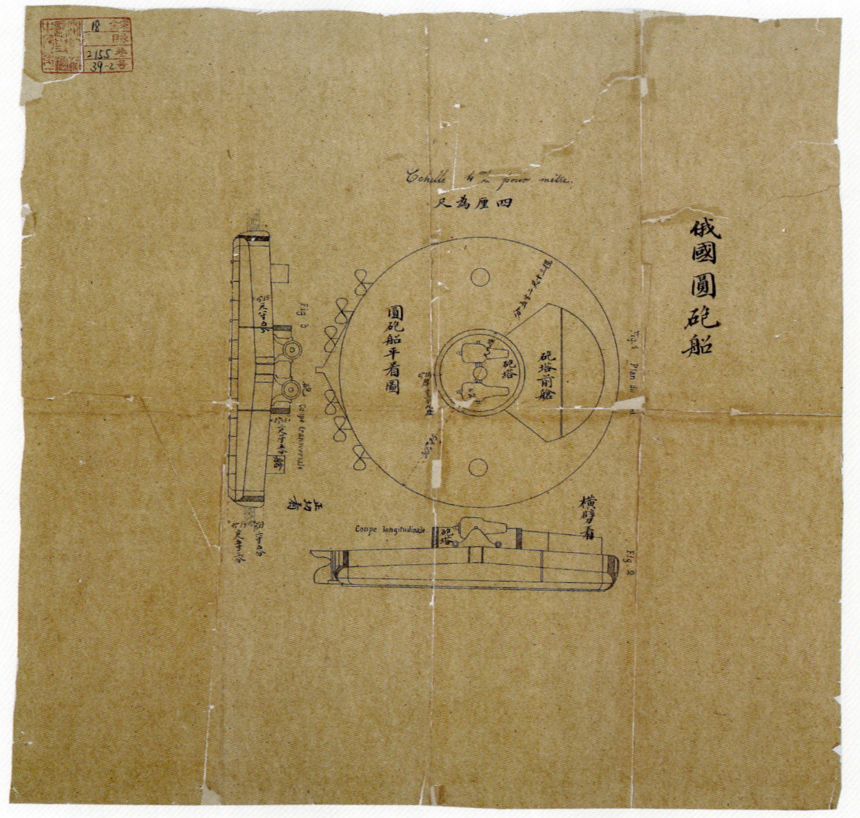
俄國圓砲船
Echelle 4mm pour mètre.
四厘為尺
圓砲船平看圖
砲塔前艙
砲塔
Fig 1 Plan
Fig 3
Coupe transversale
正切看
Coupe longitudinale
横剖看
Fig 2

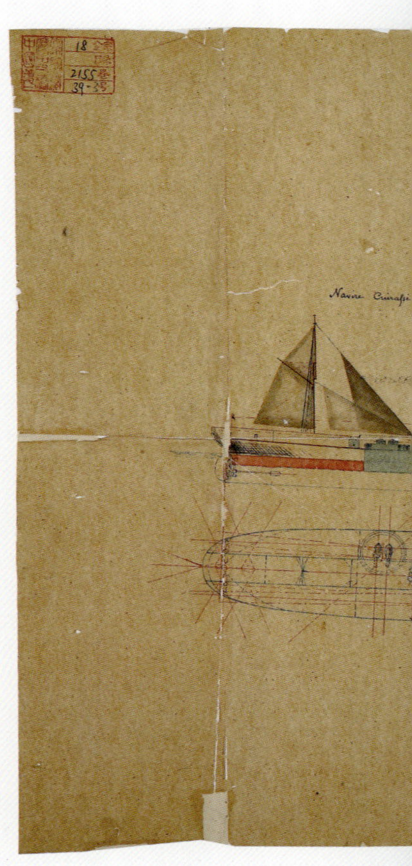
Navire Cuirassé

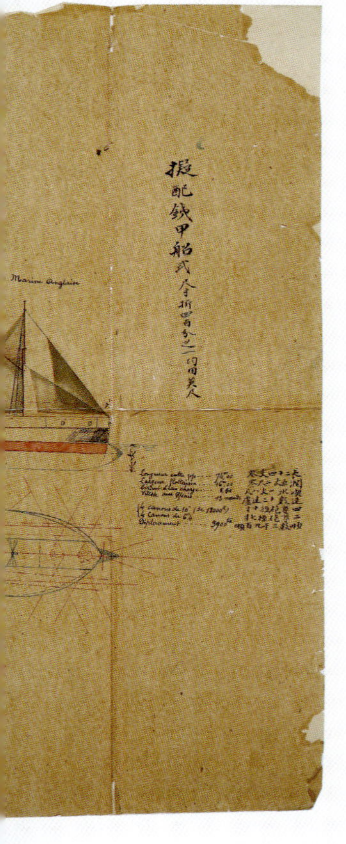

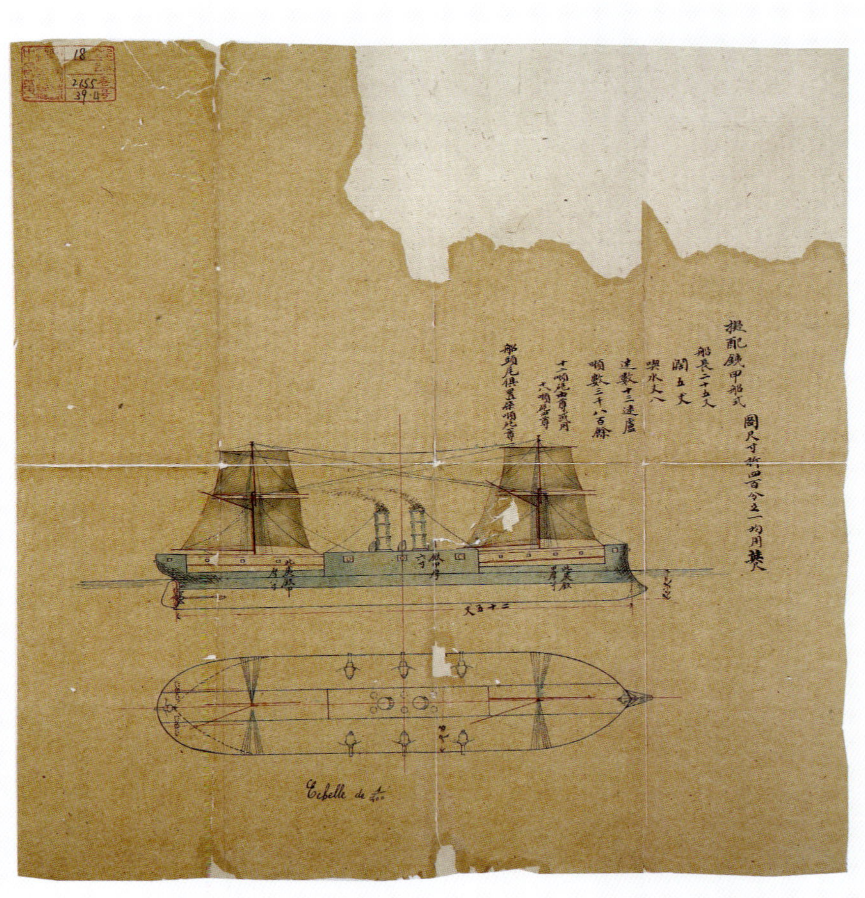
提配鉄甲船式
図尺寸折四百分之一均用英尺
船長二十五丈
闊五丈
喫水丈八
速數十三達盧
噸數三千八百餘

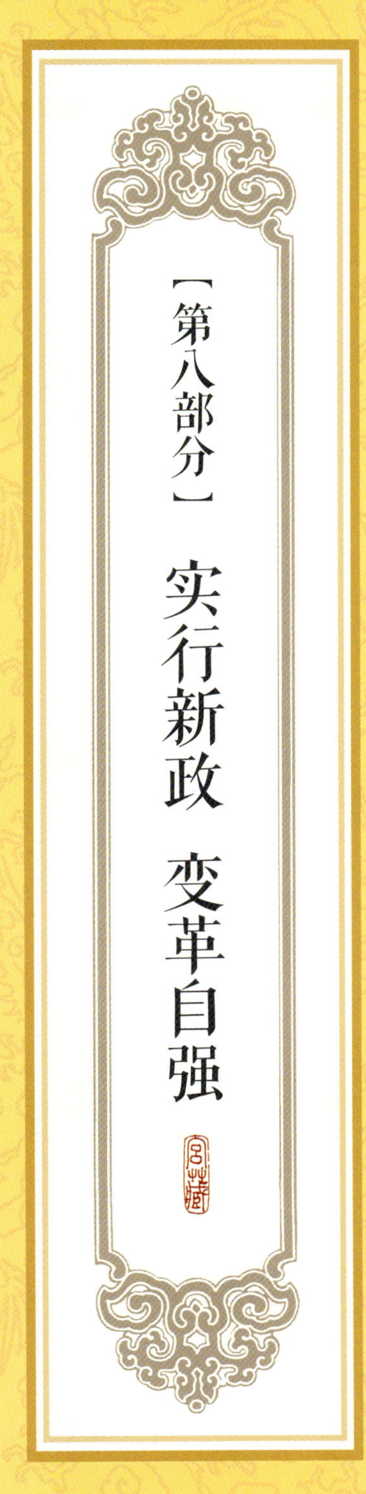

【第八部分】

实行新政　变革自强

同治十三年（1874年）日本侵略台湾之后，沈葆桢深刻体会到台湾海防对于中国海防的重要性，根据台湾的实际情况，沈葆桢提出了几项重要的措施：一是改革行政区域的划分，二是开山抚番，三是加强台湾海防的军事实力。“以绝彼族觊觎之心，以消目前肘腋之患”。

台湾府治设在台南，为了加强对台北地区的开发，光绪元年（1875年）六月十八日，沈葆桢向清廷上《台北拟建一府三县折》，很快朝廷就批准了沈葆桢的建议，建立了台北府。在台北府下新设置了淡水、新竹、宜兰三县。同时，沈葆桢认为，“移福建巡抚驻台，而后一举而数善备”，奏请将福建巡抚移驻台湾，一年之间，春冬驻台，夏秋回省，以便进一步加强台湾与福建的关系。

沈葆桢认为“务开山而不先抚番，则开山无从下手；欲抚番而不先开山，则抚番仍属空谈”。自同治十三年（1874年）夏至次年夏，台湾陆续开辟了全长约115公里的北路、全长约150公里的中路和全长约120公里的南路道路。为配合全岛开发，沈葆桢奏请朝廷开禁，光绪元年（1875年）正月光绪帝谕令“所有从前不准内地民人渡台各例禁，着悉与开除”。此后，台湾的人口大量增加，台湾和大陆可以自由通商、通航，带来了台湾经济的一次飞跃，开启了台湾近代化的历史进程。

此外，沈葆桢先后在台湾的旗后海口、东港、沪尾、基隆等地修筑炮台。他认为只有巩固海防炮台这一防御性军事设施，才可做到“海口不得停泊兵轮，而后郡城可守”。沈葆桢认为，台湾海防有备，中国海防可以无忧。欲固海防，必筹台防。他还强调，台湾海防必须依托大陆，尤其倚重福建，必须做到“闽台联防”。

继沈葆桢之后，福建巡抚丁日昌在台湾继续移民来台，垦荒耕种，开发台湾。光绪三年（1877年），丁日昌奏拟在台湾架设电线，还将福州电报学堂毕业生拨往台湾以主持该项工作。九月，台湾的第一条电线架设成功，并于次月对外营业。翌年，台湾的第一座西式煤厂基隆煤矿正式投产，当年就产煤1.6万吨，成为供应福建船政各厂及轮船的燃料用煤。

首任台湾巡抚刘铭传是台湾近代化建设的奠基人，全面推行以加强海防、建成自立之省为目的的自强新政。他主张“变西法、罢科举、火六部例案、速开西校、译西书以厉人才”，对台湾的海防、吏治、财政、农业、工业、交通、教育进行大刀阔斧的改革，使台湾面貌焕然一新。

光绪十二年（1886年），刘铭传在台北设电报总局，架设水陆电线，先后架设沪尾至福州川石、安平至澎湖水线，台北至台南陆线，全长约700公里。次年，在台北设铁路总局，着手修建铁路。光绪十七年（1891年），全长32.2公里的台北至基隆段铁路通车。台湾还设有邮政总局，各地设支局，发行邮票。邮路远达厦门、福州、广州、上海、香港等地。台湾的邮政为中国人自己独立创办经营的邮政，在全国是一个创举。刘铭传还积极创办新式教育：创设西学堂，以培养通晓近代科学、善于对外交涉的人才；创立电报学堂，从西学堂和福建船政学堂挑选优秀学生转入电报学堂，学习电讯专门技术。

樟脑和硫磺都是台湾著名的特产。光绪十二年（1886年），刘铭传在沪尾设立官办硫磺厂，还设立脑磺总局，用新法熬制，年获利三万余两。光绪十三年（1887年）设立煤务局，以官商合办的形式，开采煤矿，鼓励商人投资，设煤油局，引进外国机器制造煤砖，引进外国造糖铁磨，供糖户使用。

刘铭传还重新规划台湾街道，开辟数条大道，装设电灯，建造公共引水工程，短短几年，把台北建设成了近代化城市。光绪十四年（1888年），美国驻华公使田贝访台看到台北新政后的景象，在其随后呈报美国国务院的报告中，认为台湾是当时中国最进步的一个省份。

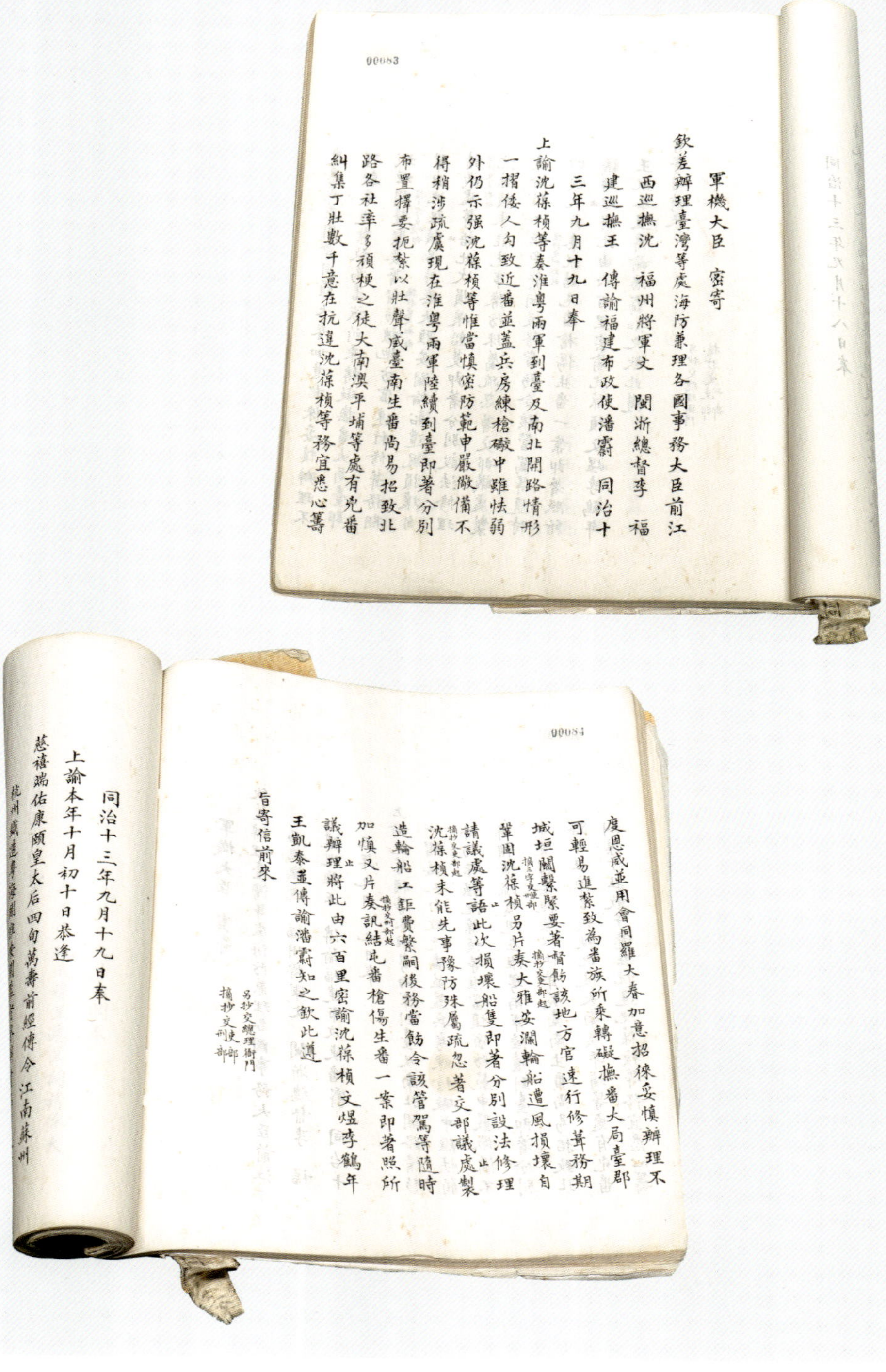

軍機大臣 密寄
欽差辦理臺灣等處海防兼理各國事務大臣前江
西巡撫沈 福州將軍文 閩浙總督李 福
建巡撫王 傳諭福建布政使潘霨 同治十
三年九月十九日奉
上諭沈葆楨等奏淮粵兩軍到臺及南北開路情形
一摺倭人勾致近番並蓋兵房練槍礮中雖怯弱
外仍示强沈葆楨等惟當慎密防範申嚴儆備不
得稍涉疏虞現在淮粵兩軍陸續到臺即著分別
布置擇要扼紮以壯聲威臺南生番尚易招致北
路各社率多頑梗之徒大南澳平埔等處有兇番
糾集丁壯數千意在抗遣沈葆楨等務宜悉心籌
度恩威並用會同羅大春加意招徠妥慎辦理不
可輕易進勦致為番族所乘轉礙撫番大局臺郡
城垣關繫緊要著督飭該地方官速行修葺務期
鞏固沈葆楨另片奏大雅安瀾輪船遭風損壞自
請議處等語此次損壞船隻即著分別設法修理
沈葆楨未能先事豫防殊屬疏忽著交部議處製
造輪船工鉅費繁嗣後務當飭令該管駕等隨時
加慎又片奏訊結兇番槍傷生番一案即著照所
議辦理將此由六百里密諭沈葆楨文煜李鶴年
王凱泰並傳諭潘霨知之欽此遵
旨寄信前來

同治十三年九月十九日奉
上諭本年十月初十日恭逢
慈禧端佑康頤皇太后四旬萬壽前經傳令江南蘇州
杭州織造

同治皇帝上谕：

着沈葆桢会同罗大春办理台湾事务

同治十三年九月十九日（1874年10月28日）

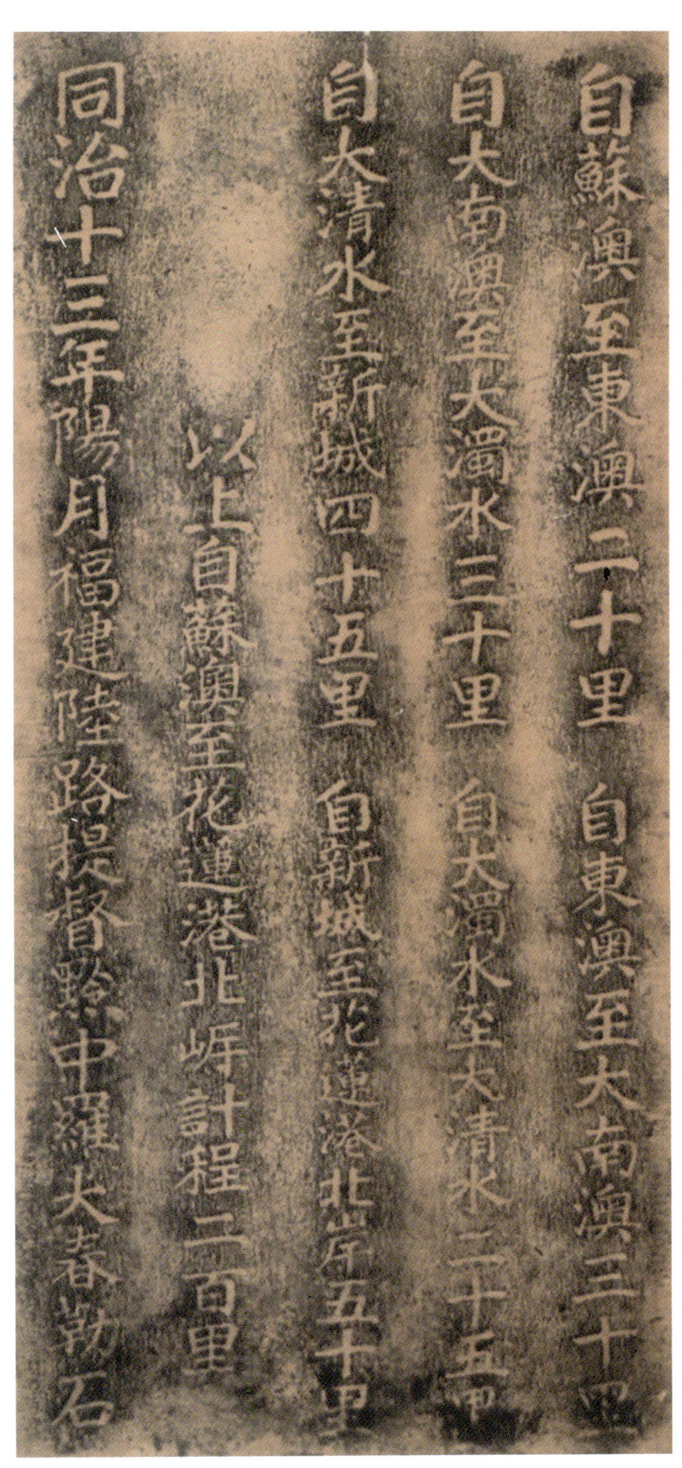

◎ 同治十三年（1874年）福建陆路提督罗大春勒石北路里程碑

◎ 台湾番社图（局部一）

◎ 台湾番社图（局部二）

矣第因始終雖論者或有借助洋本之說其華洋合辦之議然一經轇轕流弊必多非我族類其心叵測不可不防惟查台灣向歸鎮道管轄嗣經改為節制今議開闢內山事實創始鎮道權輕恐難勝任應請

簡派重臣假以便宜廣招精明幹練之員分任其事庶幾易集而效易呈第殆非籌餉開源之一助設防彌患之一端也是否有當理合附片具陳伏乞

聖鑒訓示謹

奏

吳元炳片

再日本搆釁番社名為琉球復仇實則利我
番社查臺灣形勢橫亘海中為西洋東洋出入
必經其山前一府二廳四縣物產之富已甲閩
省況山後沃壤千里假令多置郡縣設官治理
添備水路各營控扼各國往來實足為上海重
鎮且聞其地多產煤鐵木植硫磺硝觔茶葉樟
腦等物久為洋人所垂涎特以和約未改不能啟
釁今日本既肇端於始中國不可不收拾於後
似宜乘此兵威大加開闢將煤鐵等物設廠開
採就於臺地建立機器製造各局因地之利資
國用其各省廠局所需木植煤鐵硝磺等物
即以輪船常川赴臺運載既可使輪船水師練習風
濤亦可省向洋購買之費而地不愛寶接濟源
源裕

江苏巡抚吴元炳奏片：

在台湾开设机器制造各局并开采煤铁硝磺

同治十三年（1874年）

◎ 开埠初期的打狗港

◎ 台湾第一台新式印刷机

026

諭旨沈葆楨等奏請調員差委等語工部候補員外郎陳一鶴補用同知文煒候補知縣李益林著楊昌濬王文韶飭令該員等即赴台灣交沈葆楨等差遣又
奉
諭旨沈葆楨等奏請將明室遺臣賜謚建祠一摺前明故藩朱成功曾於康熙年間奉
旨准在南安地方建祠茲據奏稱該故藩仗節守義忠烈

027

昭然遇有水旱祈禱輒應尤屬有功台郡著照所請准於台灣府城建立專祠並予追謚以順輿情該部
知道又奉
諭旨沈葆楨等奏台灣後山亟須耕墾請開舊禁一摺福建台灣全島自隸版圖以來因後山各番社習俗異宜曾禁內地民人渡台及私入番境以杜滋生事端現經沈葆楨等將後山地面設法開闢曠土亟須

028

招墾一切規制自宜因時變通所有從前不准內地民人渡台各例禁著悉予開除其販買鐵竹兩項並著一律馳禁以廣招徠該部知道

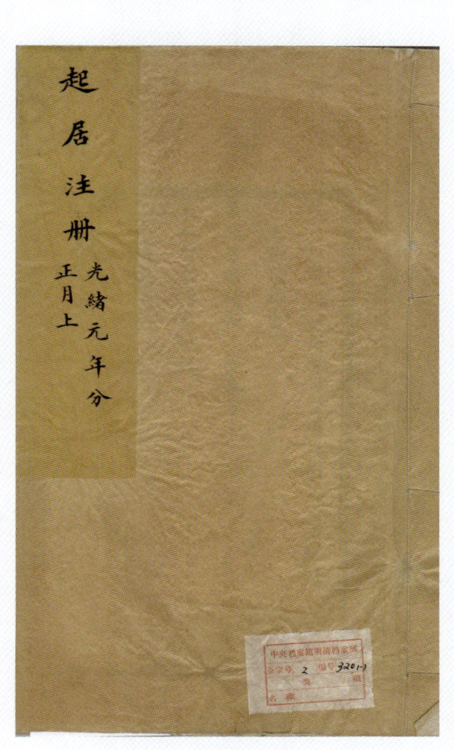
起居注册

光緒元年分

正月上

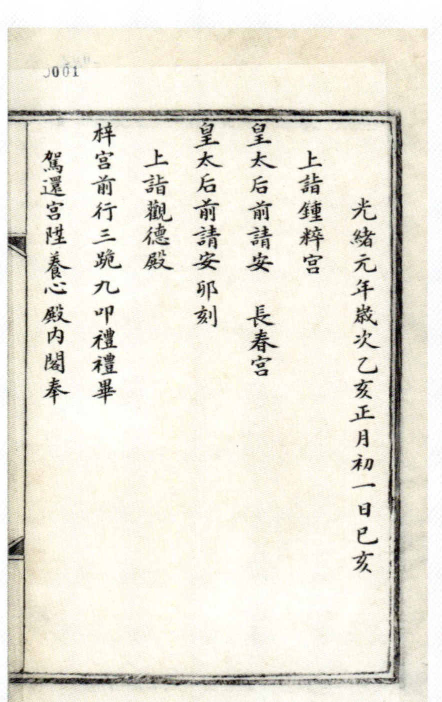
0001

光緒元年歲次乙亥正月初一日己亥

上詣鍾粹宮

皇太后前請安　長春宮

皇太后前請安卯刻

上詣觀德殿

梓宮前行三跪九叩禮禮畢

駕還宮陞養心殿內閣奉

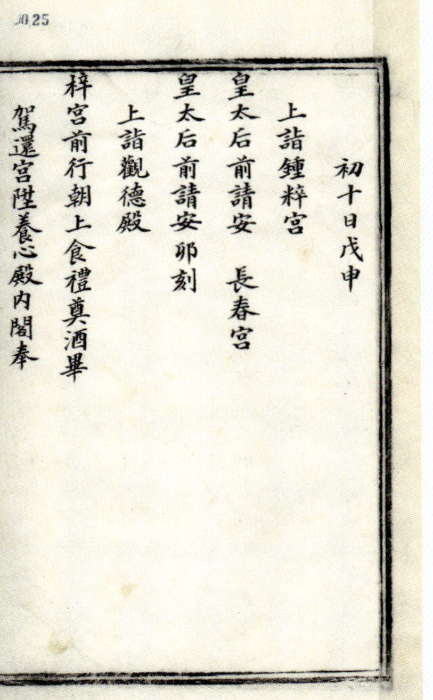
0025

初十日戊申

上詣鍾粹宮

皇太后前請安　長春宮

皇太后前請安卯刻

上詣觀德殿

梓宮前行朝上食禮奠酒畢

駕還宮陞養心殿內閣奉

光绪皇帝谕旨：

着台湾府城建专祠祭祀郑成功并驰禁内地民人入台

光绪元年正月初十日（1875年2月15日）

恭惟我 祖皇明赐姓
矢志忠貞秉正性我
國朝賜謚忠節 聖主
褒嘉於今為烈欣配夫
人坐對西東如賓相敬
隆古高風喬孫緬遠想
鑒靈爽式憑馨香萬古
手敬書并頓首拜撰

◎ 郑成功夫妇画像

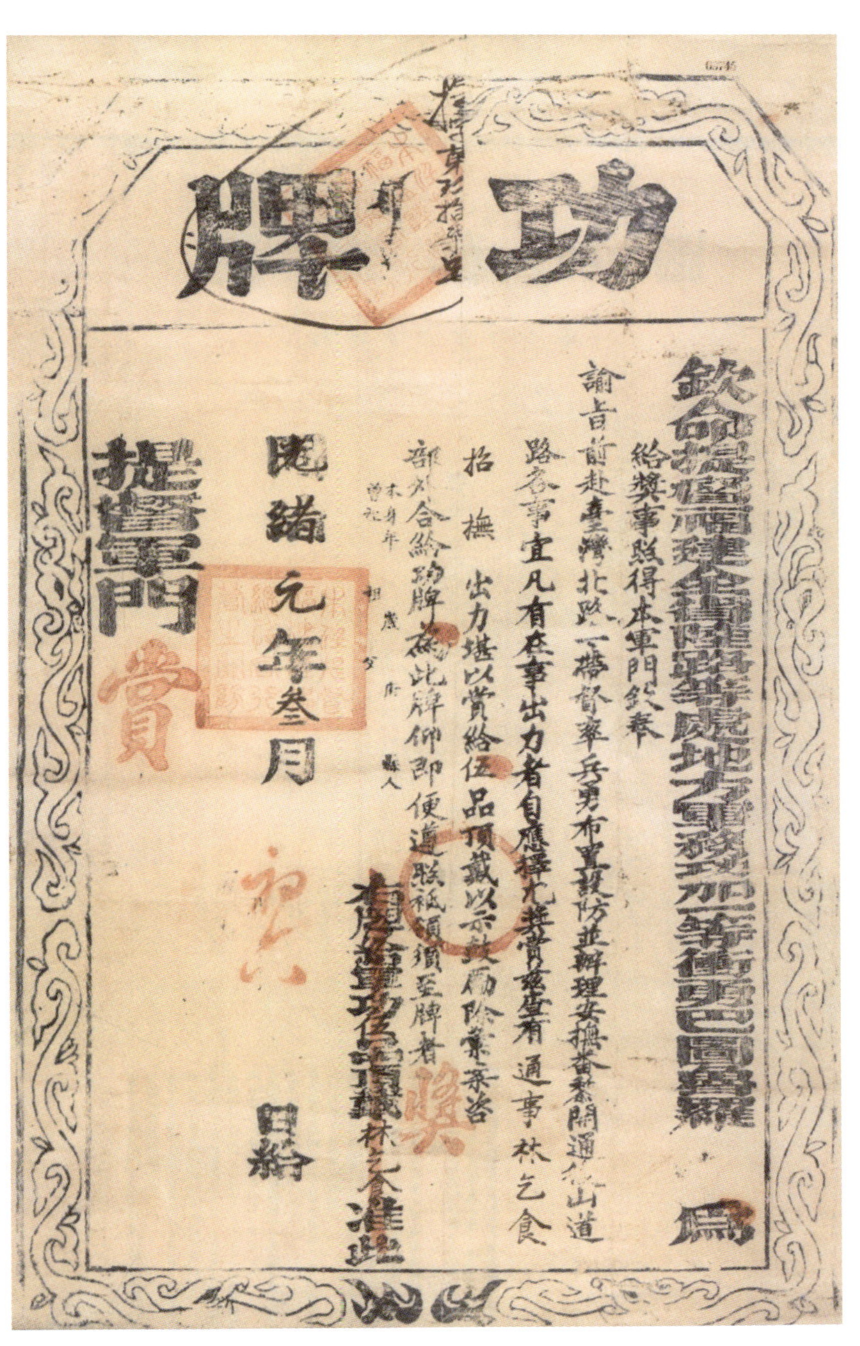

功牌

欽命提督福建全省陸路軍務節制各鎮統轄水師加一等世職巴圖魯羅 為
給獎事照得本軍門欽奉
諭旨前赴臺灣北路一帶督率兵勇布置設防並辦理安撫番黎開通後山道
路各事宜凡有在事出力者自應擇尤獎賞茲查有 通事 林乞食
招 撫 出力堪以賞給伍品頂戴以示鼓勵除彙案咨
部外合給功牌為此牌仰即便遵照祗領須至牌者
右牌給軍功伍品頂戴林乞食准此
光緒元年叁月 日給
提督軍門
賞
獎

◎ 福建陆路提督罗大春为开山抚番赏给通事林乞食功牌

故洋船並須繞過金山，金山之煤遂稀，其價亦日昂。而台煤仍不暢銷者，以東洋之煤成本較輕，獨擅其利故也。今欲分東洋之利，必將台煤減稅，以廣招徠。洋商計較錙銖，聞風而至，以故稅則雖減，而總計稅入仍不至懸殊，於民間生計，當有起色。至船局所用台煤，向係免稅，不在完納之內。今擬請將出口台煤每噸減為稅銀一錢，如蒙

天恩允准，伏懇

飭下總理衙門劄行總稅司，明定台煤並閩民間日用而為洋舶所必需，是以減稅惠商，與此洋務口均不得援以為例。愚昧之見，是否有當，謹附片復陳，伏乞

皇上聖鑒訓示。謹

奏。

光緒元年正月初十日軍機大臣奉

旨：該衙門知道。欽此。

再，臣等于去年七月二十九日附片
奏称台湾产煤甚富，请将出口土煤照进口洋煤一
律征收。八月十九日奉
硃批：该衙门议奏。钦此。嗣经总理各国事务衙门覆
奏台湾一口既据该大臣等称该处产煤甚富，应
准其酌量核减，妥筹办理等因。臣等伏思台
地异族所眈眈者，病于土旷；土旷之病由于人
稀；至洋远隔，必利市三倍，而后内地食力之氓
不召而来。垦田之利微，不若煤矿之利钜；垦田
之利缓，不若煤矿之利速。全台之利，以煤矿为
始基，而煤矿之利又以畅销为出路。南北各省，
日以煤炊爨，入冬以煤御寒，若出口畅旺，煤
价必昂，即于民间不无窒碍。台地则炊爨御寒
均无藉于煤，除出口外别无销路。其煤质松脆，
不敌西洋所产，而与东洋之煤尚相去不远。然
台煤虽富，年来开采者不甚旺，其所以不旺之故，
则由于沸销西洋产煤，全山最夥，从前峡板船

两江总督沈葆桢等奏片：

台湾产煤甚富请将出口土煤照进口洋煤征税

光绪元年正月初十日（1875年2月15日）

一各社生[illegible]
由官酌給租布工下衣各一件引之使入範圍其從前歸化而未經薙髮者
亦勸限于一月內一律薙髮以免反覆仍由官置辦剃頭刀分給各社頭目傾
回勸令每月各剃一次並隨時訪查以防其日久仍行蓄髮
一各社歸化之番應分別社分將丁口查明造冊通報以憑察核其有遷移
亡故以及新增丁口均行一律註明
一歸化各番社宜設立頭目作為鄉長每月酌給薪水十元八元以示羈縻
嗣後如再有伏殺兵民之事即就該社長勒令綑送真兇不准存匿違者
嚴辦亦不稍被及無辜致令向隅
一各番社田地毗連宜飭派委員酌選誠實通事帶同番目分勘各處為之
嚴定界址不准鄰社恃強侵佔亦不許該社冒佔他人土地以杜爭端
一除近海官山及各社番耕種力所不能及者聽民開墾外其餘附社山田樹
木應令各縣各官不准地方民人將該番所有佔為己業違者嚴辦
一嚴諭各社番目隨時約束番民不准生事倘來往商民及貿易之番有在
界境內被刦失事者即惟該處民番是問不准推卸他人果係外社各番越界
滋事准該處頭目立即綑送公局解官究懲以專責成而別良歹
一凡准番民交易之處飭諭城鎮墟市應專設公局就近選舉公正紳士為
之備遇番務即為隨時處斷嚴飭商民人等不得任意欺凌如有殺害生番
及搶奪生番物件并使佔生番地基者准該番來局投訴局紳即為稟官
分別秉公追辦究抵不得稍分畛域使該番有冤無伸以致激成變故違
者并辦該局紳如能辦有成效
奏請獎勵
一凡與生番交易物件宜酌定畫一章程不准番割經手以免把持而昭公允
一民番如有偽爭均令赴局控明不准私相報復違者加等嚴辦

汕頭廈門香港等處招工前來開墾所有開墾章程另文擬辦
一各番社溪澗支流所有可以灌溉新墾田園者應予諭該處頭目不准堵
截水源違者重懲
一附近番社市鎮均宜廣設義學選擇善于勸導之塾師隨時為之講說
禮義導以尊親化其頑梗其各番社頭目尤應勸令多送子弟入學以資
化導現已
奏請番童准進庠序將來番童如有讀書明理者即准其應試與進廩貢
懷我好音仍隨時派員分投稽查課程考校塾師優劣分別賞罰以
儆怠惰仍于朔望宣講
聖諭二次
一生番亦是人類各處官吏兵民不得稍分畛域任肆欺凌庶幾日就範
圍免致為叢驅雀使入歧途
一薙髮歸化之番除軍火應禁外其餘一体准與平民交易其未經薙髮
之番即鹽米等事均不准接濟

照抄酌擬撫番開山善後章程條款

一□社社番既經歸化凡赴市鎮不准携[illegible]

從行究致釀鬥毆

一所有市鎮誠恐營中兵勇并不法莠民及生番覬覦暗中有與該番販賣軍
火等事應責成該處局紳官弁等嚴密稽查倘能查獲接濟奸匪并兵弁時
候補員紳記功獎勵或本處不能查出而被別處發覺者分別加等參辦所獲
軍火繳官存儲

一各海口及市鎮人烟稠密易于接濟軍火之處概不准生番私往交易違者
嚴辦并將引路之人查究以杜藏奸官紳不能覺察者分別參懲

一縣山縣武務較繁于番務力難兼顧應另派委員督同紳會同地方官專
辦鳳恒一帶撫番善後事宜以資專責成如有成效專摺
奏保倘係敷衍從戾參撤

一生番最忌出痘名為出珠擬于前後山各設醫局疾病則為之醫藥并設牛
痘醫生為之傳種以全生命

一新開之路如有草樹蒙茸薙蘼蕪未淨盡者應由員紳分定地段飭令本界
歸化之番并該處柴寮將沿路左右相距百丈之處所有樹木一律砍伐推
燒以杜兇番藏匿若樹木係有主者應歸原主砍伐以示体恤其恆一
帶九過邊浸無撫興代之處責成地方官于一月內赶造所全經費准其
核實報銷

一靠山民番除種植薯芋小米自給外膏腴之土栽種甚多以致餘多貨苦
應選派就近地頭人及妥當通事等同善于種植之人分投各社教以栽種
之法令其擇選風坡山種植茶葉棉花桐樹樟木以及蘇苴咖啡之屬
俾有餘利可圖不復以游獵為事歷試漸底馴良所有各項種子由員
紳赴郡局領給俟收成後將成本按年繳還以示体恤其某處種植某
項若干次年生發若干收成若干責令該員紳稽查冊報分別有無成

◎ 酌拟抚番开山善后章程条款

兩口關稅

奏。惟每處動支年僅二千萬左右，台地厘金、鹽
課、鹽厘合為百十餘萬，出納兼權，不敷甚鉅，目
庫儲短缺，不還稅厘則半年
奏撥案內短至一百餘萬兩，前借洋款，已停告撥，
且剋內補繳，究非長策，未籌防而不先集費，與
不籌回集費而並非的款，與每年應回海關應有四
成洋稅也，可剋議留作緩急之需，且台地設防
最為急務，即稅厘撥解京餉甘餉，雖係協餉，要
需而本省海防亦不能不兼籌並顧，相應請
旨敕下部臣，准將閩海關四成洋稅項下每年撥銀五
十萬兩，並在閩省稅厘解京協甘項下每年減撥
銀五十萬兩，合共一百萬兩，自光緒元年起，就近
撥充台防經費，俟過年察看情形，分別停減，此
外尚短之數，仍設法通挪籌辦。臣等具有天良，
不敢因惜費而誤機，亦不敢以巨款而虛擲，
以副
聖主軫念海疆至意，除咨總理各國事務衙門、
戶部外，臣等謹合詞恭摺由驛馳
奏伏乞
皇太后
皇上聖鑒訓示。謹
奏。
光緒元年六月二十四日軍機大臣奉
旨：戶部議奏。欽此。
[illegible]

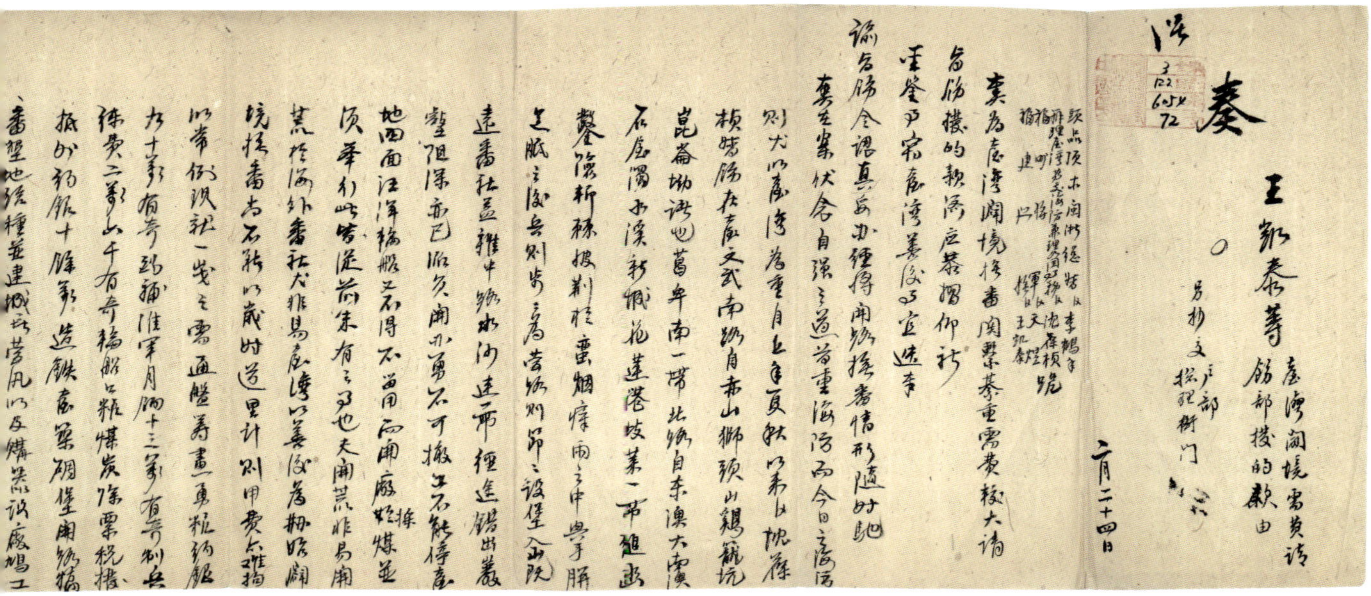

福建巡抚王凯泰等奏折：

台湾辟境抚番需费较大请饬拨款济应

光绪元年二月初六日（1875年3月13日）

◎ 清督办全台开垦抚番事务太常寺少卿之关防

◎ 道卡斯新港社土目猫老尉衣冠彩绘画像

◎ 赤崁地区农地与道路图

因各省部已明年内各路之师亦今不
可撤其费用之数犹钟于昔日增淮军虽已凯旋
而各路分布之勇约三十营兵犹犒单归军
倘裁已不赀然尚有常额也既防海则炮台
有费城垣有费轮船有费既开路则桥梁
有费亭坊有费既招番则碉堡有费赏犒
有费熟屋斗绝粮运维艰则储运有费荒外
招耕农民畏旦则犁本有费其余帐屋装
则有更之费瘴疠疾疫则有医药之费赙恤
之费似此者不一而足但难裁减论其要理则山精
草停蓄日久奇珍瑰宝之物其间台荒之区实
天府之国果尔则一时动款犹暇而可取偿于人
者捷足先我行之久不待今日矣今开北路已开抵秀
姑峦南路已开过卑南觅中路所开亦将越露
山而东蔓草荒烟萧然在目所谓金砂银矿者
虚影响之谈即使有之亦苦费人力且炼而败所
得不偿所失矧有材木也出运不得津途矧有煤矿
也挖取尚需机器未谓就洞之坏即不固之余臣
窃断其必无此事夫既开辟之甚难而又无利
源之可浚当此妇孺支体瘦瘠黎民必有谓
以不急之图劳民伤财殊非善策者不知臣
等之经营后山其为防患计犹为兴利计而兴
利仍为缓图而防患必难中止为人之垂涎在

气迴异情形不同今虽路径渐通其中尚
有之之宏纲细目非一时所能臆揣仍俟凯泰
亲历南北各路细心察看随时函商
奏明遴渐布置至巡抚一官应否移驻重洋
远隔闽省必不可议者以专责成无以形胜论之
则襄郧江北也而必隶于鄂徽池江南也而必隶于皖跨
越控制形胜乃足全神刚而分之脉断则全神俱失矧以
而余淮之余而以不可言矣窃以势论之台湾之治源人
才皆取资于省会而省会之煤斤米石亦借润于台湾盱
域分而呼应不灵不特此指东一者而断其左臂僵也
七子起设督衙之鞭附之时况自去年五月以来凡台湾
所需款项于船政者甚巨九日葆桢去台以必借资船政之员以代
台湾筹办者一切均葆桢去台时于台之方略实已另设一局恐
船政不能兼顾将应各皆置矣若台兼顾重洋跋涉
臣断未能往返之烦也行李此不得不行也愚昧之
见是否有当伏鉴台地大局从由全闽恭摺详陈由福
船由渡发驿六百里驰

奏伏乞

皇太后

皇上圣鉴训示施行再此摺系臣葆桢主稿合併声明谨

奏

光绪元年七月廿六日军机大臣奉

旨 钦此 七月初八

谨

奏 ○ 沈葆桢等 会筹全台大局并巡抚兼顾省台情形由

另抄交总理衙门

七月二十日

福建巡抚臣王凯泰
闽浙总督臣李鹤年
福州将军臣文煜
办理台湾等处海防兼理各国事务大臣沈葆桢 跪

奏为会筹全台大局，拟番南路势难中止，并北路亦拟
兼顾省台情形，恭折仰祈
圣鉴事：窃臣等业将台北郡亦应添设营兵
制应行变通各缘由先后
奏明在案。惟台地自去年倭人启衅，外侮复
仇，内图佑地狡谋已露，逆谋云张，陆不得已而有抚
番南路之举。当时因议海防未固，知外侮难
消，山阴未通，知海防先筹，误下半年遂台湾四
面环海，前山各口消息尚能探悉，岛岸尚可
周知；后山则途径不通，人迹罕到，但谋家门拒虎一
任后门进狼，虽日事筹防，而防务究无把握。人
第知今日南山之为抚番，固不知今日抚番之实
以防海也；人第知豫筹防海之关系台湾安危，
而不知豫筹防海之关系南北洋全局也。去夜以
来调派诸军，分为三路，继幽凿险，深入遐荒，
剿抚兼施，恩威并用，无非务树循之政，杜奸

地，此一日亦非一国也。去岁倭事，特嚆矢耳。自
法郎西据安南，英吉利据印度，新加坡等处均
洋各国渐为所收，遂使远隔数万里之豺狼得
以近吾卧榻。年来中国各口异种杂处，蔓不可
图，近复闻云贵等处有陆路通商之请，推波助
澜，侵寻而未已。以台地闽左屏藩，七省门户，天
气和暖，年谷易成，后山一带我不尽收版图，彼必
阴谋侵占，迩来番社深险之处，皆有游历洋
人来往，绘画图绘山川，萌芽已见，消消不塞，恐
成江河。川数呼群，日积月盛，且轮船足以迅接
济其缺，火器足以制生番，且机器足以尽地利。我
今日所不经营，彼他日皆可以成都会，根株已
深，图之易及？后山一去，前山何可复守？岂必者
中土之藩篱也。藩篱一撤，则蛇蝎之毒将由背
膂而入我腹心。今日犹云借地以居，旁伺他日竟
与我分疆而对峙。言念及此，为之寒心。所以早
夜筹思，收杜觊觎之机，不能不为塞向墐
户之计。夫澳门片土，初止租居，西人以
一时苟且之谋，遂贻今日无穷之患。此辙何堪再
蹈？且今非敢谓防海之可缓于开山也，山为未
通，即海何可防？欲致力于彼，不得不先着于
此。果使彼源常流塞，此乃机断脉一气呵成
追至荆棘日剪，聚落日多，物产日兴，狉榛日

两江总督沈葆桢等奏折：

陈会筹全台大局并巡抚兼顾省台情形

光绪元年七月初八日（1875年8月8日）

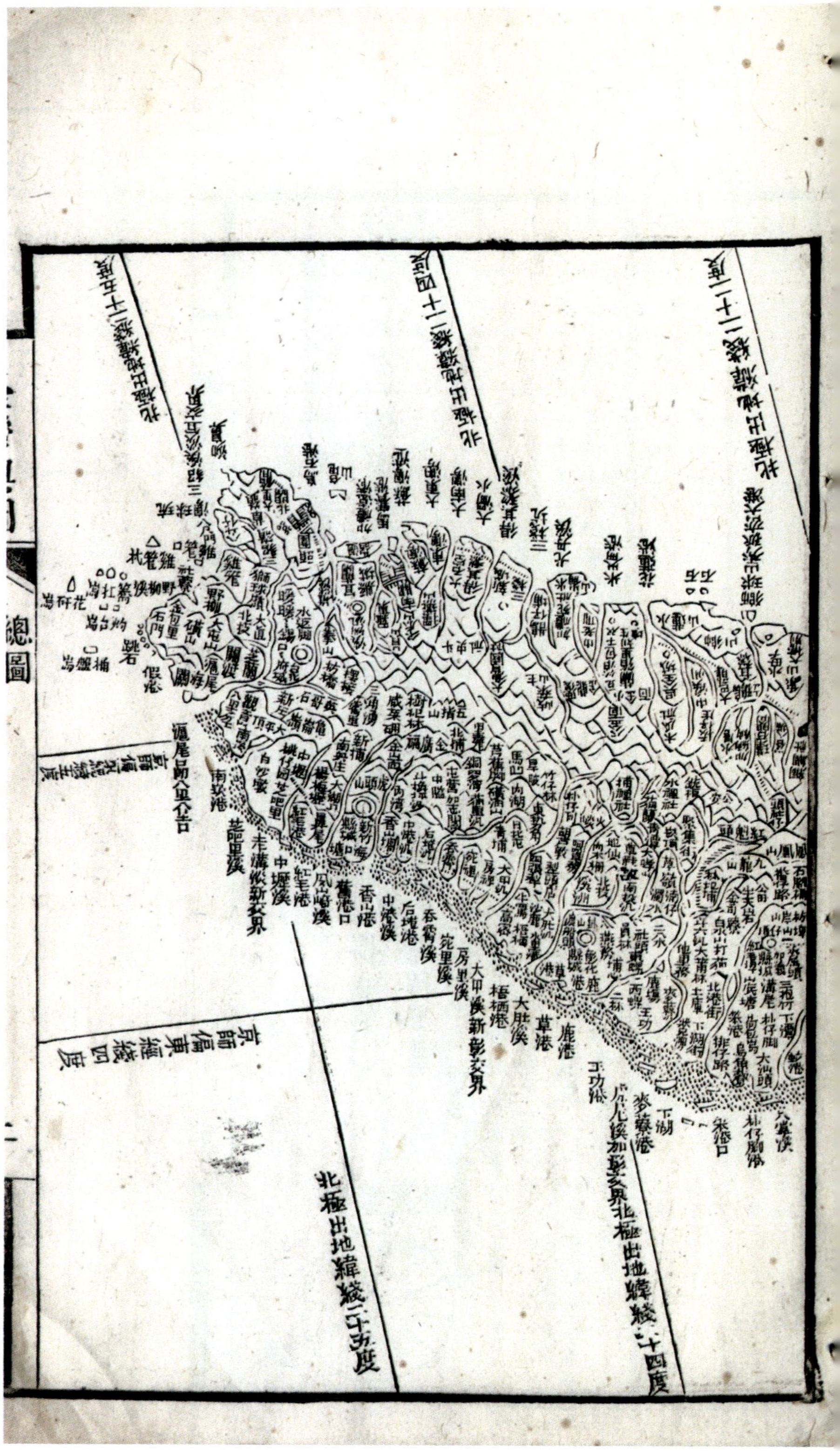

總圖

北極出地緯線二十三度

北極出地緯線二十四度

京師偏東經線四度

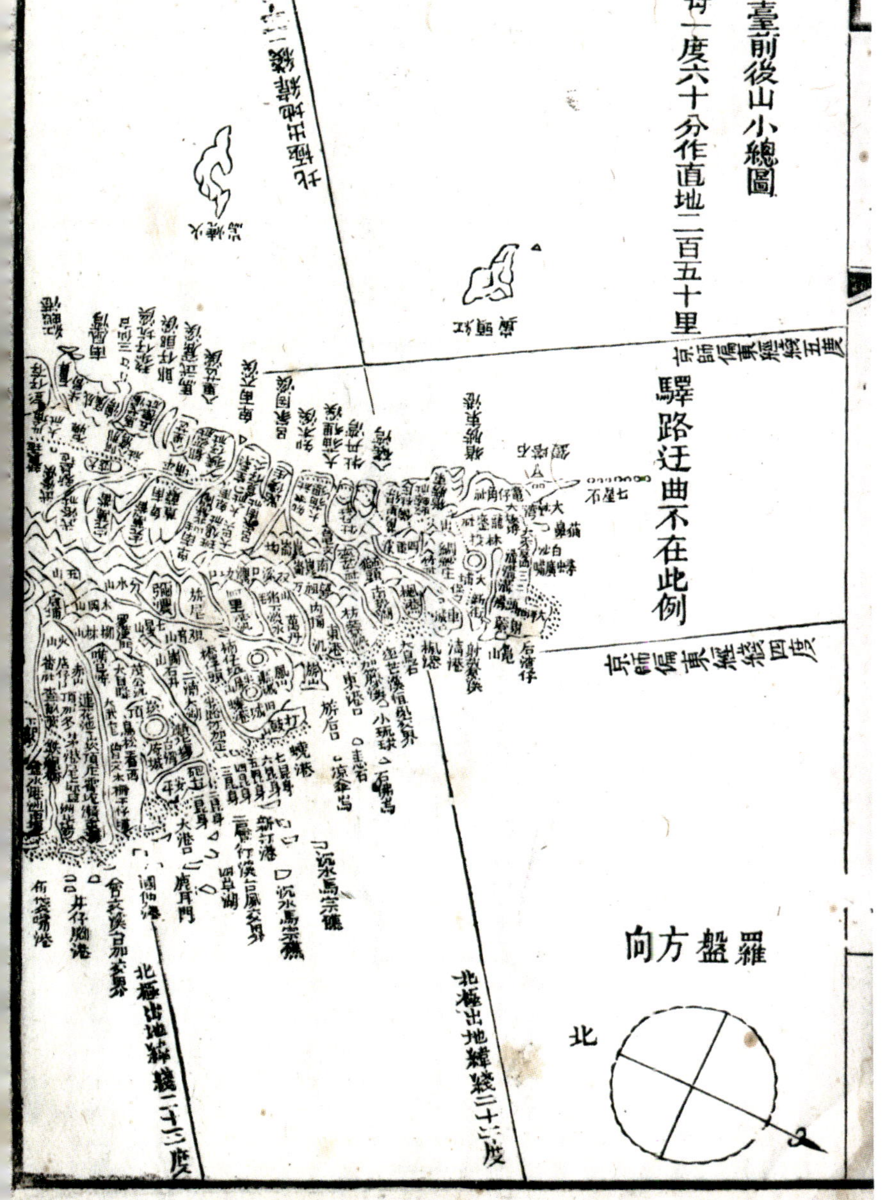

全臺前後山小總圖
每一度六十分作直地二百五十里
驛路迂曲不在此例
京師偏東經綫五度
京師偏東經綫四度
羅盤方向
北

◎ 台湾前后山全图

抄交總理衙門

光绪皇帝上谕：

着沈葆桢等通盘筹划省台如何兼顾俾闽台各事不致掣肘

光绪元年七月二十八日（1875年8月28日）

00181

00182

九十

軍機大臣 字寄

欽差辦理臺灣等處海防兼理各國事務大臣兩江總督沈 福州將軍文 閩浙總督李 福建巡撫王 光緒元年七月二十八日奉

上諭沈葆楨等奏會籌全臺大局並巡撫兼顧省臺情形一摺據稱撫番開山實為豫籌防海地步不但關繫臺灣安危並關繫南北洋全局等語所籌深合機宜現在臺地南北路徑漸通所有應辦各事宜必須妥為區畫為一勞永逸之計王凱泰務當親歷南北各路將全臺情形悉心察看即與沈葆楨等隨時會商次第布置總期悉臻妥善有裨全局據奏巡撫宜兼顧省臺若另設一省呼應不靈且恐諸多窒礙所陳亦係實在情形並著沈葆楨等通盤籌畫應如何往來兼顧俾省臺各事不致掣肘之處即行詳細奏聞沈葆楨俟將善後諸務與王凱泰籌商交代後即懔遵前旨迅赴新任

漳州鎮總兵一員遊擊三員守備二員千總五員把總十一員
銅山營參將一員守備一員千總二員把總四員步兵五百三十六名守兵六百六十四名
饒平縣遊擊一員守備一員千總二員把總四員步兵五百九十三名守兵五百八十七名
黃岡協副將一員都司一員守備二員千總四員把總八員馬兵二百二十名步兵二百四十二名守兵八百三十八名
南澳鎮總兵一員遊擊二員守備二員千總二員把總四員步兵五百五十九名守兵六百名
潮陽縣遊擊一員守備一員千總二員把總四員馬兵八十八名步兵一百七十八名守兵四百十九名
澄海縣副將一員都司一員守備二員千總四員把總八員馬兵七十二名步兵三百五十七名守兵九百九十四名
海門所參將一員守備一員千總二員把總六員馬兵十七名步兵三百十二名守兵七百三十名
惠來縣遊擊一員守備一員千總二員把總四員馬兵七十四名步兵一百四十九名守兵五百一十五名

◎ 雍正八年（1730年）十排皇舆图

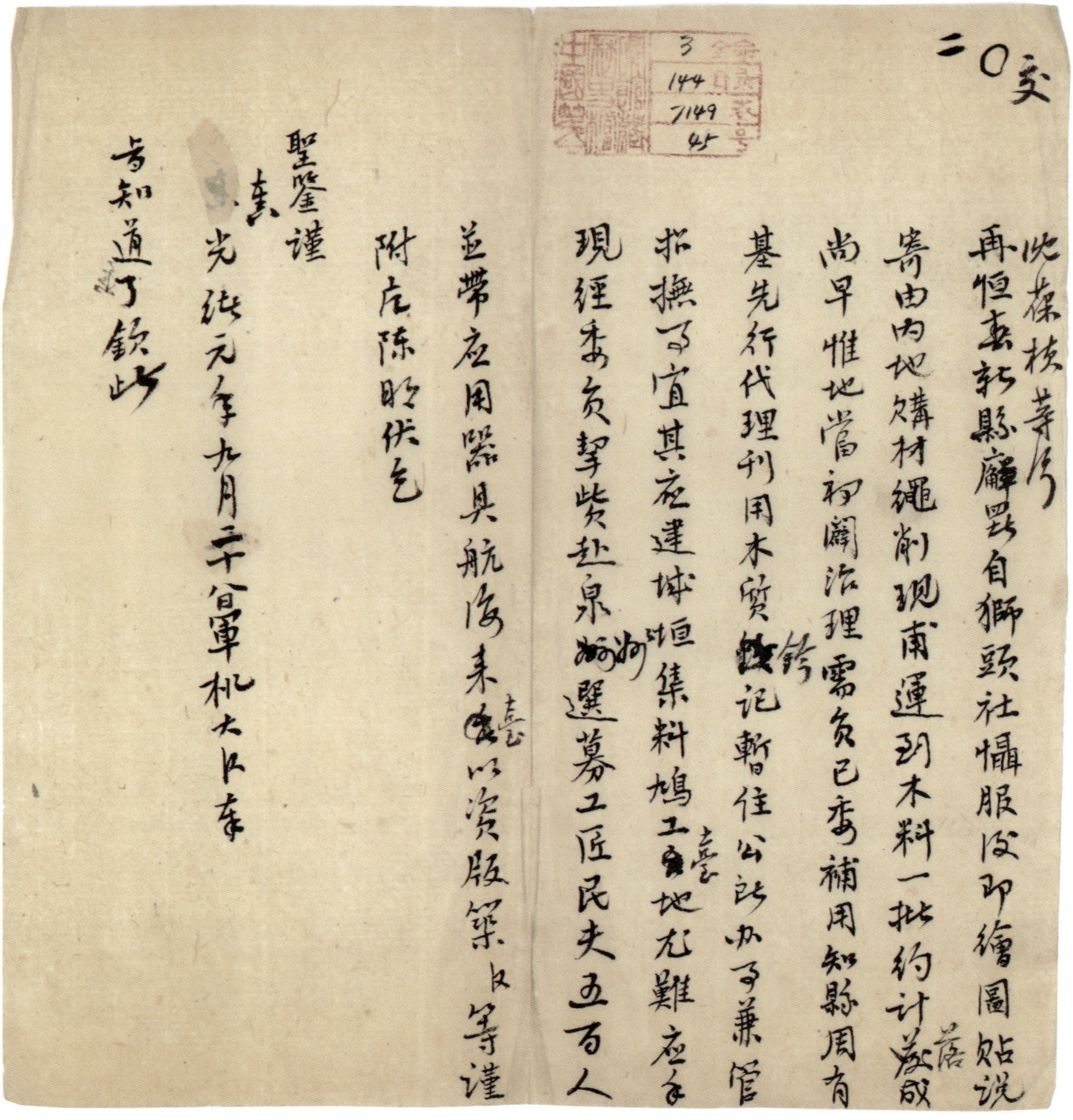

二〇交

沈葆楨等片

再恒春新縣署自獅頭社懾服後即繪圖貼說寄由内地購材繩削現甫運到木料一批約計落成尚早惟地當初闢治理需員已委補用知縣周有基先行代理刊用木質鈐記暫住公館以資兼管招撫事宜其應建城垣集料鳩工臺地尤難應手現經委員挈貲赴泉州選募工匠民夫五百人並帶應用器具航海來臺以資版築臣等謹附片陳明伏乞
聖鑒謹
奏
光緒元年九月二十八日軍機大臣奉
旨知道了欽此

两江总督沈葆桢等奏片：

筹建台湾恒春城垣情形

光绪元年九月二十八日（1875年10月26日）

◎ 光绪元年（1875年）建设的恒春城西门

◎ 恒春城北门

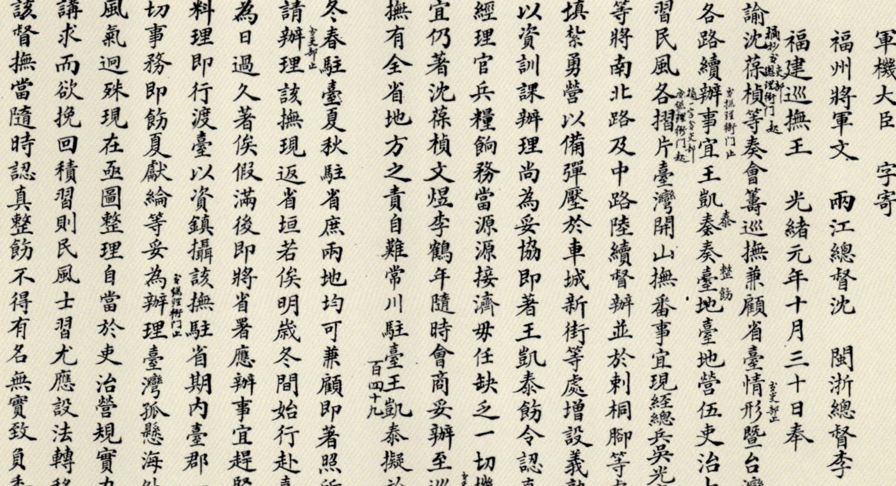

00291　00292

軍機大臣　字寄
福州將軍文　兩江總督沈　閩浙總督李
福建巡撫王　光緒元年十月三十日奉
上諭沈葆楨等奏會籌巡撫兼顧省臺情形暨台灣
各路續辦事宜王凱泰奏臺地臺地營伍吏治士
習民風各摺片臺灣開山撫番事宜現經總兵吳光亮
等將南北路及中路陸續督辦並於剌桐腳等處
填紮勇營以備彈壓於車城新街等處增設義塾
以資訓課辦理尚為妥協即著王凱泰飭令認真
經理官兵糧餉務當源源接濟毋任缺乏一切機
宜仍著沈葆楨文煜李鶴年隨時會商妥辦至巡
撫有全省地方之責自難常川駐臺王凱泰擬於
冬春駐臺夏秋駐省庶兩地均可兼顧即著照所
請辦理該撫現返省垣若俟明歲冬間始行赴臺
為日過久著俟假滿後即將省署應辦事宜趕緊
料理即行渡臺以資鎮攝該撫駐省期內臺郡一
切事務即飭夏獻綸等妥為辦理臺灣孤懸海外
風氣迥殊現在亟圖整理自當於吏治營規實力
講求而欲挽回積習則民風士習尤應設法轉移
該督撫當隨時認真整飭不得有名無實致負委
任將此由五百里各諭令知之欽此遵
旨寄信前來

光绪皇帝上谕：

准王凯泰所奏着福建巡抚冬春驻台夏秋驻省

光绪元年十月三十日（1875年11月27日）

◎ 光绪皇帝像

内海埔
民壮寮
新建炮墩
鱼尾墩
大肚山
民房
顶蚶仔庄
下湖街
内海埔
新港庄
海沙汕
海沙埔
内湖洋
此處泊船水退深一丈零三尺水退深六七尺
沉水沙汕
沉水沙汕
此汕北洋面北風之時風浪最大往來船隻不可停泊
海墘沙埔
汕尾

此溪通入牛稠溪
內海埔
瓦厝寮
民壯寮
猴樹汛
猴樹港
港內可泊澎湖船
由猴樹港之南係布袋嘴海口
頂東石
下東石
鯤仔寮
大砲
海墘沙汕
海墘沙埔
沉水沙汕
南
沉水沙汕
外湖
外湖洋水深三丈六尺壯風時可泊巨船
嘉義縣西北六十里海口有樹苓湖又名象鼻湖北距五條港三十八里南距笨港
之猴樹港十五里外有沙汕二道若斷若續內滙為湖上下三十餘里俗以五條港為
上湖樹苓港為下湖湖內水深自一丈七八尺至四五尺不等自岸至口門約三十里潮
大時一望汪洋潮退時岸海灘涸出約寬五六里上湖口門久淤今惟下湖可進大
號商船海岸寬濶居民無多入口門甚遠砲力難到實屬無險可守然此處
為商船停泊之所不能空虛又查此湖稍南五里有地名鯤仔寮其地正對口門
不過五里可以扼守今議定設戰船二隻停泊港內之北勢一帶更備快船八隻
在口門內地梭巡查察嚴細以備賊船進口環攻樹苓湖岸上築砲墩一連八座安
設大砲守以弁兵鄉勇備其入近岸併力堵禦以為內護更于鯤仔寮築砲
墩一連八座安設大砲守以弁兵鄉勇堵擊口門以為外護

◎ 台湾嘉义县树苓湖图说

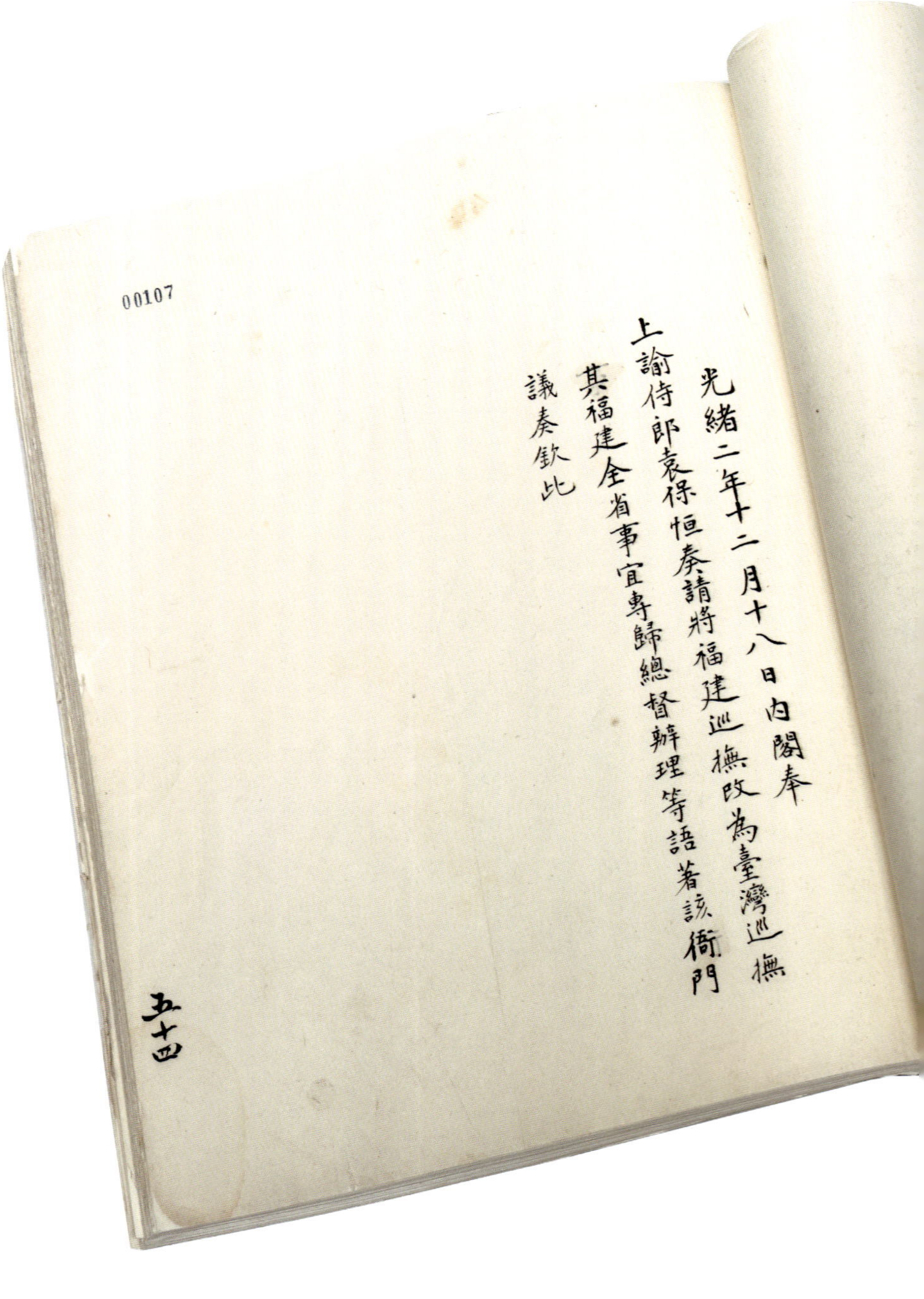

00107

光緒二年十二月十八日內閣奉
上諭侍郎袁保恒奏請將福建巡撫改為臺灣巡撫
其福建全省事宜專歸總督辦理等語著該衙門
議奏欽此

五十四

光绪皇帝上谕：

着议奏福建巡抚改为台湾巡抚

光绪二年十二月十八日（1877年1月31日）

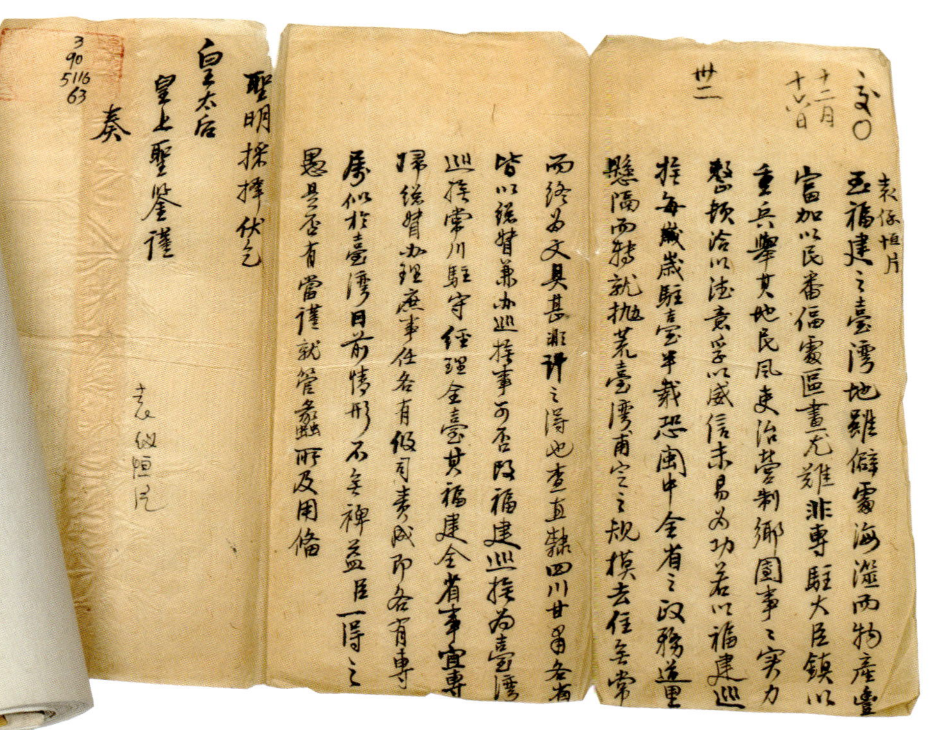

刑部左侍郎袁保恒奏片：

请将福建巡抚改为台湾巡抚经营全台事务

光绪二年十二月十六日（1877年1月29日）

鳳山縣各口圖說 第貳
嘉義縣樹苓湖圖說 第參
彰化縣王功港番仔挖二口圖說 第肆
彰化縣五叉港水裏港二口圖說 第伍
淡水廳大安港圖說 第陸
淡水廳中港圖說 第柒

◎ 台湾各地图说

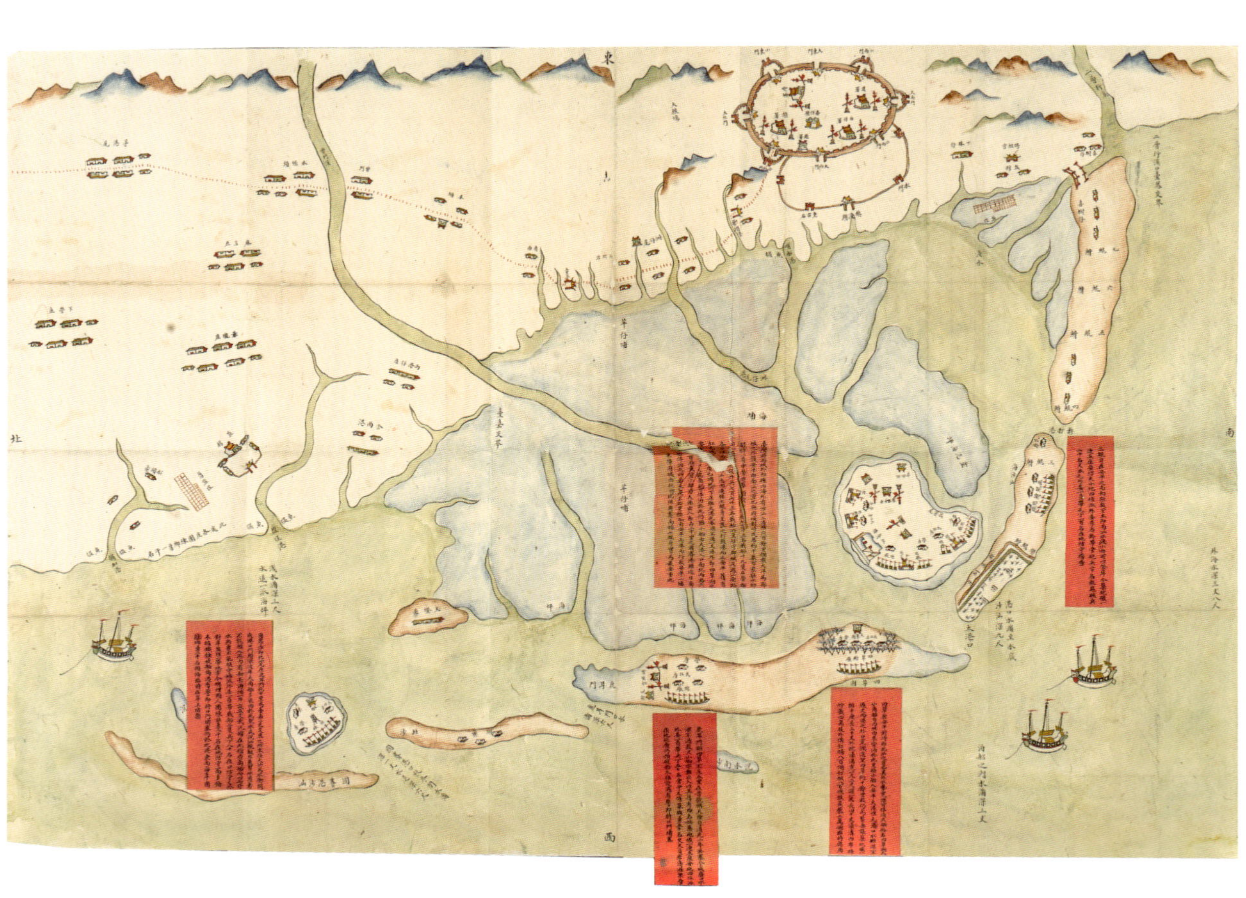

◎ 台湾县辖安平等处图说

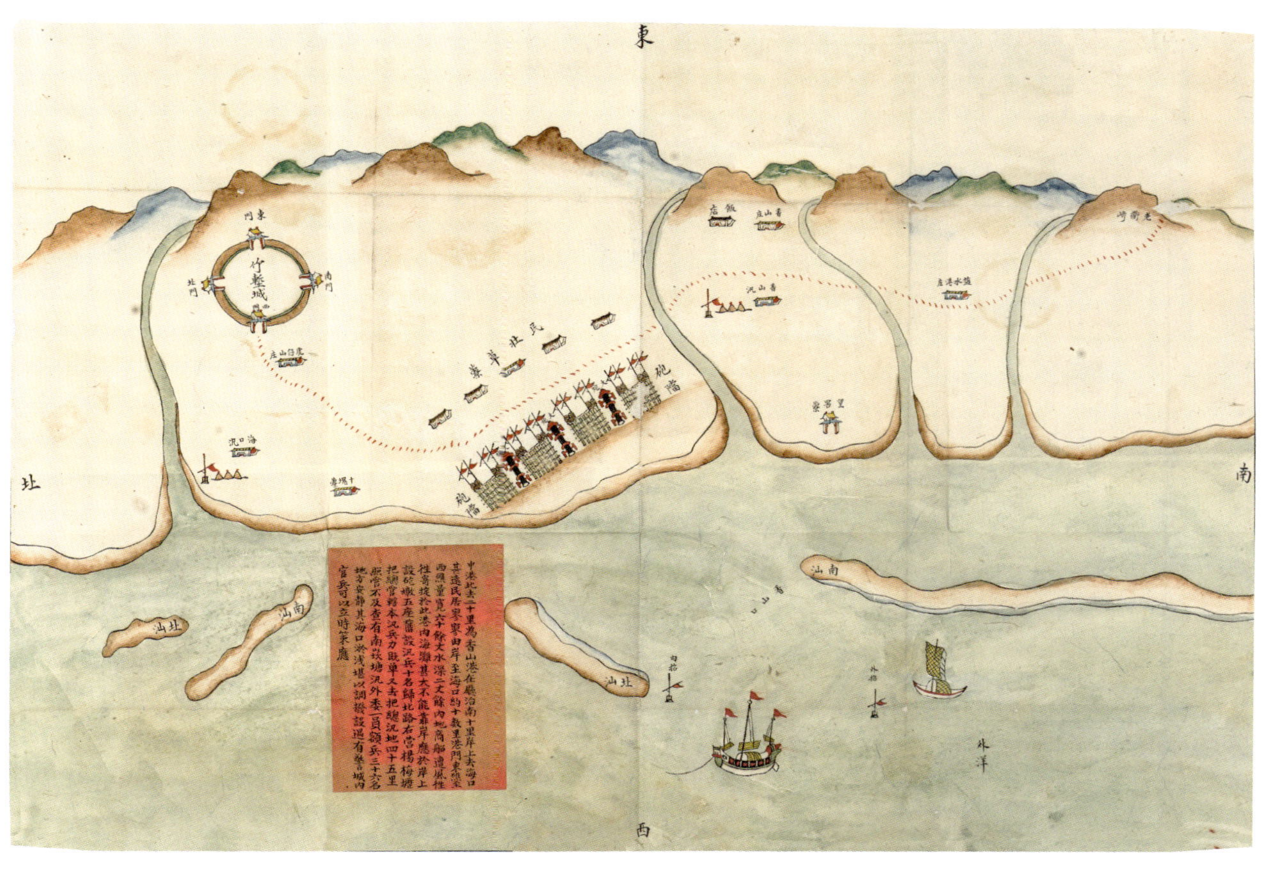

中港北去二十里為香山港在廳治南十里岸上去海口甚遠民居寥寥由岸至海口約十數里港門東西照量寬六十餘丈水深二丈餘內地商船遇風駛往寄碇於此港內海灘甚大不能靠岸應於岸上設砲墩五座舊設汛兵十名歸北路右營楊梅壢把總管轄本汛兵力既單又去把總汛地四十五里照管不及查有南崁塘汛外委一員額兵三十六名地方安靜其海口淤淺堪以調撥設遇有警城內官兵可以立時策應

◎ 台湾淡水厅香山港图说

林恭書匾額一方交劉坤一張兆棟敬謹懸挂揭揚
縣

關帝廟以答
神庥又奉
諭旨丁日昌奏台灣府屬各項雜餉征收苦累開單懇
請豁除一摺福建台灣府屬各項雜餉征收日久弊
竇滋多小民苦累情形殊堪軫念所有台灣府屬廳
縣港潭等項雜餉共五千二百二十三兩零著自光
緒三年起永遠一律豁除該督撫即按照單開各項

及額征數目刊刻謄黄徧行曉諭務使實惠及民毋
任吏胥中飽用副朝廷加惠閭閻至意餘著照所議
辦理該部知道單併發

028

又奉
諭旨丁日昌奏神靈顯佑請頒給匾額一摺道光二十

027

二十五日辛巳
上詣鍾粹宮
皇太后前請安　長春宮
皇太后前請安
内閣奉
諭旨榮祿現在住工步軍統領著成林兼署又奉
諭旨榮祿現在住工正藍旗護軍統領著阿昌阿署理

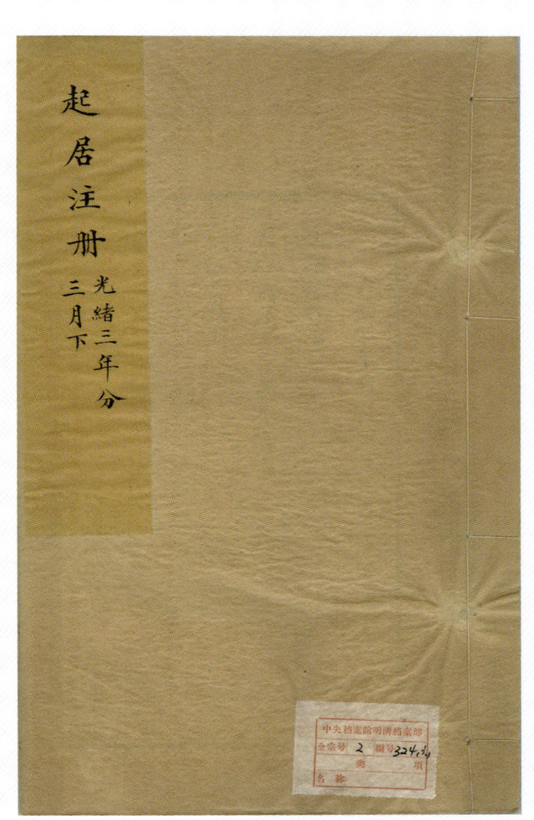

光绪皇帝谕旨：

着永远豁除台湾府属各项杂饷

光绪三年三月二十五日（1877年5月8日）

福建浙江總督臣覺羅滿保恭

進

無用 番茉莉拾陸桶

無用 牙蕉肆桶

無用 剌竹伍桶

無用 番樣秧肆桶

無用 黃梨秧肆桶

無用 番薯秧肆桶

無用 番稻穗肆箱 現京中熱河都種了 出的好

無用 暹羅鋪地直紋席捌領

無用 五色鸚鵡壹架 會唱番歌

近來京中多了 京中白斑鳩貳對

無用 綠斑鳩壹對

番鷄壹對

京中多 番鴨貳對

無用 臺猴肆對

無用 臺狗肆隻 試過能拿鹿 不及京裏好狗

◎ 闽浙总督觉罗满保进贡清单

◎ 番民踏歌图

其色黄绿，气味与洋油相埒。井之左右有十余窟，亦有油浮水面。其附近四五里有小沼数处，望之则仿佛沸汤，即之似为冷水，引以火则烈焰飞腾，极力难扑灭。询之土人，云该处现在自出之油日不过百十斤，而洋人云：曾有云此油若用机器开钻，日可得百担。左右现已饬该道先行购买机器一副，并雇一熟悉洋匠来台试开办。应否台湾出油日多，获利日厚，此煤油之情形也。查台湾矿务，以煤利为最大，用亦最广。现于三月十二日已饬挖得煤，质成色甚佳，将来推广扩充，取不禁而用不竭，诚可利

国利民之计。

圣虑。除批饬将来矿务全竣，再将一切利弊另为尽言公

一切他矿可免观外，理合将煤务矿务开有头绪缘由附片陈明，伏乞

圣鉴训示。谨

奏。

光绪三年四月十四日军机大臣奉

旨：钦此。

设立电线，尤为相宜。又现拟将有城前后陆路电线移至台湾，化无用为有用，一举两得。并拟即派学生六品军功苏汝灼、陈平国等[illegible]，定于四月动工，先由旗后造至府城，再由府城造至鸡笼。目前暂不雇用洋人，倘於理有窒碍难通之处，即请译泰西电状全书，以穷奥妙，或随时延雇洋工一二人，以资参校。中国之言工也，儒在穷其理，匠人习其手，故理与器两不相谋，形上与形下终难一贯。今惟因器穷理，即理成器，庶几格致之学渐有端倪。将来仍拟将洋字改译汉字，仍将号字可数通报，华情货便之用，然后我用我法，遇有紧急机务，不致漏泄。惟从前收存电线机器，曾仿女一手经理，必须亲自来省交代，并多派学生添购物料，装运轮船赴台，庶免遗误。除俟电线设造有成，另行奏报外，理合先将移线购料及多派学生来台缘由附片陈明，伏乞

圣鉴训示。谨

奏。

光绪三年四月十四日军机大臣奉

旨：钦此。

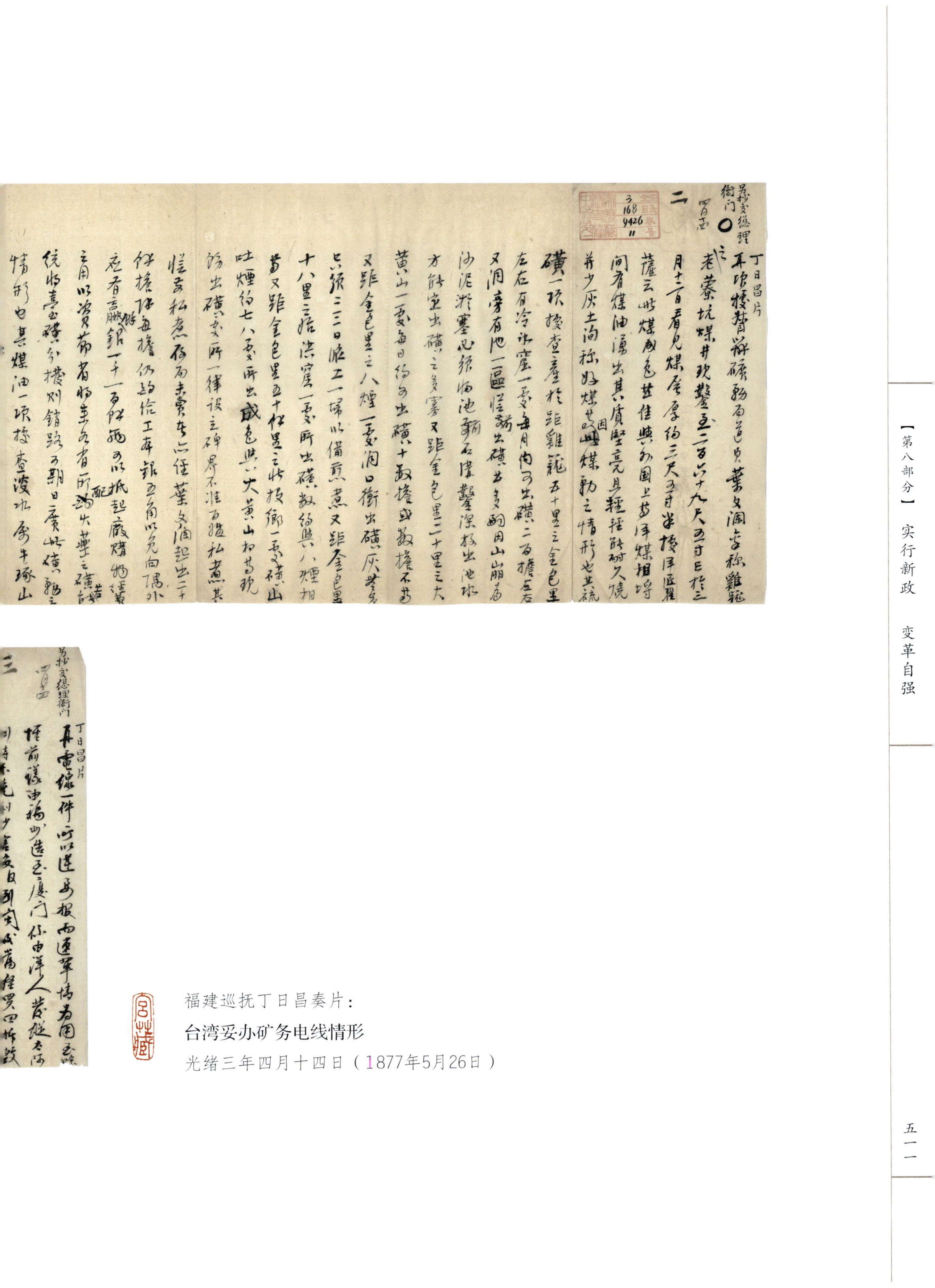

福建巡抚丁日昌奏片：

台湾妥办矿务电线情形

光绪三年四月十四日（1877年5月26日）

◎ 基隆金瓜石矿山

關欠解款項甚多亟應速行籌解著何璟於該關

應解之款按月照數撥解並將新舊欠款陸續解

清以濟要需而維大局將此由四百里各諭令知之

欽此遵

旨寄信前來

抄交總理衙門

光绪皇帝上谕：

着吴赞诚前赴台湾处理日本阻梗琉球贡物事宜

光绪三年五月十四日（1877年6月24日）

00115

軍機大臣　字寄

兼署福州將軍閩浙總督何　福建巡撫丁

督辦船政事宜候補三品京堂吳　光緒三年

五月十四日奉

上諭何璟丁日昌奏日本阻梗琉球貢物請旨辦理

吳贊誠奏遵旨赴臺並布置船政事宜各一摺琉

球此次所貢方物爲日本所阻該國王遣陪臣等

前赴福州投遞密咨懇給憑赴部瀝陳琉球世守藩

服歲修職貢日本何以無故梗阻是否藉端生事

抑係另有別情著總理各國事務衙門即傳知出

使日本大臣何如璋等俟到日本後相機妥籌辦

理至琉球使臣暨通事人等即著何璟丁日昌

五十八

00116

令統行回國毋庸在閩等候吳贊誠現在前赴臺灣

該處一切事宜經丁日昌實力經營粗有頭緒應

如何籌畫布置著吳贊誠隨時咨商何璟丁日昌

次第施行勿稍鬆勁丁日昌假期將滿一俟病體

稍痊仍著馳赴臺灣以副委任吳贊誠渡臺後省

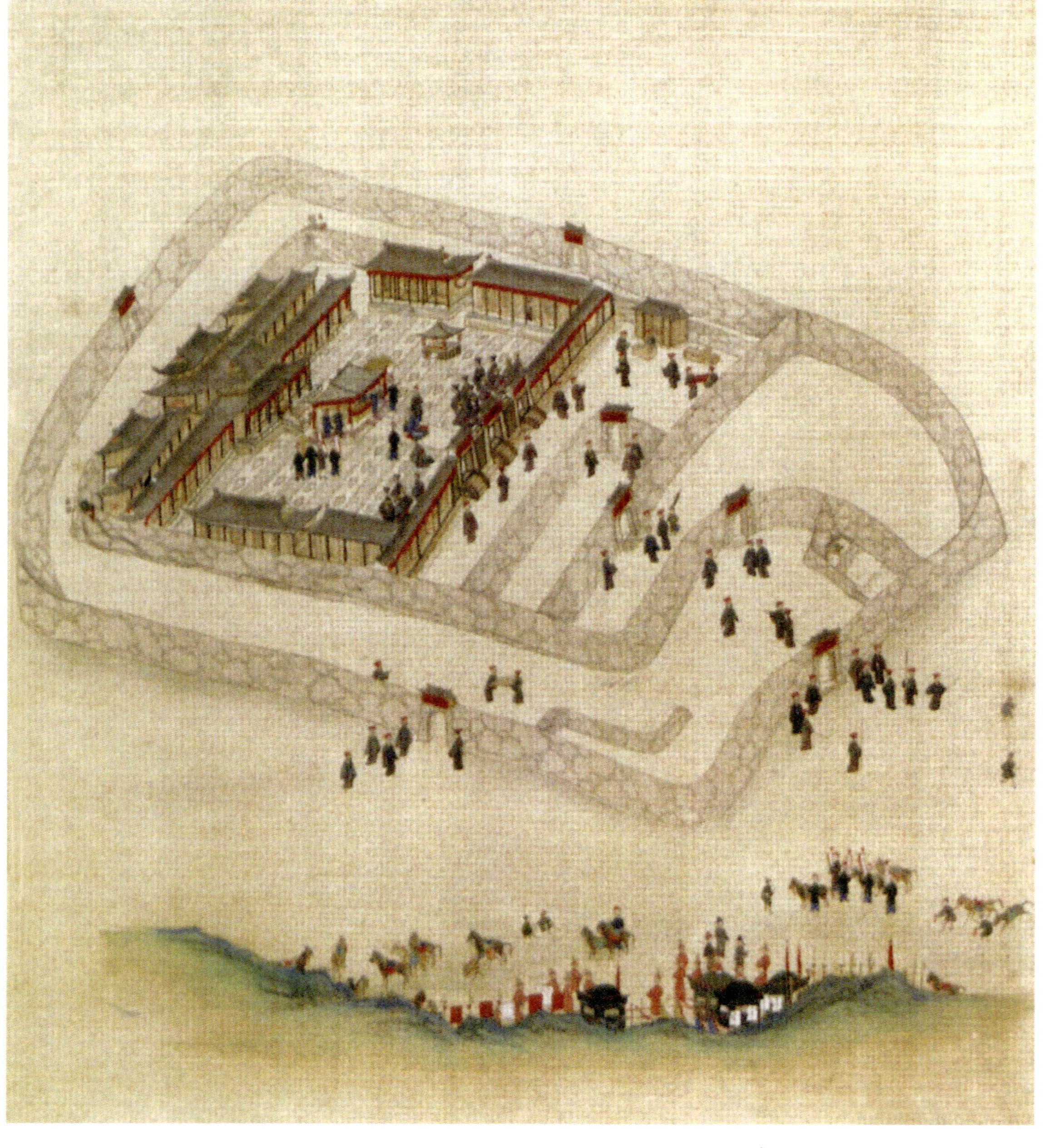

◎ 清政府册封琉球国王图

◎ 琉球国王印

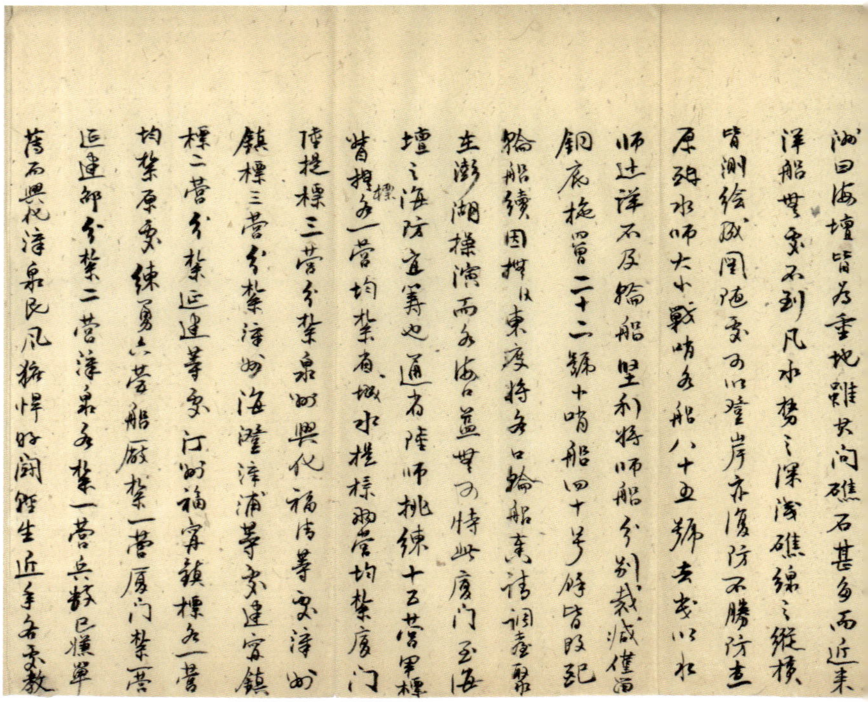

闽浙总督何璟奏片：

陈闽省海防及台湾防务等情

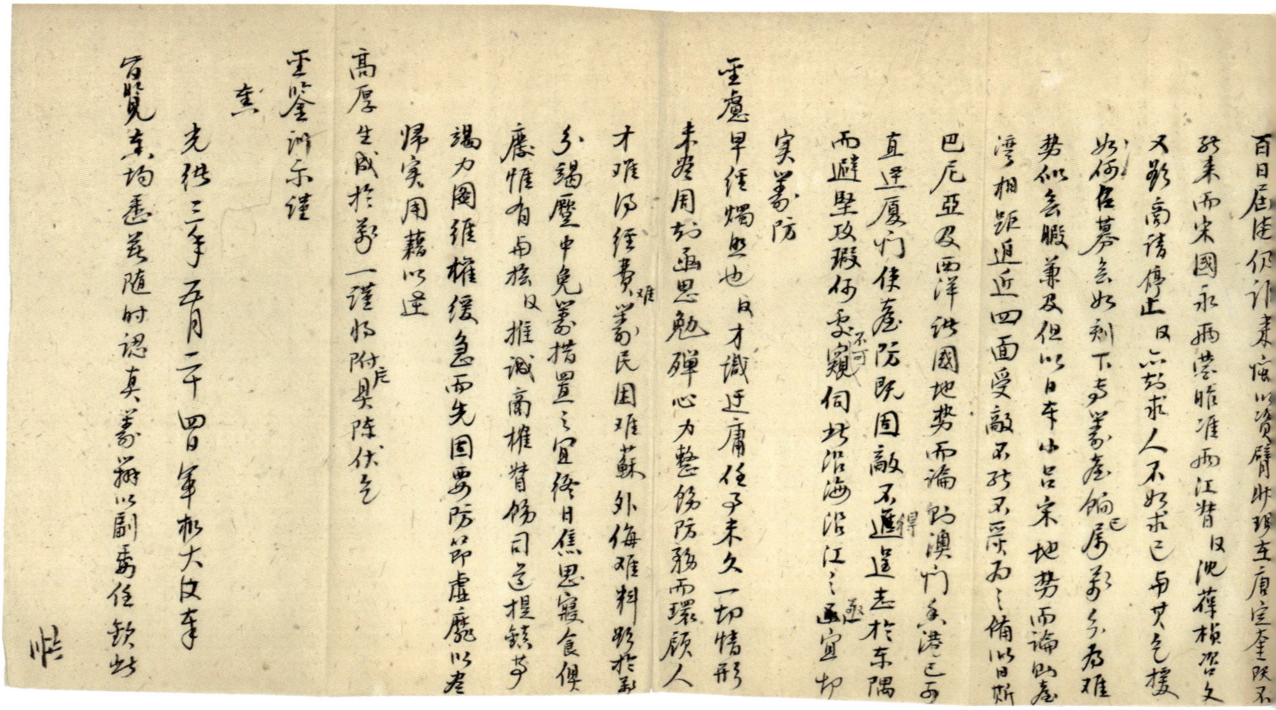

光绪三年五月二十四日（1877年7月4日）

奏再閩省海防以福州海口最稱天險，而險不在
口以內之山勢回環，而在口以外之暗沙遮護。
自五虎山以至金牌、長門，皆內險也。兩岸舊有礮
臺，年久失修，多圮坍卸，且皆限於地勢，止可
橫攻，不能迎擊，若以防內洋盜艇則有餘，今以
禦鐵甲兵輪則不足。即上年日本構釁，前撫臣王
凱泰等在田螺灣、壺江等處新修礮臺，倉卒完
工，未盡合法，亦多圮裂。各臺安置土鑄舊礮，
年久銹壞，多不堪用，實在得力之洋礮不過
數尊，難以制敵。惟南北岸五虎兩口為閩江第
一門戶，南岸口門寬闊，輪船皆可長驅，惟距口十
餘里鐵盤必正對一條，兩邊雖一條洋實則
暗沙擁護，即潮水數尺之船亦妨擱淺，五虎
口外亦有淺沙，形勢略等。兩口相距數里，中隔
芭蕉一山蜿蜒橫亘，若能多築堅固礮臺，屯
勁兵操練，方足壯威勢而固藩籬。至左則烏
豬一口可達長門，右則平潭一口可達閩安，二處水皆
不深，敵用輕舟亦可乘潮窺犯，況船政工廠距
海口僅數十里，至地久為彼族垂涎，是以則船礮
軍火皆取給於此，尤不能不加意防護。此福
州口海防之宜籌也。廈門一島屏蔽泉漳，當
西南諸洋國兵船之來路，與臺灣聲息遙通，舊時
設臺多已荒廢，經水師提督臣彭楚漢籌畫布

置，日增恩民團集，常恐煽惑滋事，藉兵鎮壓，尤
屬不可疎防。延建邵龍毗連江粵，每當新茶開
市，驟添數萬人入山採茶，難保匪徒混迹其間，乘機
擄掠，至為擾害。練兵派撥各路護商防匪，處處星
分，新亦能成營，復何望其操練精熟，此陸路防務
之宜籌也。但修臺購礮所費不貲，添募練兵餉
需計，且須有得力將官親躬督率，而後可收成
效。閩省原購福勝、建勝兩蚊船，先經撫臣奏調
臺北，因其船輕礮重，難渡重洋，臣現商留在南岸
口停泊演練，並委員勘明各處礮臺，擇其地勢
最要者籌款修築，再抽撥水師弁兵常川駐
防，惟是經費無出，無可為計。水提臣彭楚漢為
國巡洋，臣函囑順道來省面商機宜，並令添
募一營，撥給大礮，妥將廈門布置。前署陸路提臣
孫開華年力正壯，經撫臣調令統帶三營練軍
赴臺撫番，臣閩鎮國素有威名，又以丁憂卸事

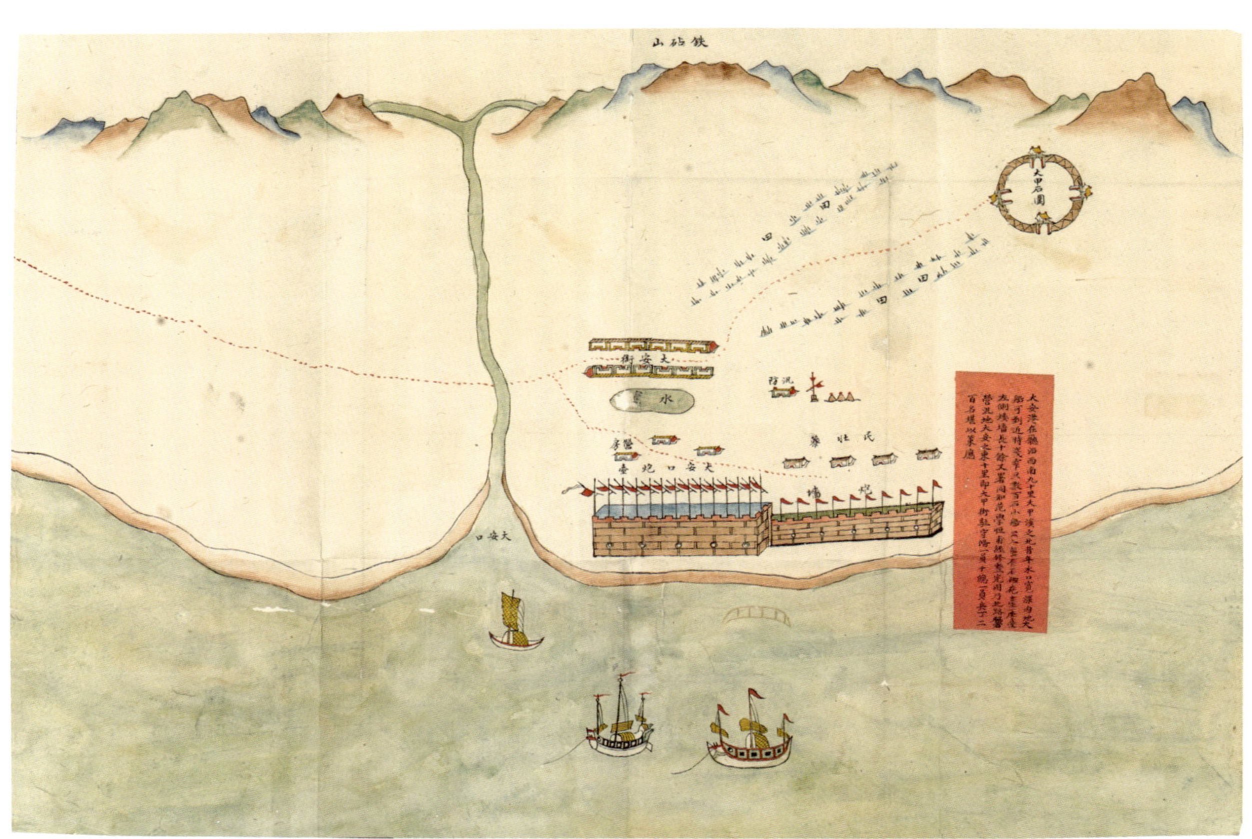

◎ 台湾淡水厅大安港图说

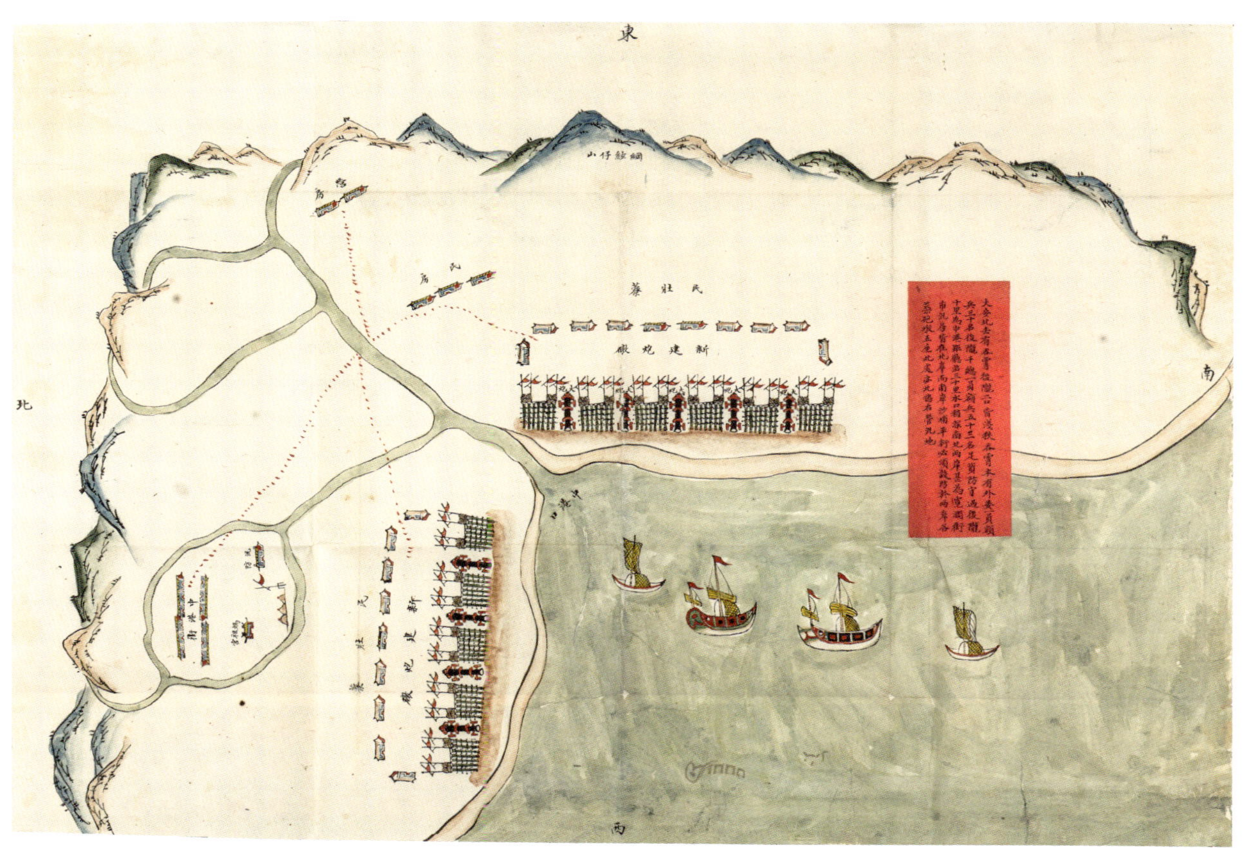

◎ 台湾淡水厅中港图说

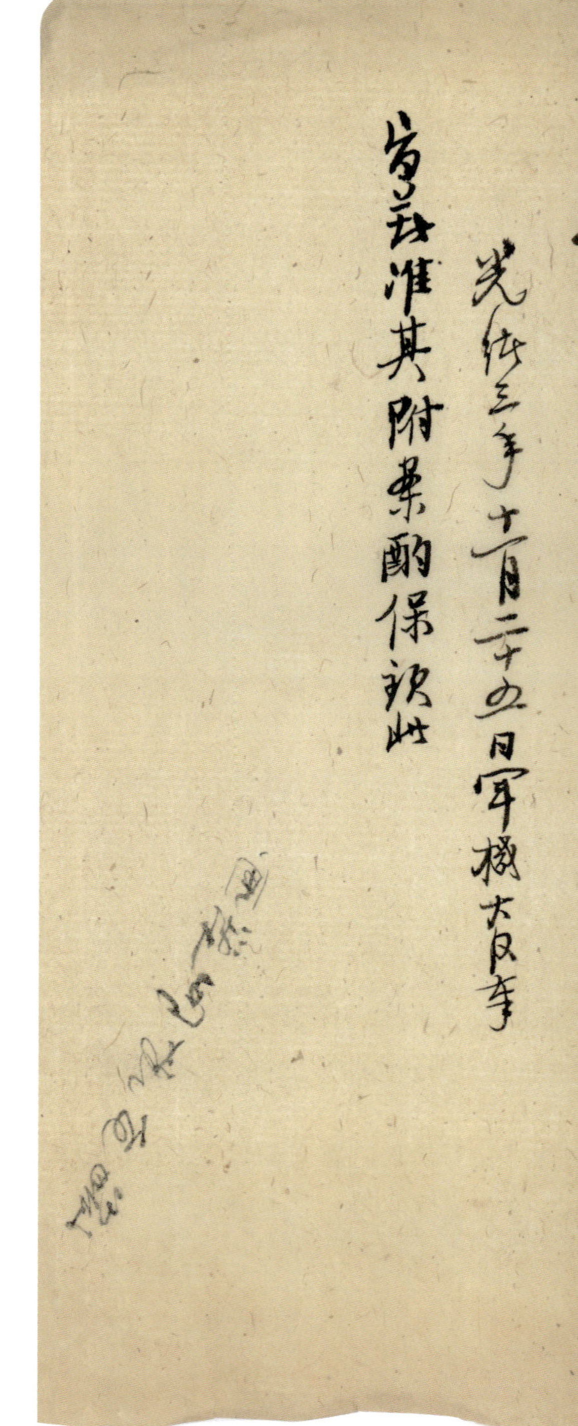

光绪三年十一月二十五日军机大臣奉

旨著准其附案酌保钦此

闽浙总督何璟等奏片：

台湾府创设电线工竣请奖励福建船局生徒

光绪三年十一月二十五日（1877年12月29日）

何璟等片

另抄呈總理衙門

再臺灣地勢袤長文報稽阻前經接任臣丁日昌

肯堂奏請自府城至旗後先行試辦電線經臣吳贊誠遴派

船局生徒工匠攜帶器具赴臺由道委員會勘計程

八十三里七月初旬開工九月初旬工竣據臺灣道夏

獻綸稟報親往驗試靈捷如法聲明均由生徒自

行安置並無雇用洋工請附案保獎以示鼓勵等

情臣等查臺郡至旗後創設電線既經就緒安平一

路距府不及十里需費無多自應一律興辦以期速

除檄飭遵照外所有配設電線出力之船局生徒應

否附案保獎之處出自

天恩理合會同督辦船政臣吳贊誠附片具陳伏乞

聖鑒訓示遵行謹

◎ 福建船政局全景

总理各国事务大臣奕䜣等奏折：

遵旨会议福建巡抚丁日昌奏隔年轮赴台湾巡查事

光绪四年六月初十日（1878年7月9日）

[illegible]

奏

总理衙门 ○ 摺 遵议丁日昌奏请隔年轮赴台湾巡查由

六月初十日

总理各国事务和硕恭亲王臣奕䜣等跪

奏为遵

旨会议具奏事。窃福建巡抚丁日昌奏请遵照旧章

隔年轮赴台湾巡查一片，光绪四年二月二十

三日军机大臣奉

旨：该衙门议奏。钦此。钦遵由军机处交出到臣衙门。

据原片内称：现据总兵吴光亮、孙开华、黄[illegible]文

称：后山[illegible]纳纳社、阿棉山二股先后攻破，剿

抚兼施，群番慑服，番务已有头绪。又据台湾

道夏献纶等称：台湾每月额定月饷银八

万四千两，自上年九月起至十二月止，仅解过

银五万两，核计不及分之一。若[illegible]饷缺可

筹，台中必无可恃。与其株守台中无益于

台，何若仍住在省，整顿吏治、察查札(抽)陆之

事。宜年以督抚及水师陆路两提督每年值一

人前往台湾巡查。嘉庆十四年钦奉

上谕：嗣后福建督抚、将军每隔三年轮赴台湾巡

查一次。以臣愚见，如遇台湾有紧要事务，臣

即驰往，断不稍有迟滞。倘遇无事之时，似可遵

照旧章，隔年轮赴台湾巡查。等因。臣等查

前据办理台湾海防兼理各国事务沈

葆桢奏，台地善后及开山抚番，经营开

荒，事关紧要，请将福建巡抚以专责成一折，奉

上谕：该衙门议奏。钦此。钦遵由吏部会同臣衙门

议复，准将福建巡抚移驻台湾，地方事务光绪

元年三月十四日具奏奉

旨[illegible]

宜用攻泻，迨风邪去而虚症现，则宜用补剂，是

则沈葆桢倡议之人，亦皆事为宜，因时变通。

并宜巡抚驻扎台湾，祗有半年，除去白犬、澎湖

两年[illegible]守风，今往程途计之已至一月，除南北路

巡查往返程途计之又须一月有余，又除台湾

府文武试、台北府文武试合计约须二月有余，而

台南赴台北考试往返程途又须二十余日。[illegible]

过大甲、竹溪水陆则又难以日计，是巡抚[illegible]

有名无实，而不办，但[illegible]来台湾，代巡道办一试

而因小失大，殊不合算，等语。自系实在情形，且

该抚从前所经台湾，条条有成效，条设

督抚分驻之局，李鸿章屡经称内亦有亦有成

效，再设督抚轮住之说，现时台地亦办有成

效已次第举办，该抚所称遵照旧章轮赴

台湾巡查一节，亦如所请办理。惟督抚有统

辖全省之权，整顿吏治之责，于一切海防筹饷

诸务，呼应较灵，亦责成督抚轮赴分住，以一事

权而资得力。如台湾遇警要事件，自应由该

抚往，即随时斟酌之，际亦不必拘定隔年一次，并每

届限以每年冬春趁台，交秋较省之期，应令

随时斟酌情形轮流前往，不得临时互相推诿，

亦不得因其久视为具文。丁日昌所称将军督轮

赴台湾之处，应请毋庸置议。至台湾各海

口防务及中外交涉事件，向由福州将军兼

衔，统督福建巡抚会同办理。臣等前于议覆

巡抚移驻台湾[illegible]内业请均归巡抚督理，奉

旨允

行，在案。现如督抚轮驻台湾，应仍由将军

督抚会办，并抚督节制台湾之权，与整顿省[illegible]

◎ 丁日昌像

◎ 丁日昌故居

[illegible]
飭委員前往上海採購新穀一十萬石陸續
運省存儲以期有備無患所需銀兩準入海防
案內造銷以後應否添購隨時察看辦理援
無從預為之定具詳前來除批飭遵辦外並咨
部外臣等謹合詞附片陳
奏伏乞
聖鑒訓示謹
奏
光緒六年八月二十一日軍機大臣奉
旨知道了欽此

○交

何璟等片

再閩省濱海巖疆，產米不敷民食。本年交夏秋雨多水漲，早稻雜糧尤形減色，已設法招商赴江浙一帶購運，並一面奏請免稅以恤商艱在案。惟民食固貴有資，而軍糈尤宜豫計。現在沿海籌辦防務，儲積

闽浙总督何璟等奏片：

闽省产米不敷民食请委员赴台湾采购军粮

光绪六年八月二十一日（1880年9月25日）

◎ 重修台郡桥梁图

◎ 正在扇谷的台湾农民

◎ 清末台湾码头

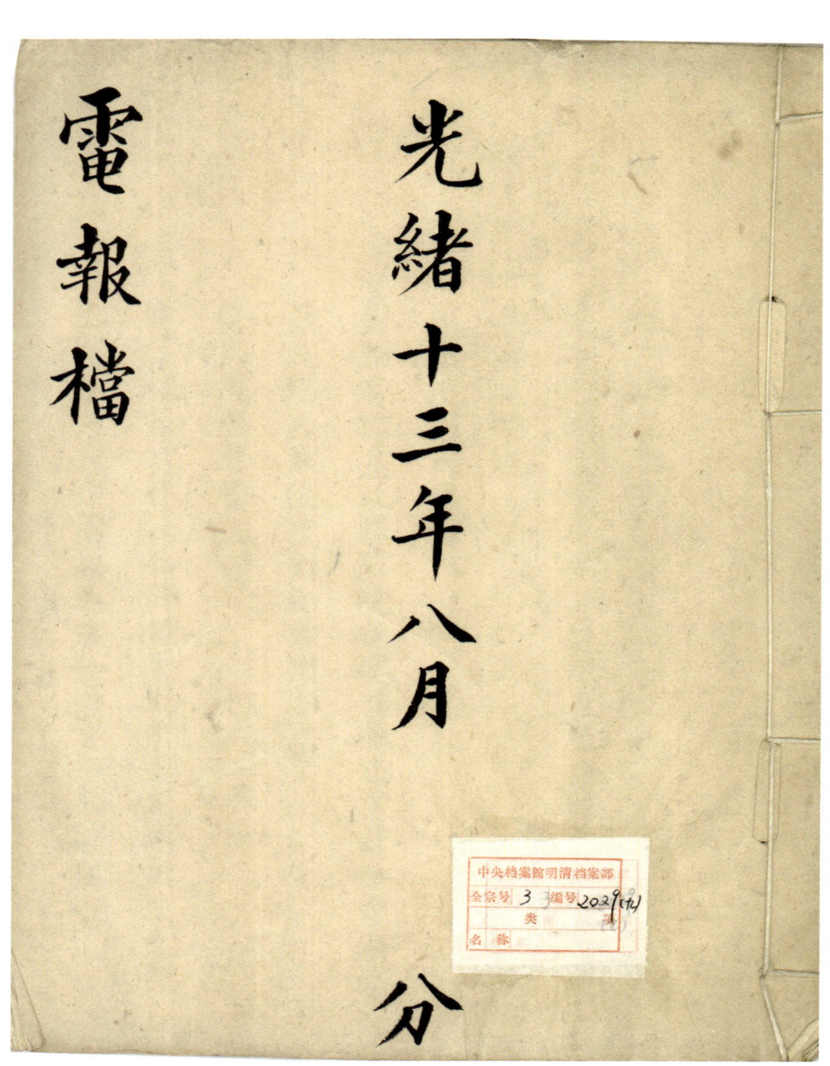
光緒十三年八月　分

電報檔

中央档案馆明清档案部
全宗号 3 编号 2029(九)
类
名称

收北洋大臣電 八月廿三日
臺撫劉本日電臺北至福州水綫已通謹告並請轉
電總署云鴻漾
廿四日繕遞

北洋大臣李鸿章电报：

台北至福州水线已通

光绪十三年八月二十三日（1887年10月9日）

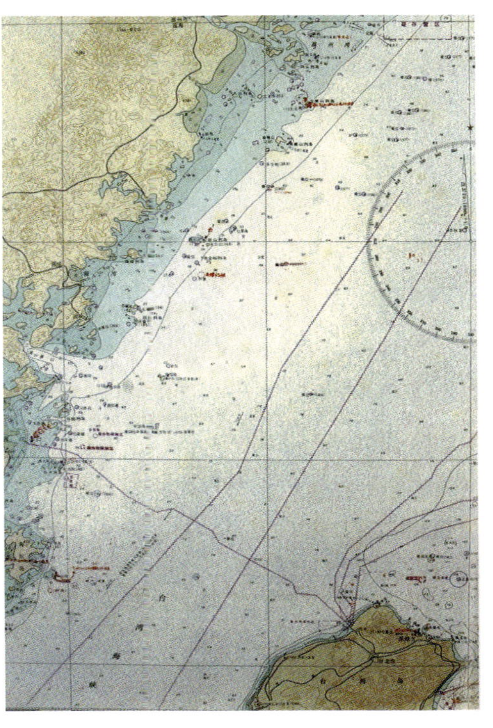

◎ 海底电缆路线图

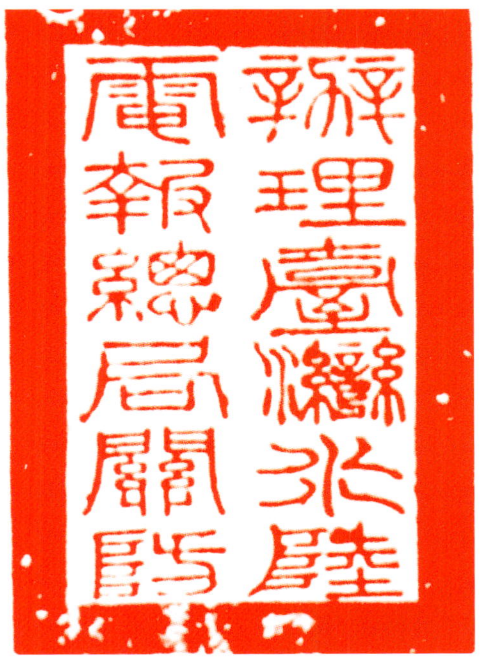

◎ 台湾电报总局提调关防、办理台湾水陆电报总局关防

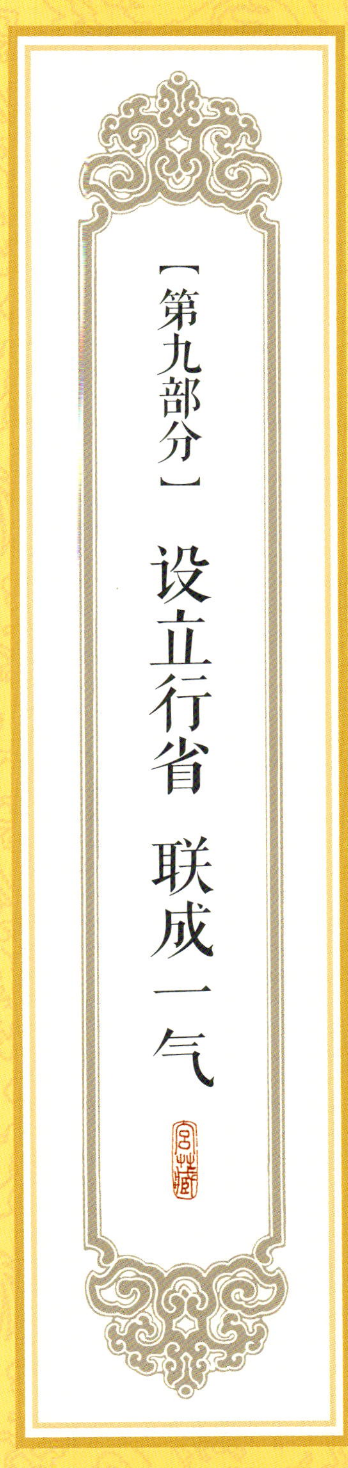

【第九部分】设立行省　联成一气

同治年间，台湾经过两百多年的开发经营后，发展成为了“七省之藩篱”“南洋之枢纽”，也引起了西方列强对台湾的不轨企图。清朝统治阶层认识到台湾战略地位的重要性，开始考虑关于台湾建省的问题。

福建船政大臣沈葆桢、福建巡抚丁日昌等人多次上奏折，反复强调台湾地位的重要性，认为必须加强台湾吏政，有效管理孤悬海外的台澎地区，巩固海防，刻不容缓。除福建地方官员外，部分朝廷官员也都积极筹划有关台湾建省事宜。清政府开始逐步对台湾的行政区划进行大规模调整，并派重臣驻台督办。

同治十三年（1874年），丁日昌提出：台湾可另设一省，以固夷夏之防，以收自然之利。刑部侍郎袁保恒是正式提出台湾建省问题的第一人。翌年，他上奏光绪帝，建议仿甘肃新疆之制，“改福建巡抚为台湾巡抚，常川驻守，经理全台，其福建全省事宜归总督办理”。

中法战争结束后，清政府形成比较一致的意见，认为开辟台疆，加强海防，建省分治，是防止外敌入侵、加固藩篱门户最有效的措施，因此决定台湾正式建省。光绪十一年（1885年）

九月，清廷颁谕改福建巡抚为台湾巡抚，福建政务由闽浙总督兼管，福建巡抚刘铭传改任台湾巡抚。台湾成为中国的第二十个行省。

这年十二月十二日，光绪帝谕曰：“台湾虽设行省，必须与福建联成一气，如甘肃新疆之制，庶可内外相维。着杨昌濬、刘铭传详细会商，奏明办理。”这道谕旨明确了台湾的建省原则是“必须与福建联成一气”，且台湾在建省之后，清代官方文件提及台湾一般用其全称“福建台湾省”。

光绪十四年（1888年）正月十九日，刘铭传接受福建台湾巡抚关防。正月二十一日，开始启用新关防。至此，台湾建省工作宣告结束。

台湾建省之时，经济规模还比较小，财政尚无法独立。为保障台湾建省能够顺利进行，从台湾建省至光绪十七年（1891年）春，福建每年拨协银44万两给台湾，5年共拨协银达220万两。福建协济台湾的银两，主要用于支付兵饷、修筑炮台、修建铁路等各项事宜，对于解决台湾建省初期的财政困难、保证各项建设事业的顺利进行起了很大作用。

照錄穆圖善等電信 六月二十一日到

二十日申刻接劉銘傳由滬轉電云望日法五船攻基隆礮台兩時之久台破營盤仍守住次日法上岸四百餘人攻曹營曹志忠章高元等帶隊旁抄生擒法人一名死傷百餘得坐旗一面破其山頭礮台得砲四尊南北洋輪船如肯出戰不難驅追等語省防正嚴船難抽動託滬租船各國礙公法不允粵派五營援閩陸行來廈擬派援船迅速設法已先囑劉銘傳調台南軍並募團勇許重賞台民素可用或能得力北洋船難分顧乞奏飭南洋速撥輪船來援全局幸甚

福州将军穆图善等电报：

法攻基隆炮台请南洋拨轮来援

光绪十年六月二十一日（1884年8月11日）

◎ 法军进犯基隆时绘制的军用地图

◎ 光绪十年（1884年）法军进犯基隆图

北洋來電 八月十二日丑時

密項閩電局初十來電密探得法船多集閩口候調兵齊即極力攻打台灣劉督辦勢成孤注請岑潘兩帥師進兵以分敵勢等語昨接潘撫電報岑自八寨患病七月廿三始行劉永福謂紅河水大民船不敵輪船請緩替王德榜十營同唐景崧四營由高平規太原擬交岑就近調度是越境各軍進不得速聞法有分軍抄我後路之說鴻真

北洋大臣李鸿章电报：

法兵集于闽口即攻台湾

光绪十年八月十二日（1884年9月30日）

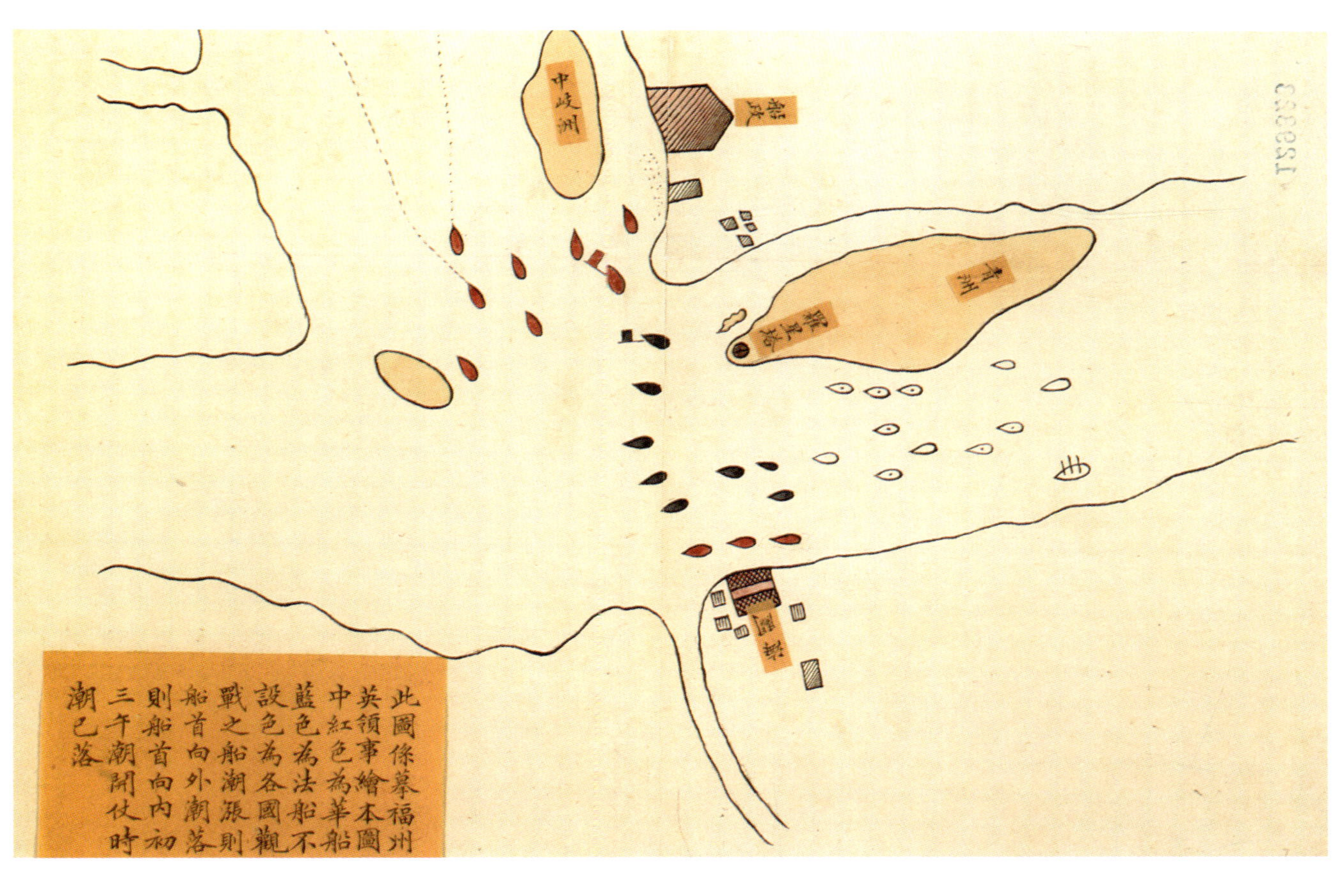
中岐洲
船廠
青洲
羅星塔
此圖係摹福州
英領事繪本圖
中紅色為華船
藍色為法船不
設色為各國觀
戰之船潮漲則
船首向外潮落
則船首向內初
三午潮開仗時
潮已落

◎ 中法马江海战图

◎ 马江海战场景图

照錄陳寶琛電信八月二十九日子正到
援臺兵僅有淮軍千人楊岳斌到閩需時法若
增兵我仍單薄聯厦門吳鴻源新招漳泉勇約
千人若籌給軍火設法渡臺既為徑捷且習水
土並可聯絡紳民廣募土著厦防固重然臺孤
懸敵專注厦挫猶易赴援臺淪不堪設想故思
先其所急可否傳諭彭楚漢斟酌行之又淡水
林紳屢捐巨款丁日昌曾許其永不派捐而地
方官猶時時抑勒第該紳急公而畏官查有曾
充日本領事之劉壽鏗現館其家俠烈有智如蒙
優旨激勵該紳並令劉助其調度聯絡與官軍合力
禦侮當能有益統備採擇

内阁学士兼礼部侍郎陈宝琛电报：

厦门新招漳泉兵勇千人请筹给军火渡台协防

光绪十年八月二十九日（1884年10月17日）

◎ 厦门旧照

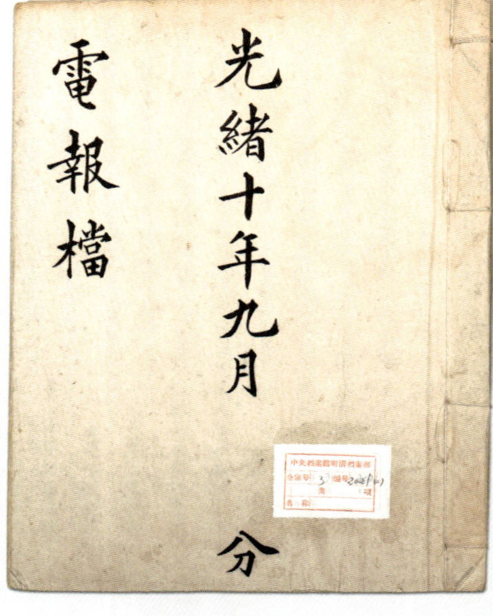

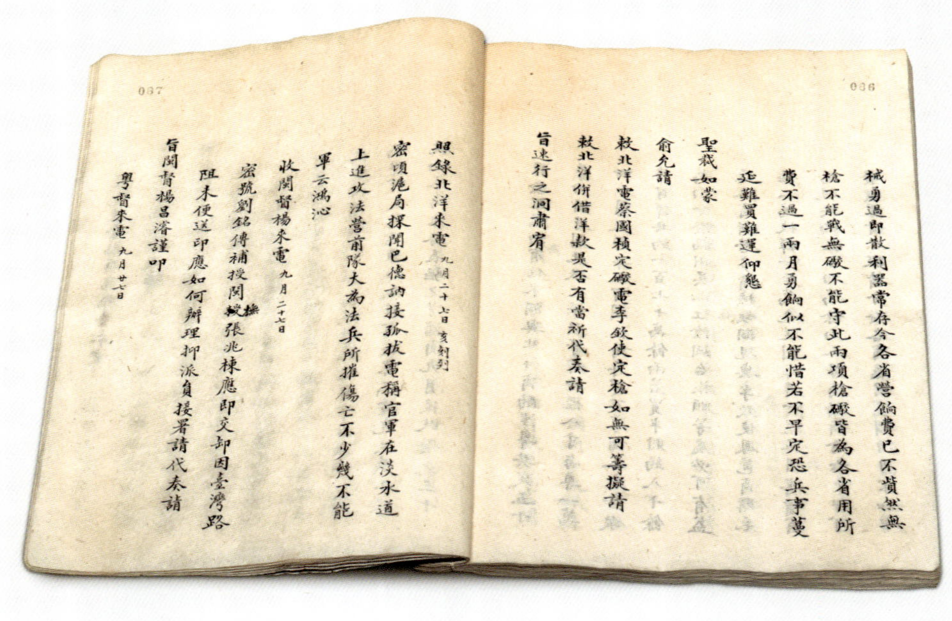

066

械勇過即散利器常存今各省營餉費已不貲無
槍不能戰無礮不能守此兩項槍礮皆為各省用所
費不過一兩月勇餉似不能惜若不早定恐兵事蔓
延難買難運仰懇
聖裁如蒙
俞允請
敕北洋電蔡國楨定礮電李鉌使定槍如無可籌擬請
敕北洋借備洋款是否有當祈代奏請
旨速行之洞肅宥

067

照錄北洋來電 九月二十六日亥刻到
密頃滬局探聞巴德訥接孫撫電稱官軍在淡水道
上連敗法營前隊大為法兵所摧傷亡不少幾不能
軍云鴻沁
收閩督楊來電 九月二十七日
密號劉銘傳補授閩撫張兆棟應即交卸因臺灣路
阻未便送印應如何辦理抑派員接署請代奏請
旨閩督楊昌濬謹叩
粵督來電 九月廿七日

闽浙总督杨昌濬电报：

刘铭传补授福建巡抚请旨如何交接

光绪十年九月二十七日（1884年11月14日）

◎ 刘铭传像

陳其大概第思目今之事勢以海防為要圖而
閩省之籌防以臺灣為重地該處雖設有鎮道
而一切政事皆必禀承於督撫重洋懸隔文報
往來平時且不免稽遲有事則更虞梗塞如前
此法人之變海道不通諸多阻礙其已事也臣
查同光之交前辦理臺防臣沈葆楨躬歷全臺
深維利害曾有移駐巡撫十二便之疏比經吏
部議准在案嗣與督臣李鶴年撫臣王凱泰會
籌仍以巡撫兼顧兩地覆奏光緒二年侍郎袁
保恆請將福建巡撫改為臺灣巡撫其福建全
省事宜專歸總督辦理部議以沈葆楨原疏奏
稱別建一省苦於器局未成閩省向需臺米臺
餉向由閩解彼此相依不能離而為二又有餉
源人才必須在省豫籌臨時呼應方靈各等語
恐其欲專責成轉滋貽誤未克奉
旨允行厥後撫臣丁日昌以冬春駐臺夏秋駐省往
來不便於臺防政事仍是有名無實重洋遠隔
兼顧為難因有
專派重臣督辦數年之請臣合觀前後奏摺各督撫
大臣謀慮雖周未免各存意見蓋王凱泰因該
地瘴癘時行心懷畏卻故沈葆楨徇其意而改
為分駐之議而丁日昌所請重臣督辦亦非久
遠之圖皆不如袁保恆事外旁觀識議較為切
當夫臺灣雖係島嶼綿亙亦一千餘里舊制設
官之地祇濱海三分之一每年物產關稅較之

通究不足慮臣查臺地未經開闢以前如福州
興化泉漳各屬食米概由廣東浙江兩省客商
源源運濟我
朝天下一家凡各行省向無遏糴之舉以臺灣與內
地祇隔一水使於販運焉得存此疆彼界之見
因分省而遂致阻撓此固事之所必無者也若
協濟餉項內地各省尚通有無以臺灣之要區
脣齒相依亦萬無不為籌解之理擬請於奉
准分省之後
勅下部臣劃定協餉數目限期解濟由臺灣撫臣督
理支用自行造報不必與內地相商致多牽掣
委用官員請照江蘇成例於各官到閩後量缺
多少簽分發往學政事宜並歸巡撫兼管勘轉
命案即歸臺灣道就近辦理其餘一切建置分
隸各部之政從前已有成議毋庸變更專候
諭旨定案即飭次第舉行臣為臺防緊要關繫全局
起見未敢緘默恭摺馳陳是否有當伏乞
皇太后
皇上聖鑒訓示施行謹
奏

光緒十一年六月 十八 日

钦差大臣督办福建军务左宗棠奏折：

台防紧要关系大局请移驻巡抚以资镇摄而专责成

光绪十一年六月十八日（1885年7月29日）

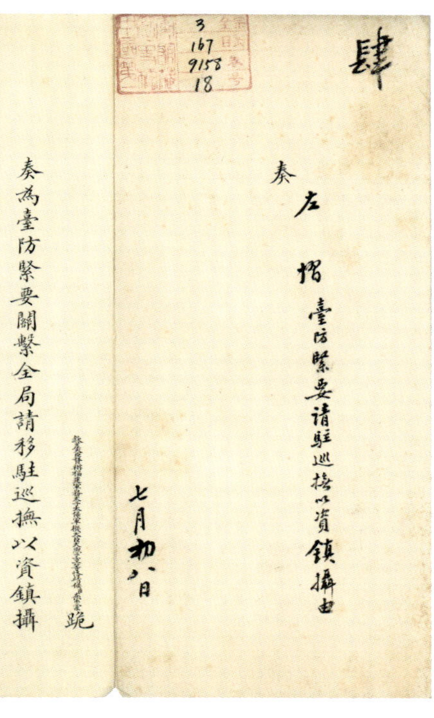

肆

奏 左 摺 臺防緊要請駐巡撫以資鎮攝由

七月初八日

奏為臺防緊要關繫全局請移駐巡撫以資鎮攝 跪

廣西貴州等省有盈無絀倘撫番之政果能切實推行自然之利不為因循廢棄居然海外一大都會也且以形勢言孤注大洋為七省門戶關繫全局甚非淺鮮其中如講求軍實整頓吏治培養風氣疏濬利源在在均關緊要非有重臣以專駐之則辦理必有棘手之處據臣愚見惟有如袁保恆所請將福建巡撫改為臺灣巡撫所有臺澎一切應辦事宜概歸該撫一手經

◎ 左宗棠像

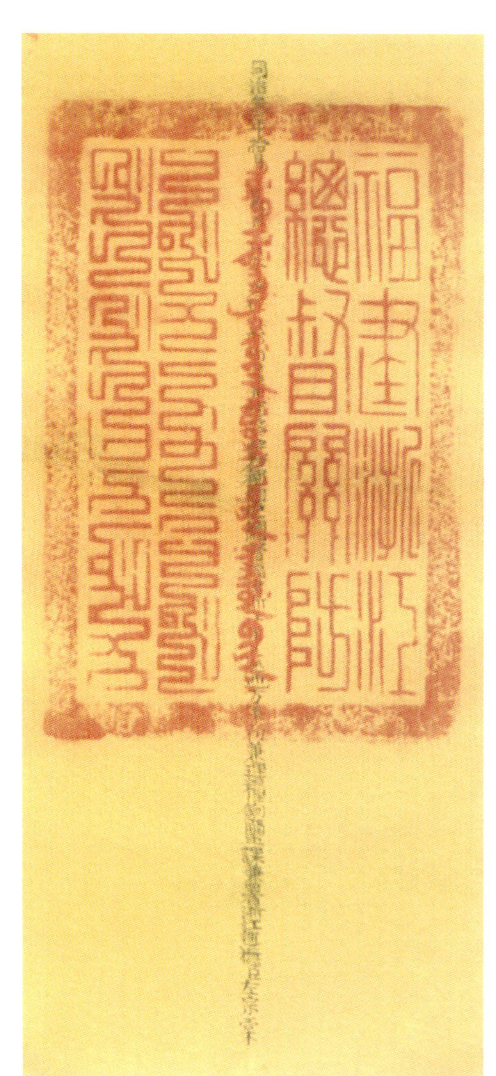

◎ 左宗棠官印

軍機大臣　字寄
閩浙總督兼署福建巡撫楊　督辦臺灣事宜
福建巡撫劉　光緒十一年十二月十二日奉
上諭據劉銘傳奏籌度臺灣情形暫難改設省會又
據楊昌濬奏籌議臺灣改設事宜請添設藩司各
一摺覽奏均悉臺灣為南洋門戶業經欽奉
懿旨將福建巡撫改為臺灣巡撫劉銘傳所請從緩改
設巡撫著毋庸議楊昌濬所奏添設臺北道不如
添設藩司係為因地制宜起見自可准行惟此次
該督所奏尚係大概情形所有一切應辦事宜均
未籌商定妥臺灣雖設行省必須與福建聯成一
氣如甘肅新疆之制庶可內外相維著楊昌濬劉
銘傳詳悉會商奏明辦理將此由五百里各諭令
知之欽此遵
旨寄信前來

巡撫銀關防一顆賫領到臺臣當恭設香案望
闕叩謝
天恩敬領時值封篆期內臣於驗明後仍暫緘封於
二十一日開印啟用伏查臣於光緒十年九月
仰承
恩命補授福建巡撫仍駐臺灣督辦防務當將刊用
行營木質關防
奏報在案現在部頒臺灣巡撫關防業經啟用相
應請
旨撤銷督辦防務差使並將前刊行營木質關防銷
毀以昭劃一惟念臣奉
命東渡已逾三年涯荷
恩慈涓埃未報今以分治伊始忝佩銀章自顧愚庸
倍深悚惕查臺灣為海疆重地所有籌防練兵
撫番清賦以及地方應辦事件臣惟有不避勞
怨殫竭血誠隨時會商督臣和衷辦理以期仰荅
高厚鴻慈於萬一所有微臣接受新頒關防啟用日期
並請
撤銷督辦防務差使各緣由除恭疏
題報外理合繕摺具陳伏乞
皇太后
皇上聖鑒訓示謹
奏
著照所請該部知道

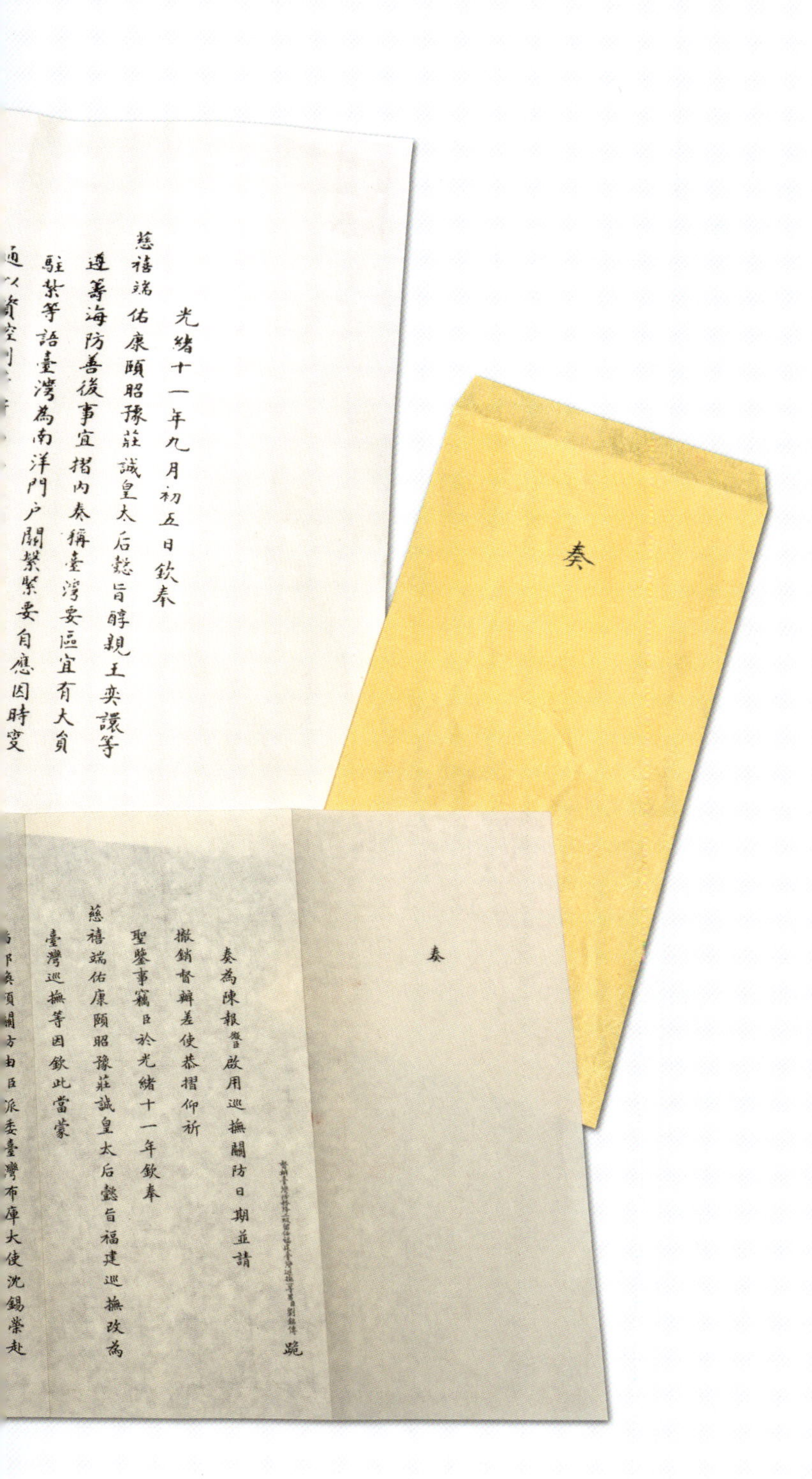

光緒十一年九月初五日欽奉
慈禧端佑康頤昭豫莊誠皇太后懿旨醇親王奕譞等
遵籌海防善後事宜摺內奏稱臺灣要區宜有大員
駐紮等語臺灣為南洋門戶關繫緊要自應因時變
通以資

奏

奏

奏為陳報暨啟用巡撫關防日期並請
撤銷督辦差使恭摺仰祈
聖鑒事竊臣於光緒十一年欽奉
慈禧端佑康頤昭豫莊誠皇太后懿旨福建巡撫改為
臺灣巡撫等因欽此當蒙
部奏頒關防由臣派委臺灣布庫大使沈錫榮赴

跪

台湾改设行省档案（一组）
光绪十一年（1885年）

光緒十一年九月初五日欽奉
慈禧端佑康頤昭豫莊誠皇太后懿旨醇親王奕譞等
遵籌海防善後事宜摺內奏稱臺灣要區宜有大員
駐紮等語臺灣為南洋門戶關繫緊要自應因時變
通以資控制著將福建巡撫改為臺灣巡撫常川駐
紮福建巡撫事即著閩浙總督兼管所有一切改設
事宜該督撫詳細籌議奏明辦理欽此

光绪皇帝谕旨：

着将福建巡抚改为台湾巡抚

光绪十一年九月初五日（1885年10月12日）

◎ 慈禧皇太后像

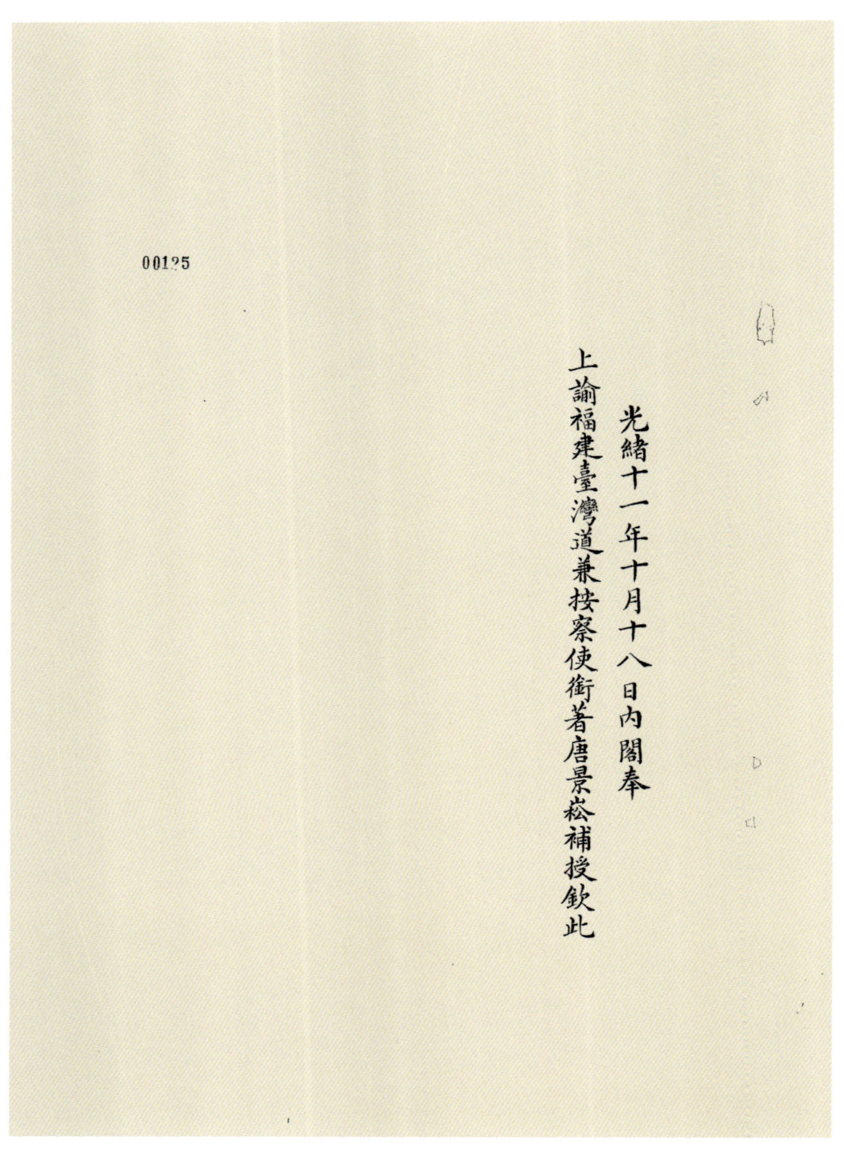

00125

光緒十一年十月十八日内閣奉

上諭福建臺灣道兼按察使銜著唐景崧補授欽此

光绪皇帝上谕：

着唐景崧补授台湾道

光绪十一年十月十八日（1885年11月24日）

◎ 唐景崧像

知之欽此遵
旨寄信前來

軍機大臣 字寄

閩浙總督兼署福建巡撫楊 督辦臺灣事宜

福建巡撫劉 光緒十一年十二月十二日奉

上諭據劉銘傳奏籌度臺灣情形暫難改設省會又據楊昌濬奏籌議臺灣改設事宜請添設藩司各一摺覽奏均悉臺灣為南洋門户業經欽奉

懿旨將福建巡撫改為臺灣巡撫劉銘傳所請從緩改設巡撫著毋庸議楊昌濬所奏添設臺北道不如添設藩司係為因地制宜起見自可准行惟此次該督所奏尚係大概情形所有一切應辦事宜均未籌商定妥臺灣雖設行省必須與福建聯成一氣如甘肅新疆之制庶可内外相維著楊昌濬劉

光绪皇帝上谕：

台湾设省须与福建联成一气

光绪十一年十二月十二日（1886年1月16日）

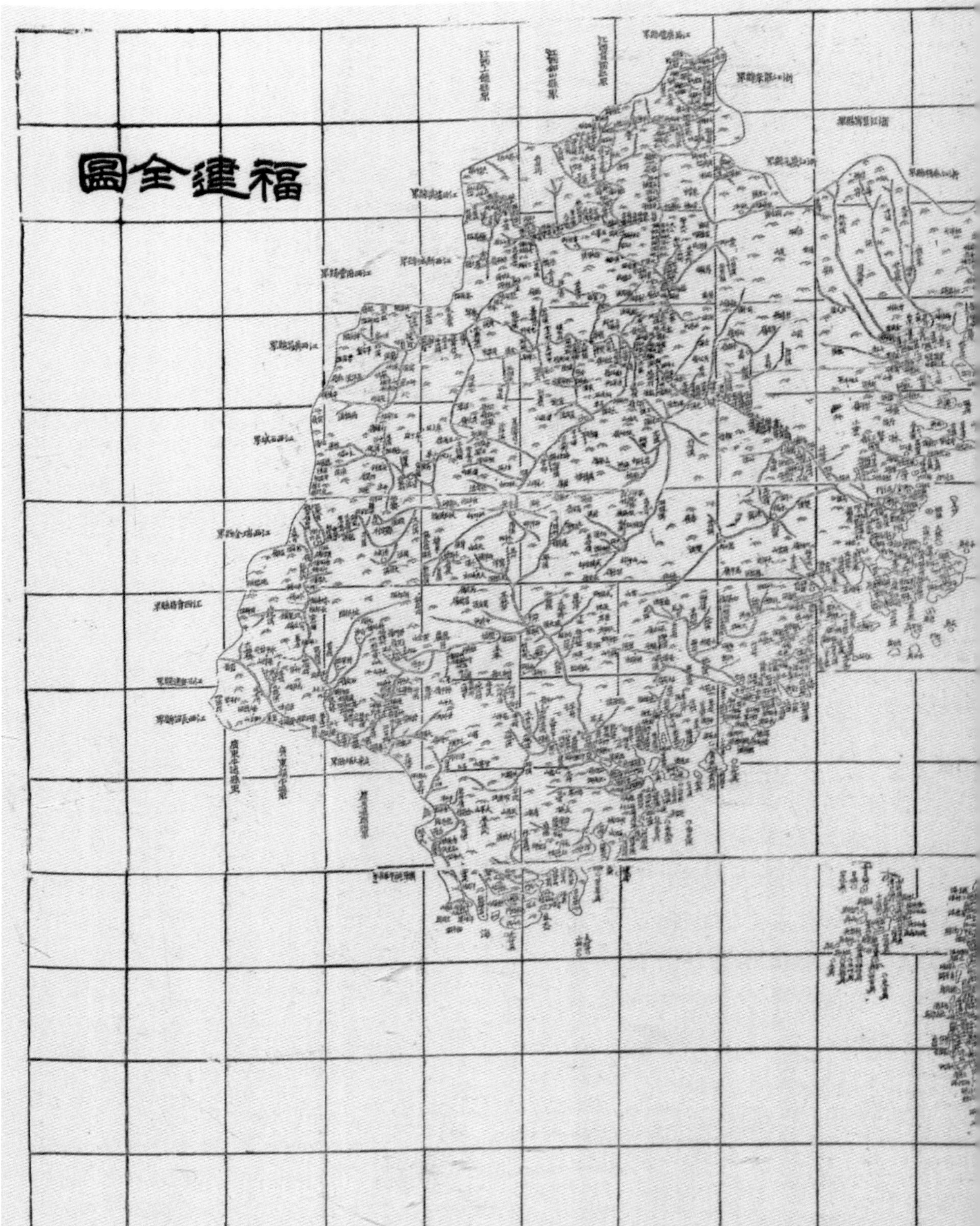

福建全圖

福建省統府十直隸州二屬四縣六十二福州府為省會在 京師南四千八
百四十五里福州府之東北福寧府至省五百四十五里其西北建寧府至省
四百九十里邵武府至省六百七十里其西延平府至省三百六十里汀州府
至省九百七十五里其南興化府至省二百六十里泉州府至省四百十里其
西南漳州府至省六百八十里永春州至省四百十里龍巖州至省九百里其
東南海中臺灣府至省一千三百八十里

◎ 福建全图

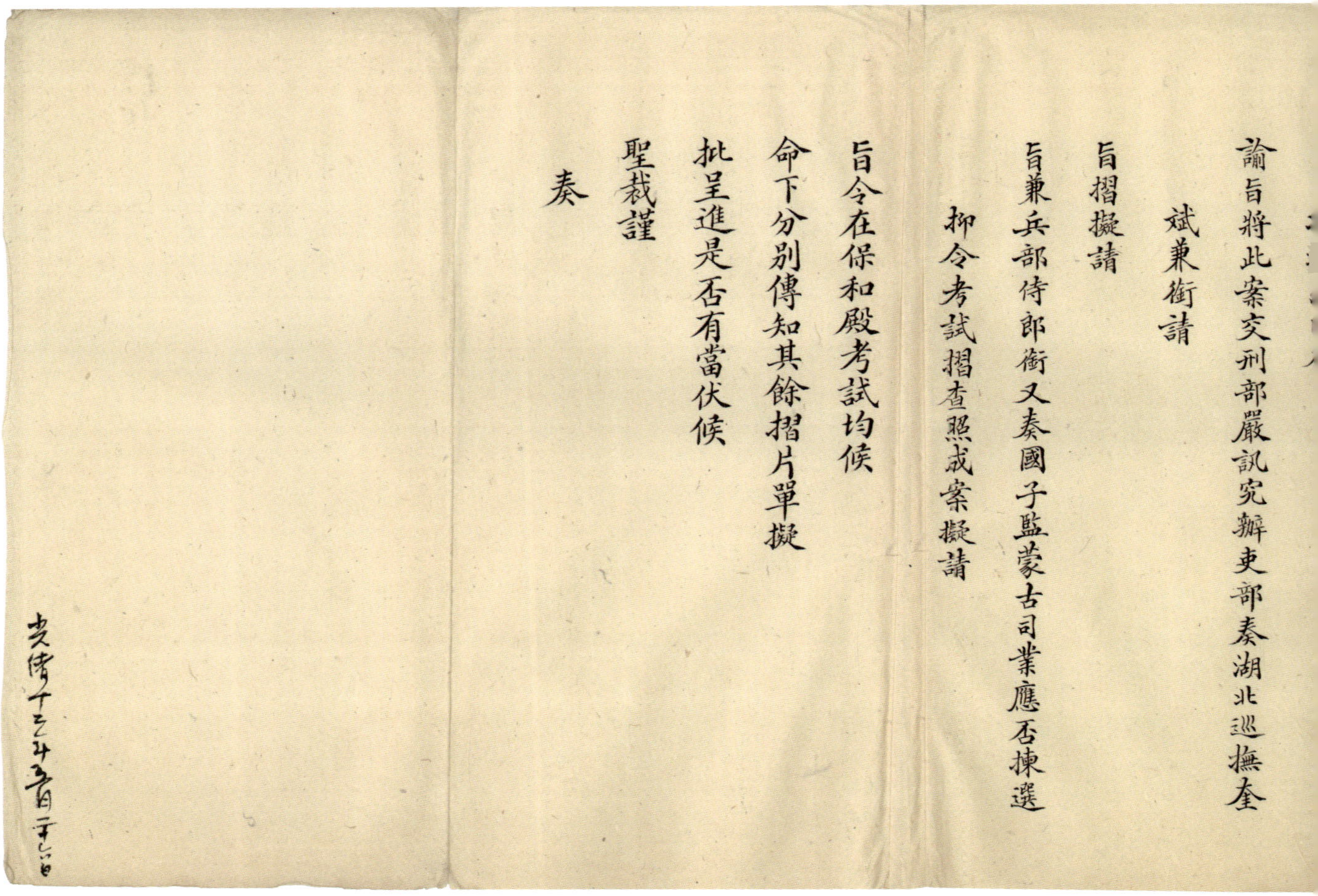

諭旨將此案交刑部嚴訊究辦吏部奏湖北巡撫奎
斌兼銜請
旨摺擬請
旨兼兵部侍郎銜又奏國子監蒙古司業應否揀選
抑令考試摺查照成案擬請
旨令在保和殿考試均候
命下分別傳知其餘摺片單擬
批呈進是否有當伏候
聖裁謹
奏

光緒十二年五月二十六日

军机大臣奏片：

会议由闽省协济台湾饷银四十四万两

光绪十二年五月二十六日（1886年6月27日）

蒙
發下摺報臣等公同商閱劉銘傳奏到省會商臺灣
情形請飭撥餉銀摺所請由閩省協濟銀四十
四萬兩擬先繕寫寄信
諭旨令古尼音布楊昌濬照數先期撥給御史祥祐

◎ 军机处

上諭楊昌濬所奏添設台北道不如添設藩司，係為因地制宜起見，自可准行。台灣雖設巡撫，必須與福建聯成一氣，如甘肅新疆之制，庶可內外相維。其詳細合商東(?)辦理。復於十二年三月二十四日奉

上諭劉銘傳奏澎湖為台灣門戶，擬特設重鎮不足以資守禦。楊昌濬亦頗持意見相同，澎湖副將與海壇鎮對調，仍歸總督管轄等語。即着楊昌濬、劉銘傳會同籌議具奏。台防緊要，該督等應來一切務當和衷共濟，不分畛域，力顧大局。

上年諭令該督等會議台灣改設各事宜，並就籌一併妥速議奏，毋稍遲延等因。欽此。仰見

皇太后

皇上垂念海疆諄諄訓誡之至意。臣等忝膺重寄，目擊時艱，何敢不竭力籌維，和衷商榷，以期多歸畫一，善仰紓

宸廑。除往返函商不計外，臣昌濬於二月間渡台，臣銘傳四月間復內渡，詳細面商。查台灣為南洋門戶，七省藩籬，本

旨改設巡撫以資控制，亦實為保固海疆起大之謨。惟沿海數縣之地，其餘番地尚係化外，氣局未成，撫馭海外與新疆情形不同。閩台本係一省，今分為二，尤須聲氣相依，以收指

統計閩省及閩海關所協四十四萬兩，今定為每

歲入百萬兩為台年月餉之需，其五閩海

歲協銀七萬兩，尚屬輕而易舉。臣等

自須設籌畫，庶不致屆時匱乏。仍求

朝廷寬以時日，俟將來劉璈經費稍充，再將

奏明停撥田賦，並隨地隨時力求整頓變通，

以將三五年後所出部議，以其地所有之財

供地之用，即當

奏請停止協款。一切改設事宜，係草創，有未賅載

者，容臣等續行

奏咨辦理。所有遵

旨籌議緣由，是否有當，謹合詞恭摺具陳，伏乞

皇太后

皇上聖鑒訓示施行。謹

奏

光緒十二年七月十三日軍機大臣奉

旨

欽此

七月十三日

闽浙总督杨昌濬等奏折：

遵旨筹议台湾改设行省事宜

光绪十二年六月十三日（1886年7月14日）

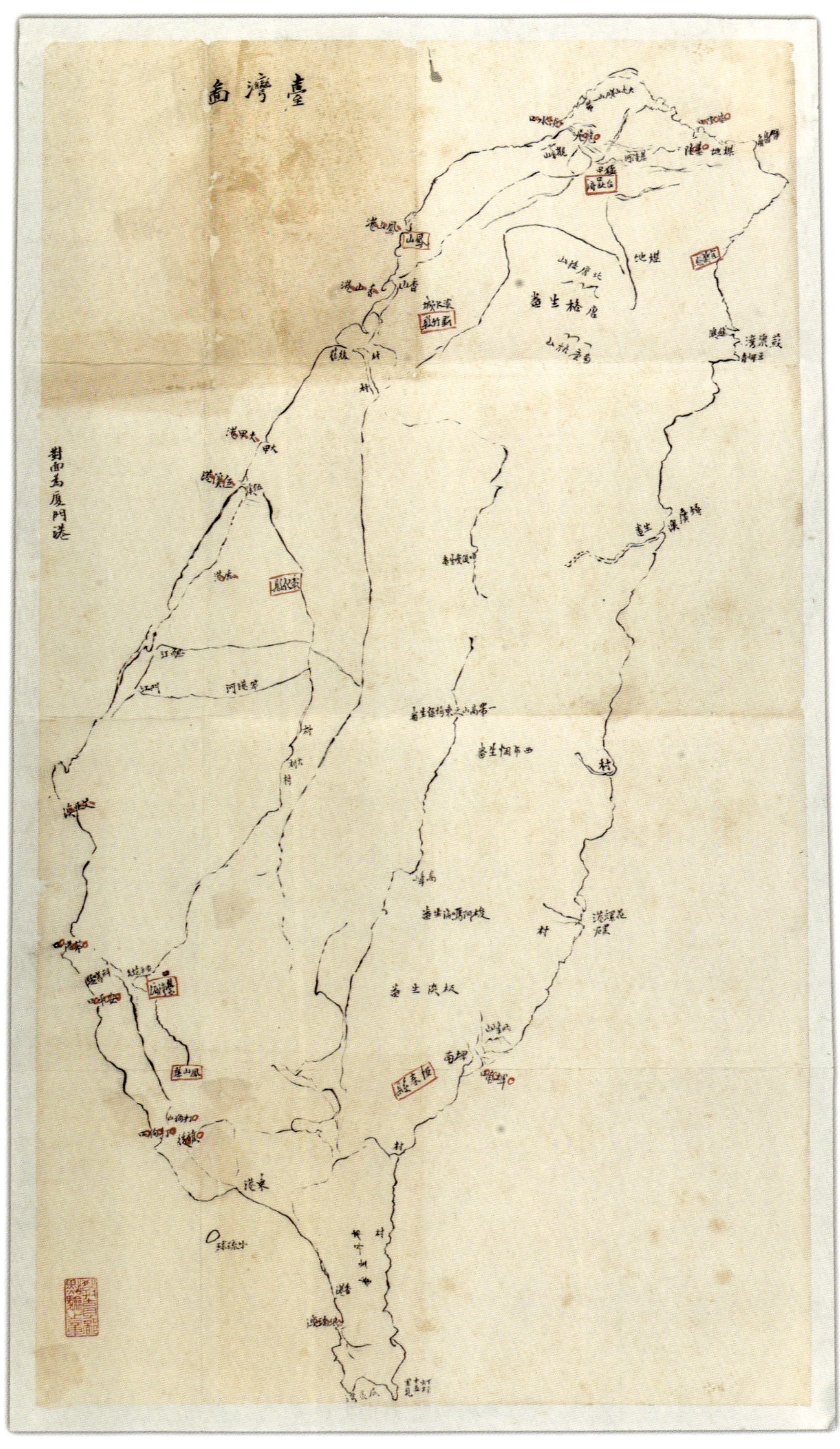

◎ 台湾图

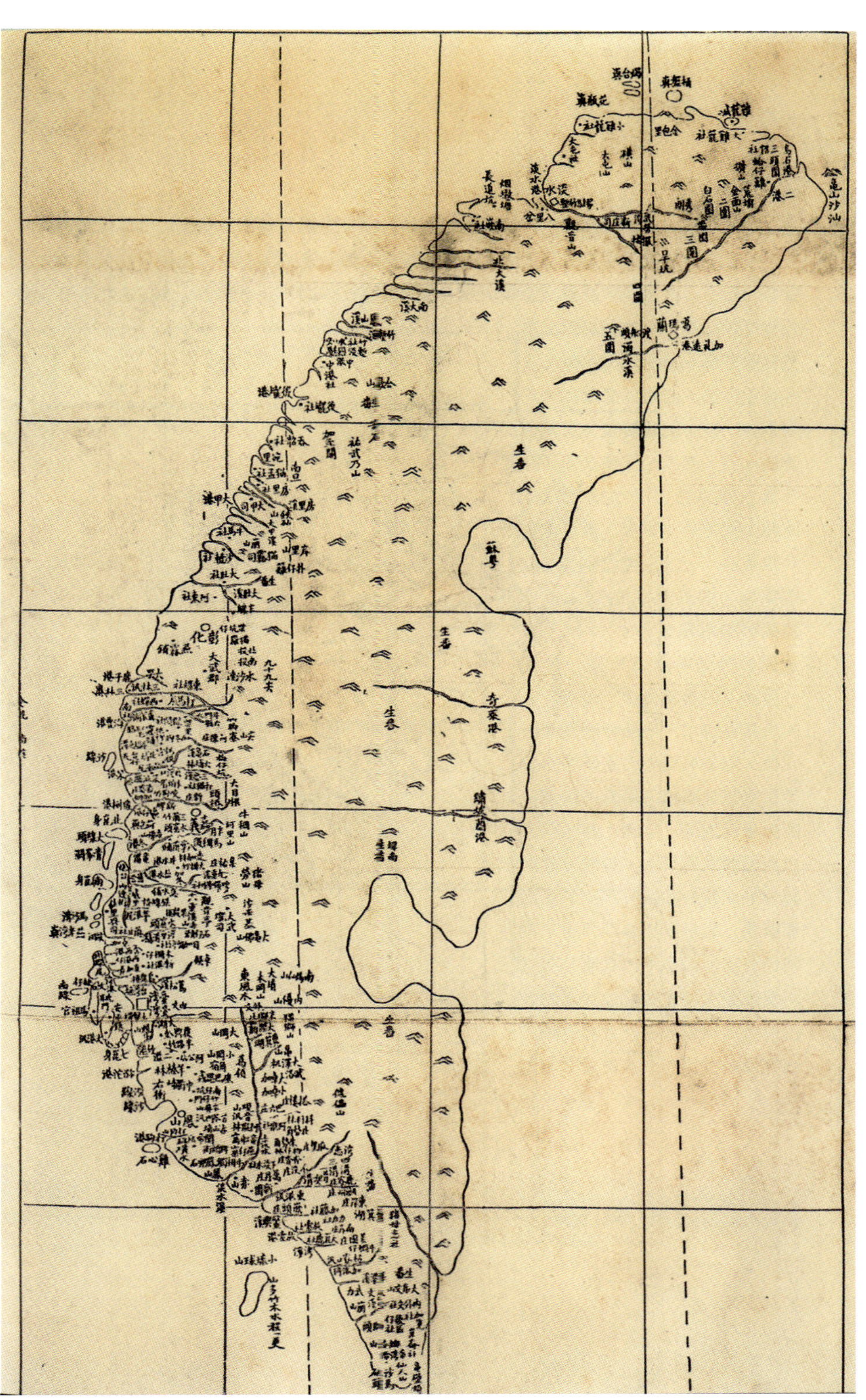

◎ 同治二年（1863年）台湾图

一新疆以迪化州為省垣城池衙署無須建造
臺灣改設行省必須以彰化中路為省垣方可
南北兼顧須另造城池衙署需費浩繁一時萬
難猝辦所有官制仍須照舊將來如有添設廳
縣改派營汛之處再行隨時奏
聞
一福建巡撫既已改歸臺灣所有撫標左右兩
營兵丁即須移歸臺灣惟省垣未定無處安置
以後遇有空額無須募補仍暫留閩省歸總督
兼管兵餉照舊由閩支發俟臺灣巡撫移住中
路再行全數調歸臺灣其不願來者聽之
一臺灣改省之後應遵
旨添設藩司一員綜核錢糧兵馬整頓廳縣交代並
設布庫大使一員兼理經歷事所有建造衙署
添設官吏事事草創將來須仿照新疆章程俟
此次奏
旨後再行會同奏請
簡放
一臺灣道向兼按察使銜一切刑名案件應由
臺灣道審轉其驛傳事務亦由道兼管添設司
獄一員毋庸另設臬司惟會典職官有按司獄
府司獄無道司獄應以候補按司獄府司獄輪
流借補
一臺灣鹽務場產不足半由內地運售名曰唐
鹽內地長泰南靖等縣澳引額定例撥歸臺灣
代銷所徵正溢課釐雖留臺撥充防費尚有抵
解內地鹽務雜支之款每屆奏銷由福建鹽法
道彙核造報各省鹽務引地多有推行外省閩
臺鹽務分辦殊多窒礙應請仍照舊章辦理

營而示鼓勵
一臺灣生番歸化已多日漸開闢須添官分治
若照部章廳縣佐雜須循例補署臺灣民番雜
處人地不能相宜萬難遷就僅用合例人員恐
不能盡期得力擬請
旨敕部於臺灣新設省分暫行不論資格俟全臺生
番歸化一律設官分治再行奏請循照部章以
求實效
一生番地界日漸開廣必須添設營汛新疆添
設總兵副將參游千把等官甚多臺灣情形不
同須俟全臺生番撫定後方有一定之局目前
只能隨時察奪具奏或改或添以節餉需
一臺灣改設巡撫本擬仿照江蘇分蘇分甯成
案於各班人員到省積有三員掣籤一次以兩
員分閩一員渡臺惟查臺灣僅兩府八縣缺分
太少若照三分之一掣籤來臺必無位置之處
擬俟全臺生番歸化一律設官再行照辦目前
需員差遣或由司申送或由臺咨調暫可不必
限定數目以免分發人員積滯向隅
一臺灣改設巡撫所有臺灣鎮總兵應銷去掛
印字樣與新調澎湖鎮總兵統歸巡撫節制
一撫轅原設經制書吏十二名各有清書幫書
今福建巡撫事歸總督兼管擬留經制書吏六
名酌用幫清各書在督署辦公尚有經制書吏
六名酌帶幫清書赴臺灣供役所有撫轅檔案
造冊登記關涉內地者留督轅核辦關涉臺地
者送臺備查
軍機大臣奉
旨覽欽此

謹將籌議臺灣改設行省事宜臚列清單恭呈
御覽
謹開
一臺灣奉
旨改設行省必須與福建聯成一氣如甘肅新疆之制庶可內外相維等因欽此查新疆新設巡撫關防內稱甘肅新疆巡撫臺灣本係福建巡撫應倣照新疆名曰福建臺灣巡撫凡司道以下各官考核大計閩省由總督主政臺灣由巡撫主政照舊會銜辦理巡撫一切賞罰之權仍不能去庶可聯成一氣內外相維不致明分畛域又陝甘總督關防內有兼管甘肅巡撫字樣閩浙總督關防應否添鑄兼管福建巡撫字樣恭候
欽定
一學政向歸臺灣道兼理光緒元年間曾有歸巡撫兼理之議現應查照前議由道將學政關防文卷呈送巡撫管理文武鄉闈援照安徽赴江南彙考之例仍歸福建應試中額亦仍舊例將來生聚日繁文才日盛再行酌核
奏明辦理
一旂後滬尾兩海關向歸將軍管理近年所徵稅項均撥充臺餉現在臺灣既改設行省該兩關事隸臺屬可否援照浙江之制改歸巡撫就近監督應請
敕下福州將軍查明
奏咨辦理
一澎湖為閩臺門戶須設重鎮以資守禦擬將澎湖副將與海壇鎮對調臣昌濬至基隆時與臣銘傳商酌意見相同如蒙

一臺灣各縣地輿太廣最大如彰化嘉義淡水新竹四縣亟須添官分治統計四縣按周圍百里為城約可分出四五廳縣將來彰化即可改設首府另設首縣為臺灣縣將臺灣縣改為安平縣應俟添設藩司後再行酌核辦理
一臺灣煙瘴之地內地官吏渡臺視為畏途向章曾補臺灣府廳縣佐雜等缺者如回內地即屬調簡故稍有才智者決不肯渡臺今擬仿照新疆章程凡到臺灣各項實任如逾三年著有勞績准回內地不計繁簡調補優缺不以調簡論無缺當差者酌委優差一次但必有切實考

筹议台湾改设行省事宜清单

光绪十二年六月十三日（1886年7月14日）

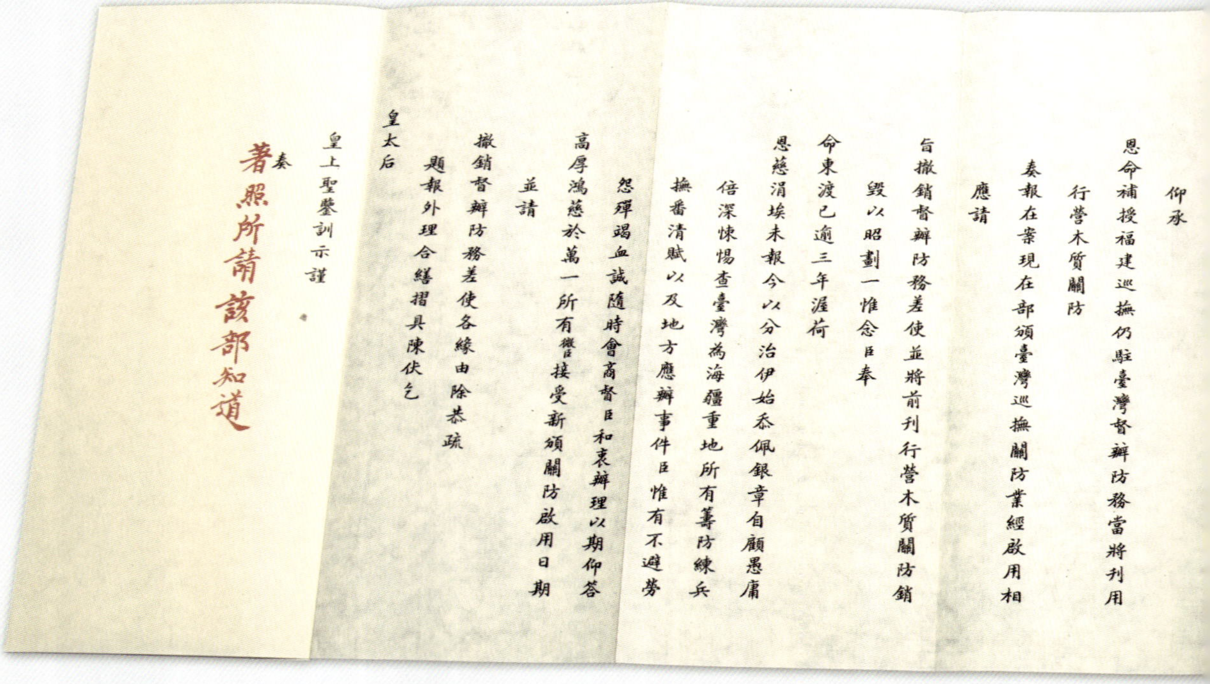

仰承
恩命補授福建巡撫仍駐臺灣督辦防務當將刊用
行營木質關防
奏報在案現在部頒臺灣巡撫關防業經啟用相
應請
旨撤銷督辦防務差使並將前刊行營木質關防銷
毀以昭劃一惟念臣奉
命東渡已逾三年渥荷
恩慈涓埃未報今以分治伊始忝佩銀章自顧愚庸
倍深悚惕查臺灣為海疆重地所有籌防練兵
撫番清賦以及地方應辦事件臣惟有不避勞
怨殫竭血誠隨時會商督臣和衷辦理以期仰答
高厚鴻慈於萬一所有臣接受新頒關防啟用日期
並請
撤銷督辦防務差使各緣由除恭疏
題報外理合繕摺具陳伏乞
皇太后
皇上聖鑒訓示謹
奏

著照所請該部知道

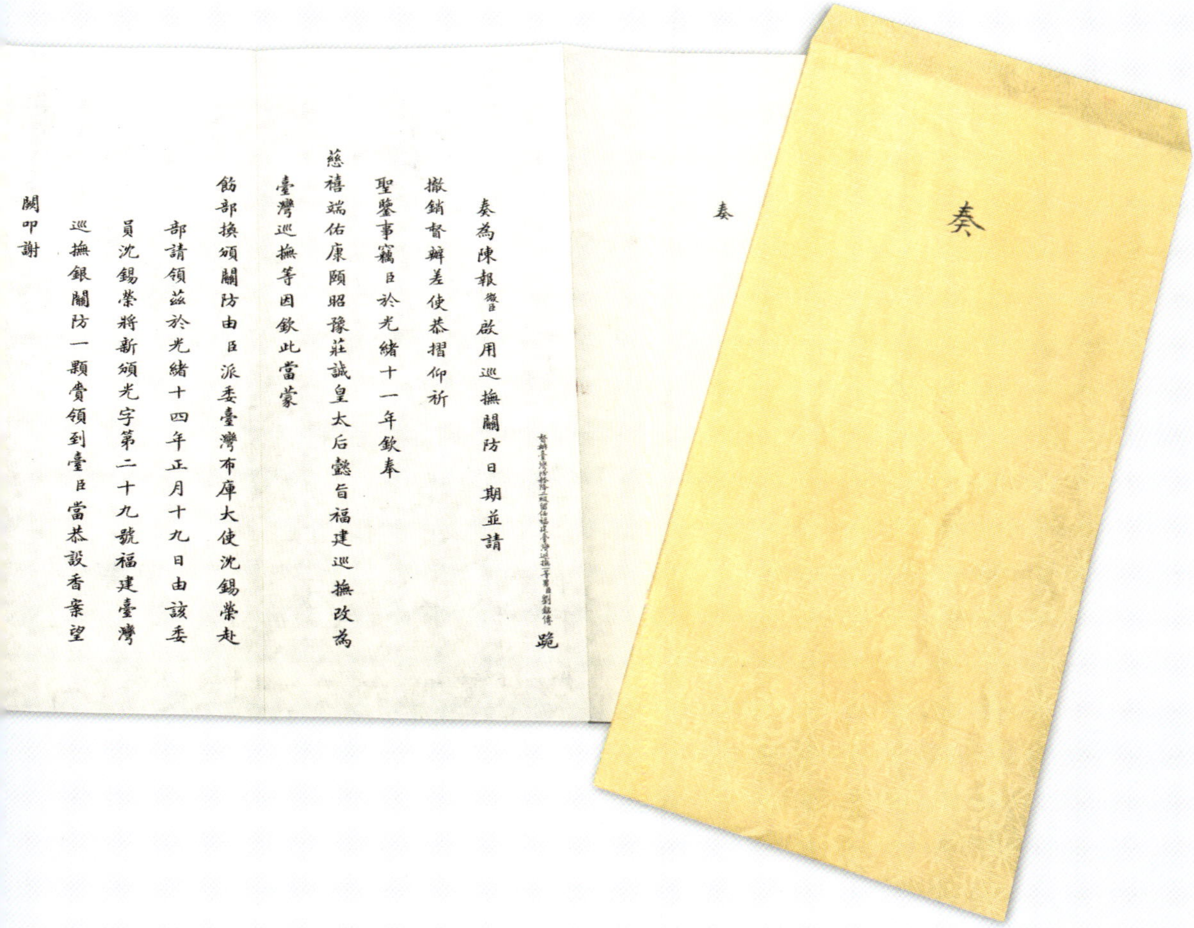

劉銘傳 跪

奏為陳報啟用巡撫關防日期並請

撤銷督辦差使恭摺仰祈

聖鑒事竊臣於光緒十一年欽奉

慈禧端佑康頤昭豫莊誠皇太后懿旨福建巡撫改為

臺灣巡撫等因欽此當蒙

飭部換頒關防由臣派委臺灣布庫大使沈錫棻赴

部請領茲於光緒十四年正月十九日由該委

員沈錫棻將新頒光字第二十九號福建臺灣

巡撫銀關防一顆賫領到臺臣當恭設香案望

闕叩謝

奏

奏

台湾巡抚刘铭传奏折：

陈报启用新颁福建台湾巡抚关防日期

光绪十四年正月二十二日（1888年3月4日）

◎ 台湾巡抚衙门

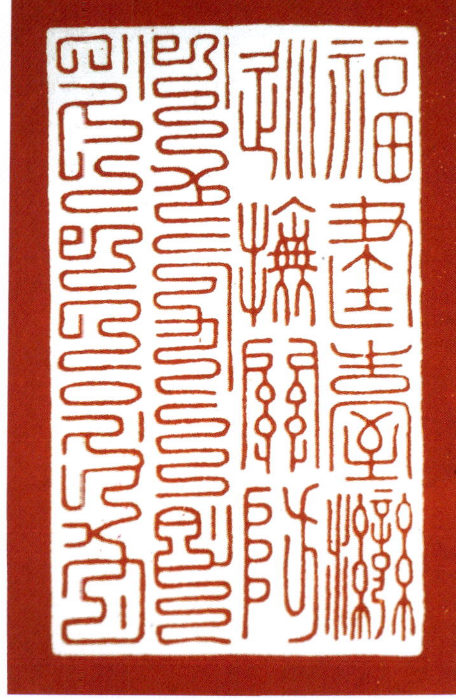

◎ 福建台湾巡抚关防

議定

奏准每年閩省協銀二十四萬兩並由閩海關照

舊每年協銀二十萬兩計已照數協助三年原

議以五年為期楊昌濬現值去閩有日相應請

旨飭下新任福州將軍臣希元督臣卞寶第查照前

案仍舊協解五年以符原議而資接濟理合附

片陳明伏乞

聖鑒訓示施行謹

奏

福建巡撫

六月十九日

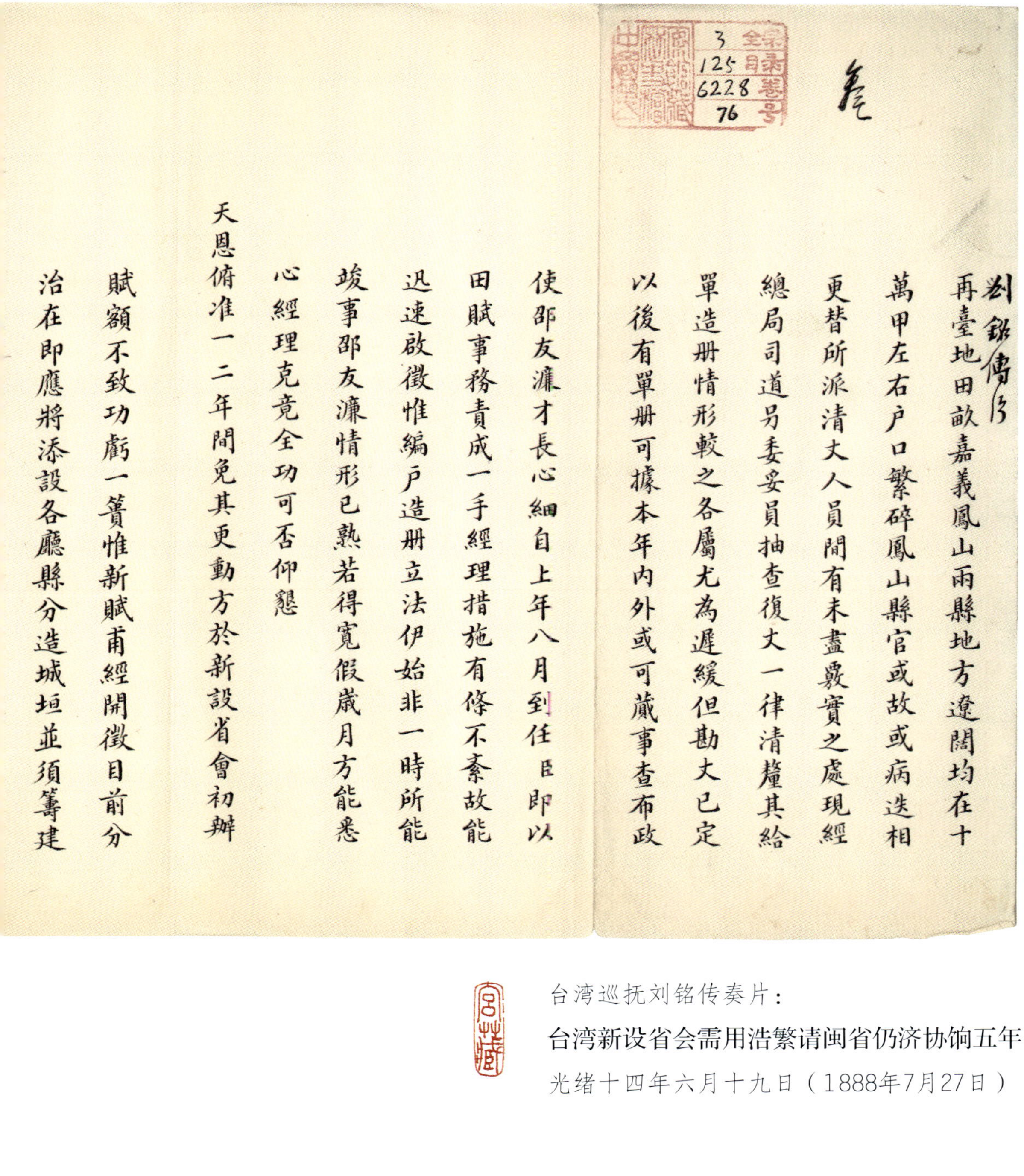

覽

劉銘傳片

再臺地田畝嘉義鳳山兩縣地方遼闊均在十萬甲左右戶口繁碎鳳山縣官或故或病迭相更替所派清丈人員間有未盡覈實之處現經總局司道另委妥員抽查復丈一律清釐其給單造冊情形較之各屬尤為遲緩但勘丈已定以後有單冊可據本年內外或可蕆事查布政使邵友濂才長心細自上年八月到任臣即以田賦事務責成一手經理措拖有條不紊故能迅速啟徵惟編戶造冊立法伊始非一時所能竣事邵友濂情形已熟若得寬假歲月方能悉心經理克竟全功可否仰懇

天恩俯准一二年間免其更動方於新設省會初辦賦額不致功虧一簣惟新賦甫經開徵目前分治在即應將添設各廳縣分造城垣並須籌建

台湾巡抚刘铭传奏片：

台湾新设省会需用浩繁请闽省仍济协饷五年

光绪十四年六月十九日（1888年7月27日）

率各不相犯並處相安一若勝
代遺民之會
我毛踐
我土而不東縛馳驟以強令
其就我者固
如天之
仁也然而生成自外在我
雖可藐脫視
之在彼
終難子孫保之近奉
諭旨改為行省曁
撫剿着
三中丞統兵一萬名深入山谷
曉以大義淳以
皇仁則被甫
日筆藝審利害詣行營
輸誠者柔污
俗或與
維新叅民如所願事已

◎ 刘铭传招抚台民图

◎ 台湾铁路

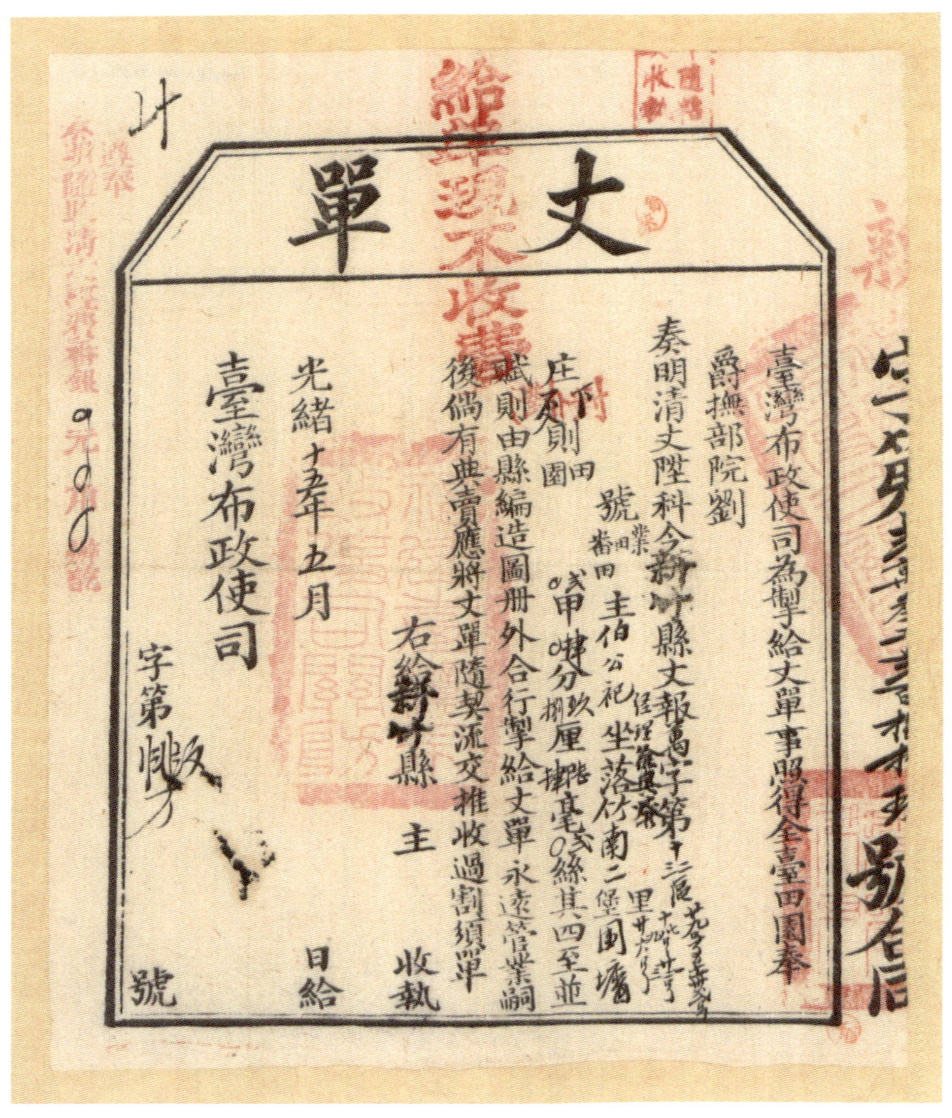

台湾布政使司土地清丈单

光绪十五年（1889年）五月

◎ 台湾布政使司衙门（一）

◎ 台湾布政使司衙门（二）

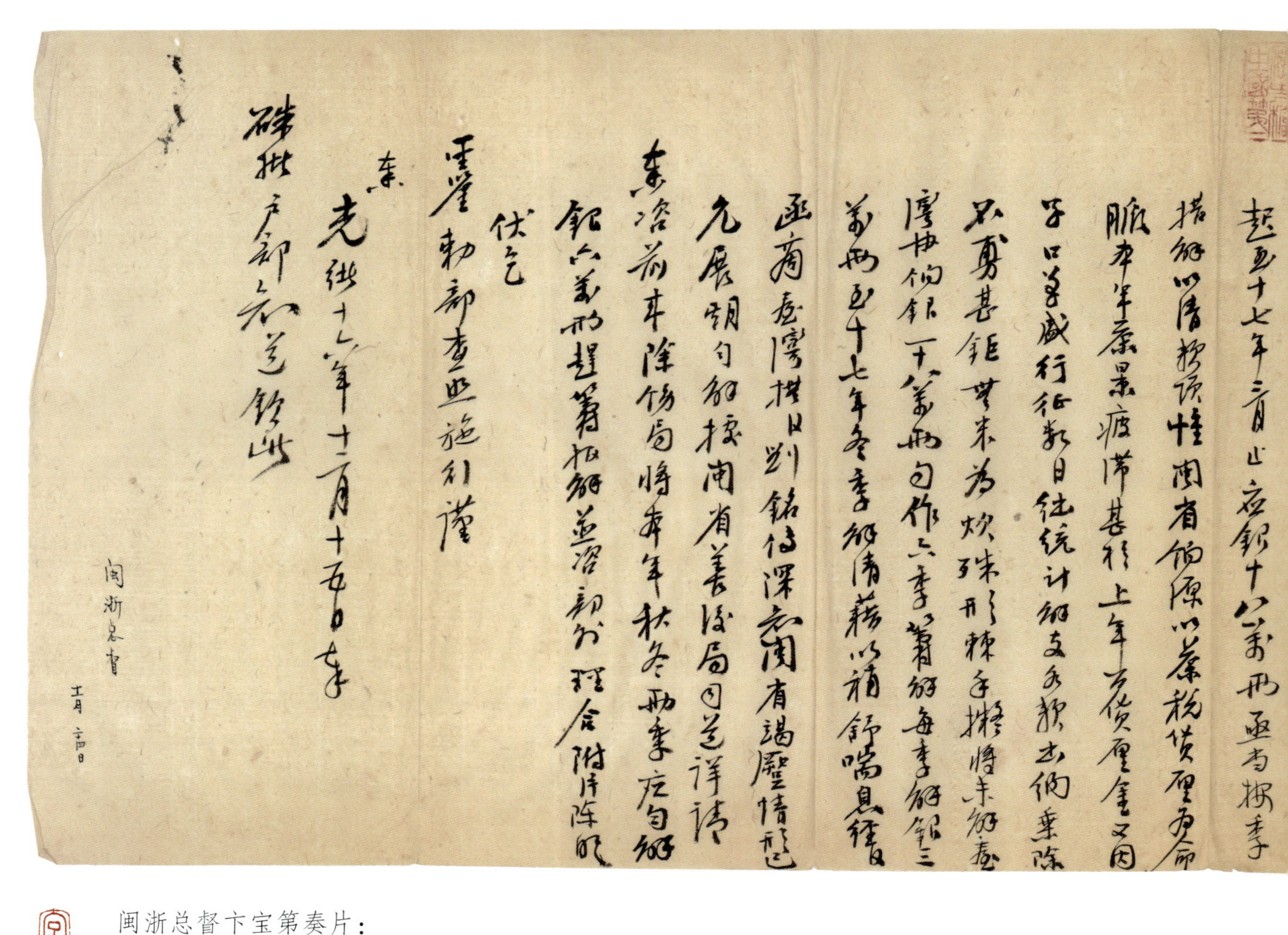

闽浙总督卞宝第奏片：

闽省饷源困难请予展期匀解台湾协饷

光绪十六年十一月二十四日（1891年1月4日）

◎ 清末台湾兵勇

奏請以彰化縣橋孜圖地方建立省城添設台
灣府台灣縣以原有之台灣府改為台南府
台灣縣改為安平縣建議之始原為橋孜圖
當全台適中之區足以控制南北立省於此意誠
深遠惟該處本係一小村落自設縣後民居仍不
增良由環境皆山瘴癘甚重仕宦商賈託足為
難氣象荒僻概可想見況由南北兩郡前往該處
均非四五日不可其中溪水重疊夏秋輒發設有
造橋頗窮於力文報常阻轉運尤艱台中海
道淤淺風汛靡常輪船難於駛進不獨南北
有事接濟遲滯即平日造辦運料亦增勞費揆
諸形勢殊不相宜且省會地方
壇
廟衙署局所在所必須用款浩煩經費又虞難籌措是
以分治多年迄未移駐該處今以往亦恐舉辦無
期臣等詳加審度亟宜籌定久遠之計似未便
拘泥前奏再事遷延查台北府為全台上游巡
撫藩司久駐於此衙署庫局次第粗成舟車兩
便商民輻輳且鐵路已修至新竹俟經費稍裕
即可分儲粮械為省城後路應請以台北府為
台灣省會將台北府為省會首府原編沖煩難
改編沖煩疲難四字請

[illegible]請旨其餘未盡事宜容俟另行查議
辦理等因光緒二十年二月三十日奉
硃批該部議奏欽此欽遵抄出到部今據該督等奏稱
台灣省會要區地利不宜擬請移設以定規模係為因
時制宜起見自應准如所請將台北府知府一缺改
為沖煩疲難省會四字請
旨要缺遇有缺出於通省知府內揀員調補所遺員缺請
旨簡放淡水縣知縣一缺改為沖煩疲難四字省會要缺
遇有缺出援照省會首縣之例辦理台灣府知府仍
照舊例作為沖煩疲難四字題調要缺如遇缺出於通
省現任人員內揀員升調如無合例升調之員准以候
補人員請補台灣縣知縣一缺改為煩疲難三字調
要缺彰化縣知縣為台灣府附府首縣改為沖煩難要缺台
南府屬之鳳山縣嘉義縣知縣二缺改為煩疲難三字
要缺彰化縣鳳山縣嘉義縣三缺如遇缺出於通省現任
正途人員內揀選能之員調補升補如無合例堪以升
調之員始准以曾任候補並進士即用人員酌量請
補至現任人員人地是否相宜並一切未盡事宜應
令該督等奏明辦理等因光緒二十年五月十六日具
奏奉
旨依議欽此

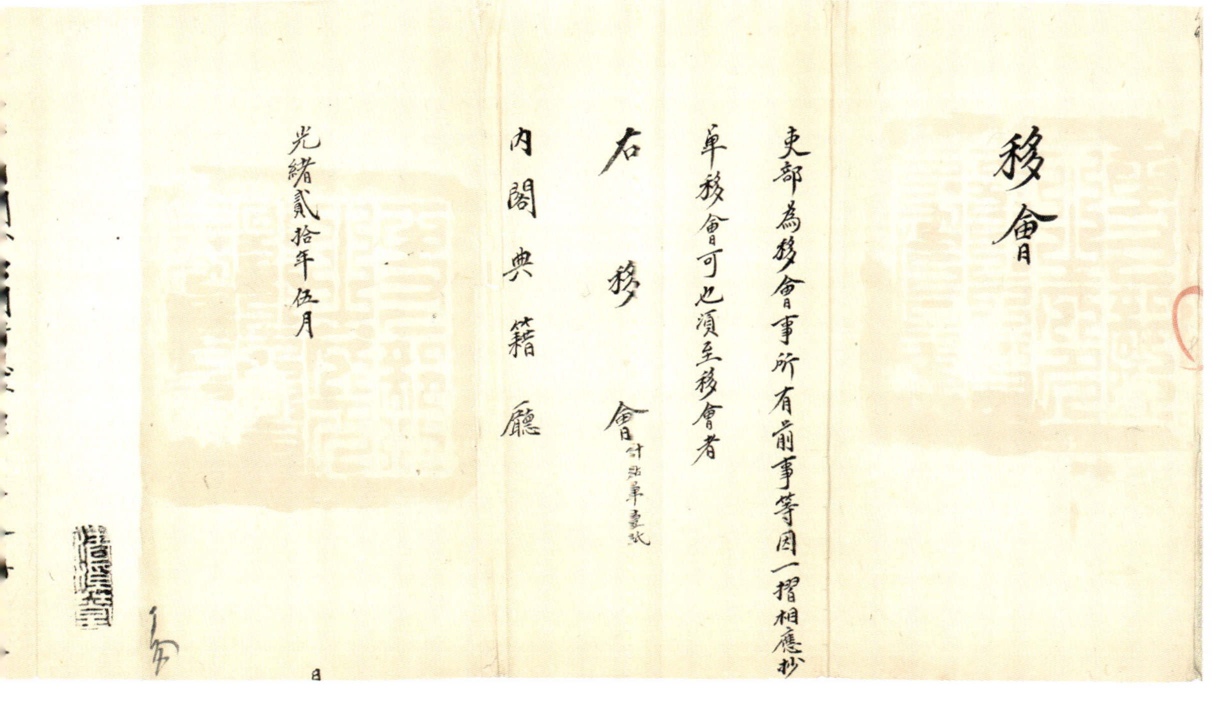
移會

吏部為移會事所有前事等因一摺相應抄
單移會可也須至移會者

右移 會（付出單壹紙）

內閣典籍廳

光緒貳拾年伍月 日

旨要缺如遇缺出於通省知府內揀員調補所遺員缺請
旨簡放改淡水縣為省會附郭首縣原編沖煩難改編沖
煩疲難四字調要缺如遇缺出在外揀員調補其台
灣府仍照原編沖煩疲難四字題調要缺如遇缺
出在外揀補新設之台灣縣照原編刪一沖字編為煩
疲難三字調要缺台灣府衙署現在彰化縣城不
必移於台灣縣以節煩費彰化縣原係煩難中缺
即以彰化縣為附首縣改為沖煩難要缺更有台南
府之鳳山嘉義兩縣當合閩省各縣缺以計煩簡
皆煩難兩字缺今就台灣各縣缺核計俱稱難治
均應增為煩疲難三字要缺此外各廳縣悉仍其

吏部致内阁典籍厅移会：

请将台北府定为台湾省会首府

光绪二十年（1894年）五月

◎ 台北城西门

◎ 开埠初期的台北淡水红毛城领事馆

◎ 台湾地方官员所立“农商负贩车牛往来不许兵役勒索”石碑

汀州府知府胡廷幹年五十四歲河南光州進士
考語　才識敏達為守兼優
福甯府知府嚴良勳年四十七歲江蘇吳縣附生
考語　廉潔自持公事穩練
署理臺灣巡撫布政使唐景崧年五十一歲廣西灌陽縣進士
考語　器局開展才識優長理財用人輿論
悉洽
臺灣道顧肇熙年五十一歲江蘇吳縣舉人
考語　老練穩妥世故太深未能卓自樹立
臺灣府知府陳文騄年五十一歲順天大興縣進士
考語　整躬率屬潔己愛民道府中不多得
之員
臺南府知府唐贊袞年四十二歲湖南善化縣舉人

衢州府知府林啟年四十九歲福建侯官縣進士
考語　年强才富公事留心
嚴州府知府鶴山年五十六歲正黃旂滿洲武印佐領下官學生
考語　循分供職辦事精詳
温州府知府徐兆豐年五十二歲江蘇江都縣進士
考語　才長心細明幹有為
署台州府事處州府趙亮熙年五十七歲四川宜賓縣進士
考語　器識閎達才具優長

清單

謹將福建臺灣浙江三省司道知府各員年歲
籍貫考語清單密呈

光緒二十年
密考

御覽

計開

福建布政使黃毓恩年六十歲湖北鍾祥縣進士
考語　才具開展性情圓通用人理財權衡

悉當

按察使張國正年四十五歲鑲藍旗漢軍三等子爵
考語　年富才明情形熟悉清理庶獄尚能

持平

督糧道陳鳴志年五十九歲湖南新甯縣貢生
考語　辦事穩慎持守謹嚴

鹽法道張曾敭未到任

興泉永道英樸年四十六歲正白旗滿洲愛隆佐領下監生
考語　公事明白奉職惟勤

汀漳龍道劉倬雲年五十七歲湖南甯鄉縣廩生
考語　老成練達任事實心

福州府知府唐寶鑑年六十一歲直隸靜海縣舉人
考語　整躬率屬有守有為

署泉州府事興化府知府張僖年三十七歲山東濰縣進士
考語　廉隅自飭明幹有為

漳州府知府榮塑年五十二歲鑲藍旗滿洲志明佐領下繙譯舉人
考語　才具優長結實可靠

延平府知府劉傳福年四十八歲江蘇吳縣進士
考語　為守兼優足資表率

建甯府知府程嘉佑年四十七歲安徽休甯縣廕生

考語　才識俱優公事穩慎

臺北府知府管元善未到任

浙江布政使趙舒翹年四十七歲陝西長安縣進士
考語　廉明公正實力實心器局閎遠堪勝

艱鉅

按察使聶緝椝未到任

鹽運使惠年年五十九歲正藍旗滿洲榮純佐領下廕生
考語　持躬穩慎蒞政講求

督糧道鄭嵩齡年六十歲江蘇上元縣進士
考語　才識穩練公事明通

杭嘉湖道王祖光年四十八歲順天大興縣進士
考語　才具優長辦事結實

甯紹台道吳引孫年四十二歲江蘇儀徵縣舉人
考語　年强才裕公事細心

金衢嚴道鮑祖齡年三十四歲四川奉節縣廕生
考語　年富力强奉職勤慎

溫處道袁世凱未到任

杭州府知府陳璚年六十三歲廣西貴縣廩生
考語　吏治講求力果心精表率有方才堪

重任

嘉興府知府宗培年五十二歲正白旗滿洲恩特亨額佐領下官學生
考語　精明諳練公事留心

湖州府知府謙貴年四十八歲鑲黃旗滿洲中桂佐領下監生
考語　才具優長辦公勤慎

紹興府知府霍順武年五十六歲鑲黃旗滿洲錫惠佐領下監生
考語　為守兼優公事練達

闽台浙司道知府各员考语清单

光绪二十年十二月初八日（1895年1月3日）

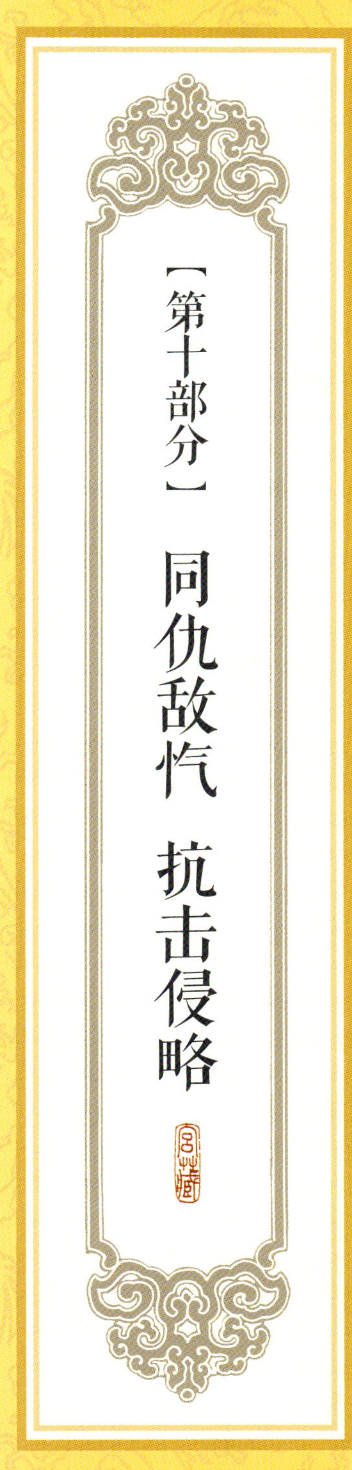

【第十部分】

同仇敌忾　抗击侵略

日本明治维新后，资本主义迅速发展，对外扩张领土的野心也日益膨胀。光绪二十年（1894年）六月二十三日，日本海军在朝鲜半岛海面对清朝北洋舰队发动突然袭击，挑起战争。七月一日，清政府对日宣战，中日甲午战争全面爆发。

光绪二十一年（1895年）正月，日军攻陷威海卫，清朝北洋水师全军覆没，清政府在甲午战争中战败。二月十八日，清廷委派直隶总督兼北洋大臣李鸿章为全权大臣赴日本议和。三月二十三日，李鸿章和日本代表伊藤博文签订了丧权辱国的《马关条约》，割地求和。

割让台、澎的消息一经传出，举国震惊，群情激愤。海峡两岸迅速掀起声势浩大的反割地斗争。清廷“内而宗室王公，部院谏垣；外而直省督抚，前敌将领，莫不交相谏阻”。短短半个月，大小各级官员共500余人次上折，均极力反对割地求和，认为“无台湾，则闽浙失其屏蔽”，“必不可弃”。听闻割台的消息，全台沸腾。台湾民众奔走呼告，聚哭于市，纷纷涌入福建台湾巡抚衙门抗议，写血书以明志，誓死抗日保台。正在北京准备考进士的台湾举人汪春源、罗秀惠、黄宗鼎联合在京台籍官员户部主事叶题雁、翰林院庶吉士李清琦到都察院“垂涕而请命”，上书光绪皇帝，表示“全台赤子誓不与倭人俱生”，史称“五人上书”。三月二十八日，康有为、梁启超等书成1.8万字的《上今皇帝书》，福建、台湾等全国18省举人响应，1200多人联署，史称“公车上书”。

在清政府割地求和已难挽回的情况下，台湾人民依然“誓不从倭”，决心依靠自己的力量抗日保台。四五月间，丘逢甲、俞明震、林朝栋等与台湾巡抚唐景崧商议后，决定按照陈季同提出的“民政独立，遥奉正朔，以拒敌人”的保台之策，组织抗日政府并发表致中外文告，宣称“愿人人战死而失台，决不拱手而让台”。

早在马关议和刚刚开始之时，日本就派兵攻占澎湖，阻断台湾与大陆的联系，做好武力侵占的准备。在侵台战争中，日军共出动近10万人。面对数量近两倍于己、装备先进的强大日军，台湾军民不畏强暴，依然展开轰轰烈烈的反抗日本占领的武装斗争。

台湾同胞前赴后继，与日军浴血奋战5个月，大小战役共100多场，使日军付出了包括近卫师团长北川宫能久在内的4800名官兵阵亡和27000名官兵受伤的惨重代价。福建沿海地区如厦门、漳州、泉州等成为台胞抗日的据点，不但支援了大批枪支弹药军费，还有大批福建人相继渡海到台与台湾同胞共同抗击日寇。在民族危难的关头，海峡两岸人民同呼吸，共命运，为捍卫国家主权和领土完整，维护民族尊严，携手并肩，共同开展了中国近代史上波澜壮阔的反对外敌入侵的斗争。

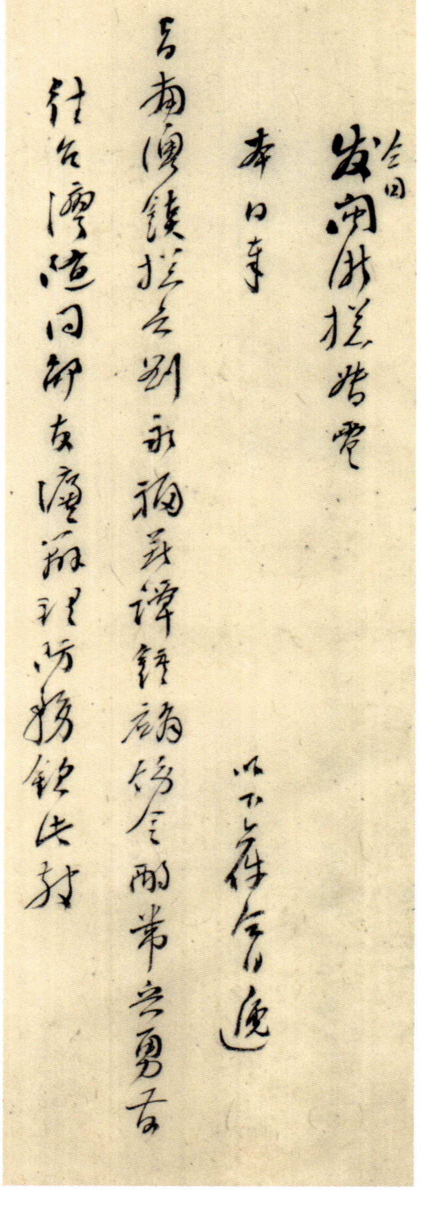

今日发闽浙督电

本日奉

旨：南澳镇总兵刘永福著谭锺麟饬令酌带兵勇前往台湾，随同邵友濂办理防务。钦此。

发闽浙总督谭钟麟电报：

奉旨饬令刘永福前往台湾办理防务

光绪二十年六月二十五日（1894年7月27日）

◎ 刘永福像

反更陸續添兵朝鮮百姓及中國商民日加驚擾
是以添兵前往保護詎行至中途突有倭船多隻
乘我不備在牙山口外海面開礮轟擊傷我運船
變詐情形殊非意料所及該國不遵條約不守公
法任意鴟張專行詭計釁開自彼公論昭然用特
布告天下俾曉然於朝廷辦理此事實已仁至義
盡而倭人渝盟肇釁無理已極勢難再予姑容著
李鴻章嚴飭派出各軍迅速進勦厚集雄師陸續
進發以拯韓民於塗炭並著沿江沿海各將軍督
撫及統兵大臣整飭戎行遇有倭人輪船駛入各
口即行迎頭痛擊悉數殲除毋得稍有退縮致干
罪戾將此通諭知之欽此

光緒二十年七月初一日内閣奉
上諭朝鮮為我大清藩屬二百餘年歲修職貢為中
外所共知近十數年來該國時多内亂朝廷字小
為懷疊次派兵前往戡定並派員駐紮該國都城
隨時保護本年四月間朝鮮又有土匪變亂該國
王請兵援勦情詞迫切當即諭令李鴻章撥兵赴
援甫抵牙山匪徒星散乃倭人無故派兵突入漢
城嗣又增兵萬餘迫令朝鮮更改國政種種要挾
難以理喻我朝撫綏藩服其國内政事向令自理
日本與朝鮮立約係屬與國更無以重兵欺壓彊令
革政之理各國公論皆以日本師出無名不合情
理勸令撤兵和平商辦乃竟悍然不顧迄無成說

光绪皇帝对日宣战谕旨

光绪二十年七月初一日（1894年8月1日）

◎ 中日黄海海战场景

皇上天威震怒聲罪致討凡屬食毛踐土之倫均切
敵愾同仇之志奴才受
恩深重更當力矢血誠以圖報稱臺灣一島孤懸東
海屏蔽南洋關係綦重臺北尤省會要地全恃
基隆滬尾兩海口以扼形勝現已會商撫臣就
臺防及奴才所部各營安速布置惟全臺環海港
汊紛歧地多險要亟須選募精勇稍厚兵力先
事籌備庶資周密仍隨時與撫臣商同辦理期
於軍事有濟以仰酬
高厚鴻慈於萬一所有奴才帶印率隊渡臺由廈起程
到防日期並感激下忱各緣由理合恭摺叩謝
天恩伏乞
皇上聖鑒謹
奏

知道了

光緒二十年七月　十八　日

奏

會辦臺灣防務尚書銜福建水師提督奴才楊岐珍跪

奏為遵
旨渡臺會辦防務恭摺叩謝
天恩並報由廈起程及到防日期仰祈
聖鑒事竊奴才於光緒二十年六月二十三日卯刻准
督臣譚鍾麟電函內開奉
上諭倭人要挾無理恐難就範臺灣重地亟須預籌
戰備福建水師提督楊岐珍著譚鍾麟傳知該員
酌帶兵勇迅速渡臺會商邵友濂妥籌布置並諭
邵友濂知之欽此欽遵當即恭設香案望
闕叩頭謝
恩訖伏念奴才愚昧無知忝膺重任聞
命之下感悚莫名比即前往福州商准督臣先將廈
門練兵防勇各八百名又在浙江台州募勇一
千名配齊餉械交由奴才統率東渡並經報明奴才
帶印赴防所有廈門防務及水師標營各事宜
奏派陸路提督臣黃少春兼理等因奴才回署後整
裝待船適臺灣撫臣派輪船到廈奴才即於七月
初八日率隊登舟初九日行抵基隆旋赴臺北
省城與撫臣晤商防務並親履前敵相度地勢

福建水师提督杨岐珍奏折：

陈遵旨赴台布防情形

光绪二十年七月十八日（1894年8月18日）

◎ 旧式水师

◎ 台湾士兵在操练

廿八日[illegible]

收台灣巡撫電七月[illegible]

寄楊岐珍于初十日率領五營行抵台北，現就地添撥五營，請旨飭其總統基隆全軍，以一事權。劉永福募帶兩營行抵汕頭，現據遣船接護，請旨飭其經赴台南會同諸道籌商布置，俾臻周密。祈代奏。友濂肅。感。

台湾巡抚邵友濂电报：

福建水师提督杨岐珍南澳总兵刘永福带兵抵台

光绪二十年七月二十七日（1894年8月27日）

欽差幫辦台灣防務劉 示

照得倭犯台北 係與土匪勾通
土客軍民混殺 倭亦徒苦無功
現在民心不服 四面大軍圍攻
鄰邦已護民主 恨倭無故興戎
使倭首尾難顧 立見鬼穴全空
台中台南一体 防禦共誓和融
即率福軍協 定復台北基隆
告爾軍民知悉 届時一道從風

◎ 刘永福激励台民抗日谕告

軍擒獲倭督樺山斬首全圖

來信云及倭督樺山氏被刘大將軍擒獲倭奴見主將被擒隨即請西國大員向刘師懇情愿出五百萬金贖回刘師未允定要和約見還始可贖回耳因倭奴不允隨將樺山氏投倭之丁禹亭審訊明正典刑將首示衆大快人心

寓基臺觀戰人來稿

愛蓮生繪

信 智 禮 義 仁

兵

倭督樺山氏

生番兵頭

倭兵頭

丁禹亭

◎ 刘永福差人所画“刘大将军擒获倭督桦山斩首全图”

【第十部分】 同仇敌忾 抗击侵略

大破倭奴圖

◎ 刘永福差人所画“刘小姐大破倭奴图”

闽浙总督谭钟麟电报：

调拨枪弹银饷援台

光绪二十一年三月初九日（1895年4月3日）

◎ 日军入侵澎湖

◎ 光绪二十一年（1895年）日军登陆台湾

為
出示曉諭事照得倭人犯台凡
我臺民帶槍投効者即給口糧
四兩貳錢充為勇丁另給槍價或
團練局報名均可能帶數十人來
者即為隊長帶數百人來者即為
營官無官職者先賞頂戴有功
重賞合就出示曉諭為此示仰諸
色人等一體知悉爾等如能帶槍
率衆投効者均如前指分別録用
其各踴躍報名毋稍觀望切切
特示
光緒二十一年三月　日給

福建台湾巡抚唐景崧出示晓谕：

号召民众抗击侵台日军

光绪二十一年三月初十日（1895年4月4日）

◎ 台湾抗日义军黑旗军

◎ 全台义军统领丘逢甲

福州将军庆裕等反割台电报（一组）

光绪二十一年（1895年）

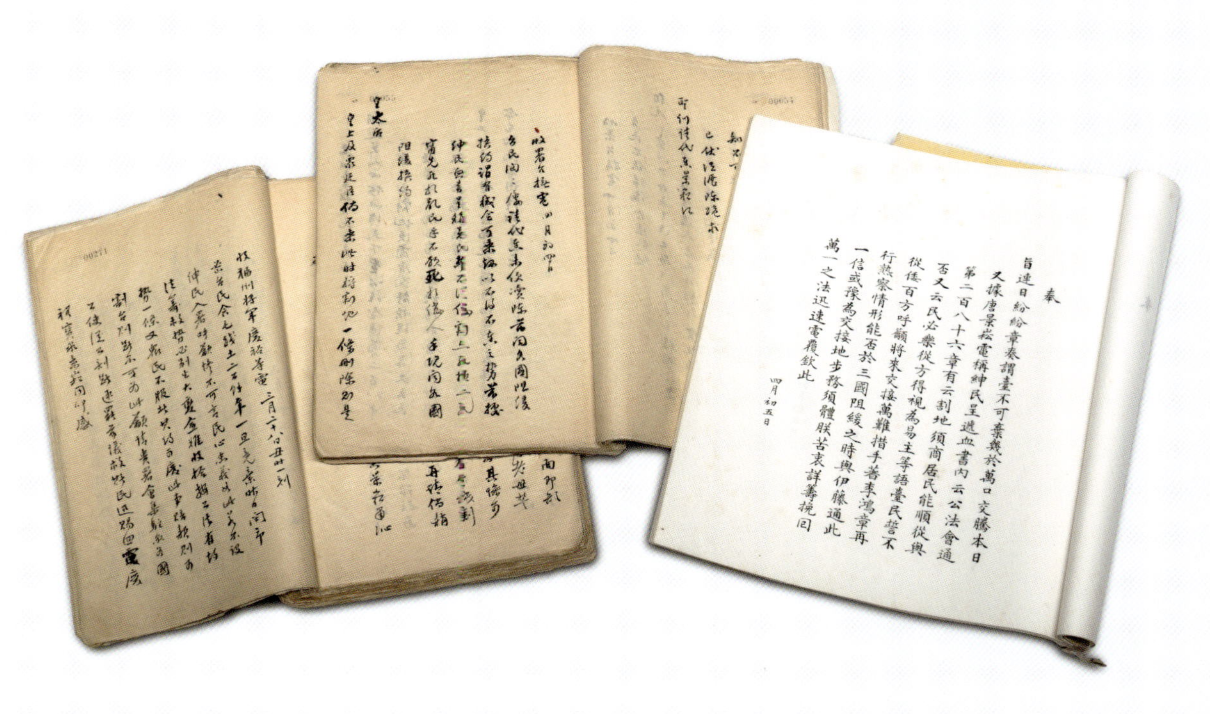

奉
旨連日紛紛章奏謂臺不可棄幾於萬口交騰本日
又據唐景崧電稱紳民呈遞血書內云公法會通
第二百八十六章有云割地須商居民能順從與
否又云民必樂從方得視為易主等語臺民誓不
從倭百方呼籲將來交接萬難措手著李鴻章再
行熟察情形能否於三國阻緩之時與伊藤通此
一信或豫為交接地步務須體朕苦衷詳籌挽回
萬一之法迅速電覆欽此
四月初五日

00270

撫慰無可禁止臣與各官惟日以淚洗面仰懇
籌理收束為眾所劫無術可施臣以向[illegible]父母其
若守台和議恐未可固乃為民庭爭其[illegible]
知所知[illegible]凌罰重而目下討[illegible]者生機割
地賠款實敗絕路[illegible]冒[illegible]鎖扎[illegible]再[illegible]
有益局伏乞電
旨以固人心不勝迫切待命之至[illegible]
子

00271

收福州將軍慶裕等電 三月二十八日丑時一刻
密台民食毛踐土二百餘年一旦棄之昨日閩省
紳民入署呼籲情不可言民心忠義如此若不設
法籌救勢必別生大變愈難收拾擬[illegible]請有均
勢一條又眾民不服其[illegible]可慮此事賠款則可
割台則斷不可為此籲請貴署會集駐京各國
公使從公剖斷速罷前議救此民迅賜回電慶
裕[illegible]同仰感

福州将军庆裕等电报:

绅民入署呼吁断不可割台

光绪二十一年三月二十八日（1895年4月22日）

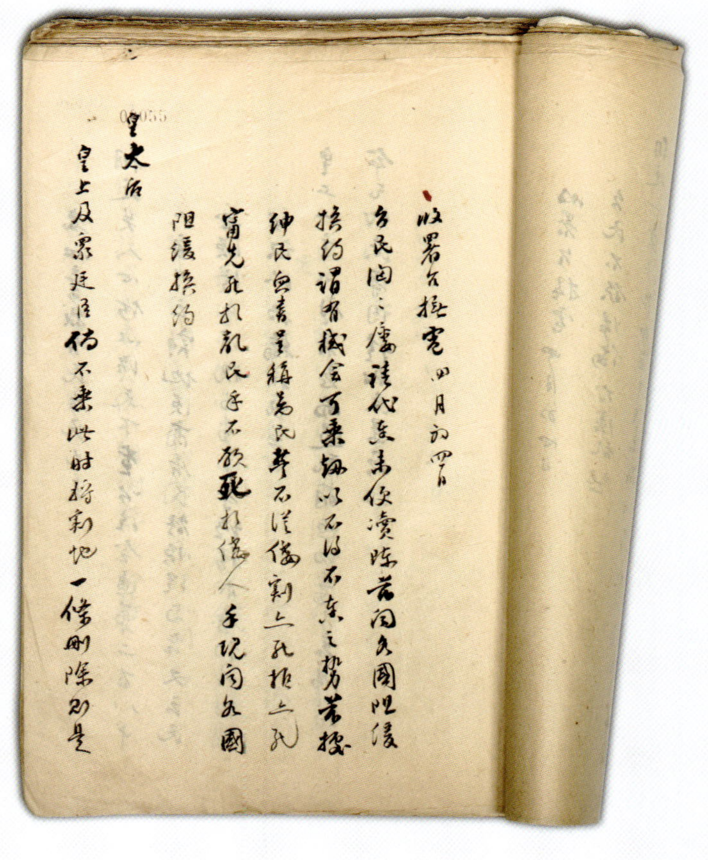
收署台抚电 四月初四日
台民闻之儘請代奏[illegible]若闻各国阻缓
换约谓有机会可乘独以不得不然之势若换
绅民血书呈称万民誓不从倭割亦死拒亦死
宁先死于乱民手不愿死于倭人手现闻各国
阻缓换约
皇太后
皇上及众廷臣倘不乘此时将割地一条删除则是

台湾巡抚唐景崧电报：

台民血书誓不从日

光绪二十一年四月初四日（1895年4月28日）

持至矢亡援絕數千百萬生靈盡歸糜爛而後
已我
皇上聖德如天數年來畿輔水災尚
飭各直省督撫設法賑救覩此全臺慘痛情形豈有
不上廑
聖慮但以議者必謂統籌大局則京畿為重海疆為
輕故耳不知棄此數千百萬生靈於仇讐之手
則天下人心必將瓦解此後誰肯為
皇上出力乎大局必有不可問者不止京畿已也夫
以全臺之地使之戰而陷全臺之民使之戰而
亡為
皇上赤子雖肝腦塗地而無所悔今一旦委而棄之
是驅忠義之士以事寇讎臺民終不免一死然
而死有隱痛矣或謂
朝廷不忍臺民罹於鋒鏑為此萬不得已之舉然
倭人仇視吾民此後必遭荼毒與其生為降虜
不如死為義民或又謂徙民內地尚可生全然
祖宗墳墓豈忍捨之而去田園廬舍誰能挈之
而奔縱使孑身內渡而數千里戶口又將何地
以處之此臺民所以萬死不願一生者也職等
生長海濱極知臺民忠勇可用況臺南安平一
帶尤稱天險四五月以後浪涌大作無處進攻
鳳山恆春一帶暗礁林立防守綦嚴臺北基隆
滬尾重兵扼守統計全臺防勇一百二十餘營
義勇番丁五六十營軍火糧械可支半年倭人
未必遽能逞志但求
朝廷勿棄以予敵則臺地軍民必能舍死忘生為
國家効命職等誼切君親情關桑梓不已哀鳴瀝
懇據情代
奏不勝惶悚感激之至謹呈

存於欽

具呈戶部主事葉題雁翰林院庶吉士李清琦
臺灣安平縣舉人汪春源嘉義縣舉人羅秀惠
淡水縣舉人黃宗鼎等為棄地畀仇人心瓦解
泣籲效死以固大局懇請據情代
奏事竊維君民之義猶父子也人子當疾痛慘怛
性命呼吸之頃不呼父母而訴者必非人情況
今普天率土眾
國家三百年豢養之恩一旦淪為異類有不旦夕
號泣呼籲於君父之前者哉職等狂瞽毫無知
識聞諸道路有割棄全臺予倭之說不勝悲憤
謹就愚衷所見為我
朝廷痛哭陳之夫臺灣者我
聖祖仁皇帝六十年宵旰經營之地也
仁皇帝懸不貲之賞勞心焦慮收此一隅誠以
國家定鼎燕京全借海疆為屏蔽無臺地則不特
沿海七省岌岌可危即京畿亦不能高枕是以
既平之後加意撫綏每歲內地換防糜數百萬
金錢而不惜而臺民感
列聖之恩深入骨髓林爽文之亂諸羅一縣被圍半載
義民四萬竭力死守城中以地瓜野菜充食卒
能力遏凶鋒保全臺地
高宗純皇帝諭旨嘉獎賜名嘉義縣是臺民忠義之氣
久蒙
聖鑒者二百年於茲矣甲申法人內犯敵由滬尾登
岸臺民奮力死戰殲斃法酋此尤明效大驗者
也今者聞
朝廷割棄臺地以與倭人數千百萬生靈皆北向
慟哭閭巷婦孺莫不欲食倭人之肉各懷一不
共戴天之仇誰肯甘心降敵縱使倭人脅以兵

都察院左都御史裕德等奏折（局部）：

户部主事叶题雁与台湾举人呈请朝廷勿弃台湾

光绪二十一年四月初四日（1895年4月28日）

◎ 台湾进士汪春源像

◎ 五人上书雕像

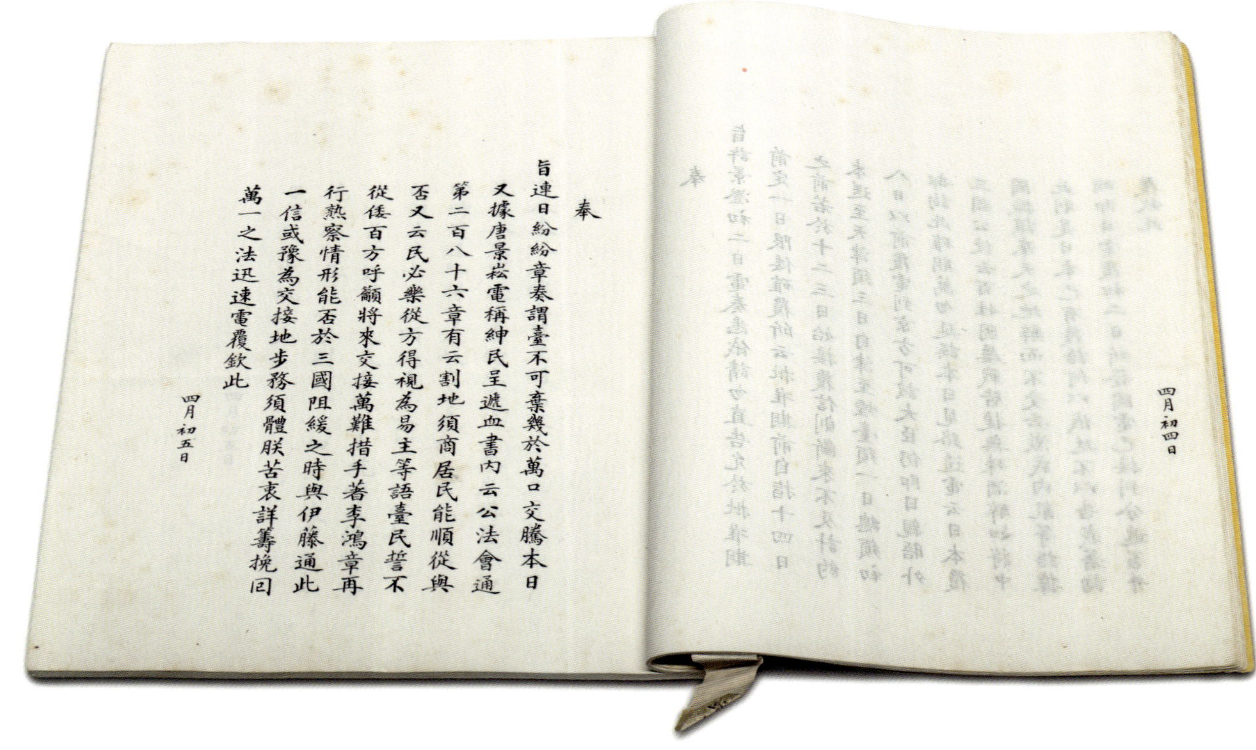

奉
旨連日紛紛章奏謂臺不可棄幾於萬口交騰本日
又據唐景崧電稱紳民呈遞血書內云公法會通
第二百八十六章有云割地須商居民能順從與
否又云民必樂從方得視為易主等語臺民誓不
從倭百方呼籲將來交接萬難措手著李鴻章再
行熟察情形能否於三國阻緩之時與伊藤通此
一信或豫為交接地步務須體朕苦衷詳籌挽回
萬一之法迅速電覆欽此
四月初五日

光绪皇帝电旨：

令李鸿章详筹挽回之法

光绪二十一年四月初五日（1895年4月29日）

◎ 台湾义勇军在竹林中偷袭日军图

衝没戰守更難措手用是宵旰徬徨臨朝痛哭將一和一戰兩害熟權而後幡然定計此中萬分為難情事乃言者章奏所未詳而天下臣民皆應共諒者也茲當批准定約特將前後辦理緣由明白宣示嗣後我君臣上下惟當堅苦一心痛除積弊於練兵籌餉兩大端盡力研求詳籌興革勿存懈志勿鶩空名勿忽遠圖勿沿故習務期事事覈實以收自强之效朕於中外臣工有厚望焉

近自和約定議以後廷臣交章
論奏謂地不可棄費不可償仍
應廢約決戰以期維繫人心支
撐危局其言固皆發於忠憤而
於朕辦理此事兼權審處萬不
獲已之苦衷有未能深悉者自
去歲倉猝開衅徵兵調餉不遺
餘力而將少宿選兵非素練紛
紜召集不殊烏合以致水陸交
綏戰無一勝至今日而關内外
情勢更迫北則竟偪遼瀋南則
直犯京畿皆現前意中之事陪
都為
陵寢重地京師則
宗社攸關況廿年來
慈闈頤養備極尊崇設一朝徒御有
驚則藐躬何堪自問加以

光绪皇帝朱谕：

痛心签订中日《马关条约》

光绪二十一年（1895年）

收張之洞電

收署兩江總督張之洞電四月二十二日

頃接臺民十一日公電云全臺紳民敬電稟者臺灣屬倭萬姓不服迭請唐撫院代奏臺民下情而事難挽回如赤子之失父母悲憤曷極伏查臺灣已為

朝廷棄地百姓無依惟有死守據為島國遥戴

皇靈為南洋屏蔽惟須有人統率衆議堅留唐撫暫仍理臺事並留劉鎮永福鎮守臺南一面懇請各國查照割地紳民不服公法從公剖斷臺灣應作何處置再送唐撫入京劉鎮回任臺民此舉無非戀戴

皇清圖固守以待轉機情形萬緊伏乞代為轉奏全臺紳民同泣叩等語謹據情轉達請代奏

署理两江总督张之洞电报：

台湾属倭万姓不服情形

光绪二十一年四月二十二日（1895年5月16日）

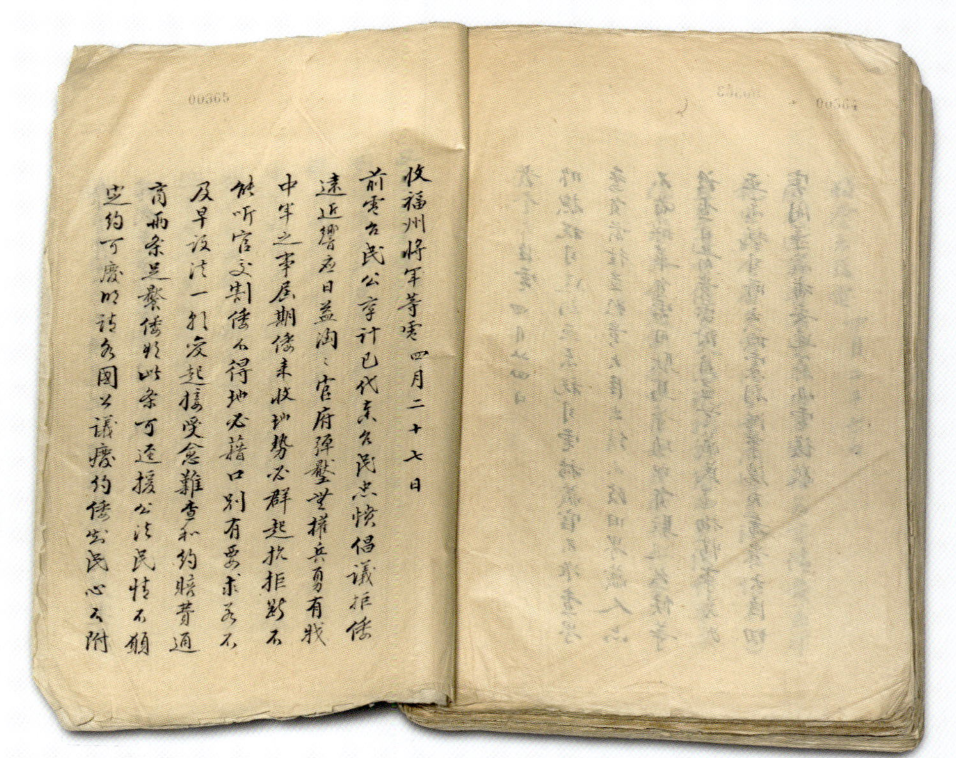
收福州將军等電 四月二十七日
前電台民公禀計已代奏台民忠憤倡議拒倭
遠近響應日益洶洶官府彈壓莫攔兵勇有戕
中军之事屆期倭来收地勢必群起抗拒斷不
能听官文制倭不得地必藉口別有要求奚不
及早設法一扎変起接受愈難查和約賠費通
商兩条足饜倭欲此条可逕援公法民情不願
之約可廢明請各國公議廢約倭害民心不附

福州将军庆裕电报：

台民请各国公议废约

光绪二十一年四月二十七日（1895年5月21日）

列宗之靈也又不能逃天誅於
太后
皇上之前也均之死也為
國家除奸臣而死尚得為
大清國之雄鬼也凡我臺民與李鴻章孫毓汶徐用儀不共戴天無論其本身其子
孫其伯叔兄弟姪遇之船車街道之中客棧衙署之内我臺民族出一丁各
懷手槍一桿快刀一柄登時悉數殲除以謝
天地
祖宗
太后
皇上以償臺民父母妻子田廬墳墓生理家產身家性命無冤無讐受李鴻章孫
毓汶徐用儀之毒害以為天下萬世無廉無恥賣國固位得罪
天地
祖宗之週戒除京都及各省碼頭自行刊刻告白外凡有血氣者想亦周知貴報館今
在滬上有年主持公論有年向為我臺民所欽佩茲春上申報滬報新聞報
列資各四元請為連日用大字[illegible]刻首亂臣賊子人人得而誅之聖訓昭
然貴報館如一一照登我臺[illegible]有一綫生機必圖叩報如將賊臣名字
隱諱我臺民快刀手槍具在必將所以待李鴻章孫毓汶徐用儀者轉
而相待生死呼吸無怪鹵莽貴報館諒之

大清光緒弍拾壹年肆月臺灣[illegible][illegible]誓死不二不與賊臣俱生之臣民公啟

痛哉吾臺民從此不得為
大清國之民也吾
大清國
大皇帝嘗棄吾臺民哉有賊臣焉大學士李鴻章也刑部尚書孫毓汶也吏部
侍郎徐用儀也我臺民與汝李鴻章孫毓汶徐用儀有何讐乎
大清國
列祖
列宗與汝有何讐乎
太后
皇上與汝有何讐乎汝既將
祖宗發祥之地
陵寢迫近之區割媚倭奴
祖宗有知其謂我
太后
皇上何尚且不足以快汝意又將閩僑七省門戶之臺灣海外二百餘年戴天
不二之臺灣
列祖
列宗深仁厚澤不使一夫失所之臺灣全輸之倭奴我臺民非不能毀家紓難也我
臺民非不能親上死長也我臺民非如汝李鴻章孫毓汶徐用儀無廉恥貪
國固位得罪於
大地
祖宗也我臺民父母妻子[illegible]廬墳墓生理家產身家性命非喪於倭奴之手實喪
於賊臣李鴻章孫毓汶徐用儀之手也我臺民窮無所之憤無所洩不能
乎[illegible]乎

◎ 台民痛斥李鸿章的告示

收前署台灣巡撫唐景崧電　五月初九日
初六日倭船十餘艘帶兵數千人乘黑夜由距
基隆五十里澳底登岸該處口岸遼闊防軍難
徧堵截統帶曾喜照亦未能力拒被倭人蔓延
至三貂嶺欲攻基隆後路我軍相持三日初八
日下午粵軍與倭人迎頭奮擊力戰兩時獲勝
殺寇甚多並斬獲倭兵官三劃首級一名寇退
至三貂嶺半山地方現仍嚴飭各軍相機進剿
有探報再陳可否代奏以慰
宸廑

署理台湾巡抚唐景崧电报：

日攻基隆被粤军击退

光绪二十一年五月初九日（1895年6月1日）

收慶裕邊寶泉電

收福州將軍慶裕等電閏五月初二日
據探報稱倭犯台中屢為林朝棟所敗接仗在
中立居籠等處距大甲溶七十里又聞倭用八
艘載兵萬二千由基隆登岸南進華人多附商
輪往廈門云

收唐景崧電

福州将军庆裕等电报：
日犯台中为林朝栋所败
光绪二十一年闰五月初二日（1895年6月24日）

参考文献

1. 石文诚、陈怡宏、蔡承豪、谢仕渊：《简明台湾图史》，如果出版社2010年版

2. 戚嘉林：《台湾史》，农学股份有限公司1998年版

3. 张志远：《台湾的古城》，生活·读书·新知三联书店2009年版

4. 夏黎明、王存立、胡文青：《你不知道的台湾古地图》，远足文化出版社2014年版

5. 经典杂志编著：《台湾人文四百年》，经典杂志2006年版

6. 洪英圣：《画说乾隆台湾舆图》，联经出版事业公司2002年版

7. 洪英圣：《画说康熙台湾舆图》，联经出版事业公司2002年版

8. 《故宫台湾史料概述》，台北故宫博物院1995年版

9. 《地图台湾：四百年来相关台湾地图》，南天书局有限公司2007年版

10.石守谦：《福尔摩沙：十七世纪的台湾、荷兰与东亚》，台北故宫博物院2003年版

11.施淑宜：《开台寻迹》，立虹出版社1997年版

12.许雪姬、吴密察：《先民的足迹：古地图话台湾沧桑史》，南天书局有限公司1991年版

13.陈宗仁：《晚清台湾番俗图》，“中央研究院”台湾史研究所2013年版

14.福建省地方志编纂委员会：《福建省志·闽台关系志》，福建人民出版社2008年版